CONSOLATION À LIVIE

ÉLÉGIES À MÉCÈNE

BUCOLIQUES
D'EINSIEDELN

COLLECTION DES UNIVERSITÉS DE FRANCE
publiée sous le patronage de l'ASSOCIATION GUILLAUME BUDÉ

CONSOLATION À LIVIE
ÉLÉGIES À MÉCÈNE
BUCOLIQUES
D'EINSIEDELN

TEXTE ÉTABLI ET TRADUIT

PAR

Jacqueline AMAT

Professeur à l'Université de Brest

PARIS
LES BELLES LETTRES
1997

Conformément aux statuts de l'Association Guillaume Budé, ce volume a été soumis à l'approbation de la commission technique, qui a chargé M. Raoul Verdière d'en faire la révision et d'en surveiller la correction en collaboration avec Mme Jacqueline Amat.

© *1997. Société d'édition Les Belles Lettres,*
95 bd Raspail 75006 Paris.

ISBN : 2.251.01404-7
ISSN : 0184-7155

CONSOLATION À LIVIE

et

ÉLÉGIES À MÉCÈNE

INTRODUCTION

Il est indéniable que toutes les « consolations » et éloges
funèbres paraissent relever du genre grec de l'*epicedion* [1].
Mais, ainsi que l'a montré M. Durry, ce genre, fort ancien
à Rome, s'y colore de façon originale : il se montre héritier
des *neniae* ou lamentations funèbres qui se faisaient aux
funérailles [2]. La véritable *laudatio funebris*, prononcée
devant le bûcher, était un éloge en prose, qui se caractérisait par la simplicité et l'emploi du *sermo cotidianus*. Ce
trait apparaît clairement dans la *Consolation à Livie*, mais
beaucoup moins dans les *Élégies à Mécène*. A Rome, chez
prosateurs et poètes, l'éloge funèbre se conjugue avec le
panégyrique, qui recevra par la suite un développement

1. L'historique de ce genre à Rome a été fait par F. Vollmer,
Laudationum funebrium Romanorum historia et reliquiarum editio,
dans *Jahrbücher für class. Philologie*, 18 ter, Leipzig, 1892,
p. 445-528. L'*epicedion* grec est lui-même proche parent de l'*encômion*, illustré par Isocrate, *Éloge d'Hélène, de Busiris, Evagoras*,
Théocrite, *Éloge de Ptolémée*. Pour E. Cesareo, *Il panegirico nella
poesia latina*, Palerme, 1936, l'*elogium* latin tire son origine des
laudationes éparses dans les *Églogues*.
2. Les différents types de *laudationes* ont été distingués par M.
Durry, *Laudatio funebris et rhétorique, dans R. Ph.*, 3, 16 (1942),
p. 105-114 et Introduction à la *Laudatio Turiae*, Paris, 1950, p. xxvii
sq. L'auteur souligne que la *laudatio* primitive est sans art et l'estime
essentiellement romaine. Les *neniae* se pratiquaient encore à l'époque
d'Auguste ; un sénateur proposa de les décréter à la mort du prince :
Suet., *Aug., 100*.

autonome, sans perdre pour autant de sa complexité :
l'*Agricola* de Tacite en est le meilleur exemple [3].

La *Consolation à Livie* et les *Élégies à Mécène* relèvent
donc de deux aspects distincts de l'éloge funèbre, ayant en
commun le panégyrique. Celui-ci est encore illustré, à
l'époque d'Auguste, par le *Panégyrique de Messala* [4]. Par
elle-même la « Consolation » vise à adoucir la douleur des
proches, en rompant leur solitude pour mettre fin à leurs
larmes [5]. Elle doit donc s'offrir à un moment psychologi-
que, ni trop tôt, ni trop tard. On ne saurait s'étonner que
les arguments « consolants » aient été vite codifiés : ils ne
sont pas si nombreux [6]. Selon Pline, Crantor avait servi de
modèle à toutes les *Consolations* ; Cicéron lui-même était
l'auteur d'éloges de César, de Porcia et de Caton et avait
reçu de son ami Sulpicius une *Consolation* sur la mort de
sa fille [7]. Le goût des *Consolations* va se développer sous
Auguste, pour fleurir sous Claude et Néron, avec Sénèque,
puis avec Stace.

Par sa nature élaborée, le poème de consolation paraît
donc postérieur à l'éloge funèbre proprement dit. M.
Durry définit le genre de la consolation comme un

3. Les passages de panégyriques dans la littérature latine ont été
relevés par E. CESAREO, *op. cit. sup.* n. 1.
4. Celui-ci a été publié et traduit par M. PONCHONT, avec le *Corpus
Tibullianum*, dans la collection des Universités de France, Paris,
1967. Le *Panégyrique de Messala* ne revêt pas un caractère funéraire
et se rapproche plutôt de l'*Éloge de Pison*, publié quelques années
plus tard par le jeune Calpurnius Siculus. Mais Ovide, *pont.*, 1, 7, 30
et 2, 2, 95, affirme avoir composé et fait déclamer au forum l'éloge
funèbre de Messala.
5. Sen., *ep.*, 10, 2 : « lugentem custodire solemus, ne solitudine
male utatur » ; voir aussi *ben.*, 2, 14, 2.
6. Z. TEIL, dans *Consolator und consolandus : materia consolandi*,
München, 1958, a dressé la liste fort complète de ces *topoi*.
7. Cic., *tusc.*, 3, 12 ; *fam.*, 7, 4, 5. Cicéron lui-même a écrit un
traité sur l'allègement du chagrin, « *de luctu* » : *fam.* 7, 4, 5. Voir K.
KUMANECKI, *A propos de la Consolation perdue de Cicéron*, dans
AFLA, 46 (1969), p. 378. sq.

« mélange de philosophie et de rhétorique [8] ». Mais ce
caractère littéraire et rhétorique n'exclut pas nécessaire-
ment la sincérité. Dans les *Tusculanes*, Chrysippe conseille
de maîtriser les manifestations de *maeror* et non pas de
dolor. Mais, le premier moment douloureux passé, l'amitié
peut tenter de distraire le chagrin en faisant du « beau
style ». C'est du problème de la sincérité que dépend tout
le sens de la *Consolation à Livie*, trop souvent considérée,
un peu hâtivement, comme l'œuvre d'un bon écolier doué
d'une solide mémoire.

Après avoir longtemps associé la *Consolation à Livie* et
les *Élégies à Mécène* comme l'œuvre d'un même auteur,
on tend, aujourd'hui, à les distinguer.

Les *Élégies*, en deux parties, ne prétendent pas être une
Consolation, mais seulement un hommage funèbre,
comme celui qu'Ovide composa pour Messala ; elles se
rapprochent donc davantage du panégyrique, et en particulier du *Panégyrique de Messala*, qui figure dans le
Corpus Tibullianum. Oeuvre souvent vilipendée, les *Élégies* reposent, sans contredit, sur des données biographi-
ques exactes [9]. Mais encore plus que la *Consolation à
Livie*, la rhétorique est susceptible d'estomper la personnalité de l'auteur : elle repose sur des règles peu person-
nalisées. Défense de Mécène, a-t-on dit, mais était-il besoin
de défendre ce « grand commis de l'État » ? Ne voir dans
cette œuvre qu'un pur exercice de style, un jeu gratuit
d'élève des rhéteurs, c'est oublier le lien, souligné par
maintes formules épigraphiques, que les *laudationes* en-
tretiennent avec les inscriptions funéraires [10]. Certes les

8. M. Durry, *Laus Turiae, op. cit. sup.* n. 2, p. xxviii. Voir aussi
S. Zablocki, *De antiquorum epicediis*, dans *Eos*, 56 (1966), p. 299-
310.
9. J. M. André y a puisé, à juste titre, les éléments de son *Mécène.
Essai de biographie spirituelle,* Paris, 1967.
10. Le lien de dépendance, qui existe à double sens, de l'élégie
funèbre et des épitaphes, a été mis en lumière par E. Galletier,

Anciens parlaient parfois de la mort avec une causticité
toute cynique, et l'auteur de la *Consolation à Livie* risque
des « pointes » d'un goût douteux, mais le sujet choisi
suppose, dans tous les cas, un véritable respect de deux
défunts illustres : ceci semble exclure une fantaisie imagi-
naire, et un pur exercice d'école.

Sans prétendre à identifier sûrement les auteurs de la
Consolation à Livie et des *Élégies à Mécène*, à la fois si
proches et si distinctes de forme et d'intention, du moins
peut-on tenter, en les confrontant, de soulever partielle-
ment le voile qui continue à occulter leur genèse.

Étude sur la poésie funéraire romaine d'après les inscriptions, Paris
1922. Voir aussi R. LATTIMORE, *Themes in Greek and Latin epitaphs*,
Urbana (Illinois), 1942.

BIBLIOGRAPHIE SÉLECTIVE DE LA *CONSOLATION À LIVIE* ET DES *ÉLÉGIES À MÉCÈNE*

Les éditions ont été mentionnées à la suite des manuscrits, *inf.* p. 51 et p. 109. En revanche, les études critiques portant sur la *Consolation à Livie* et les *Élégies à Mécène* ont été regroupées ici : en effet, il était difficile de les distinguer, puisqu'elles ont souvent été réunies à l'intérieur d'un même ouvrage ou d'un même article.

ACOCELLA V., *Dell'Epistola pseudo-ovidiana Consolatio ad Liuiam Augustam studio critico comparato*, Naples, 1915.

ADLER F.T., *De P. Ouidii Nasonis quae fertur Consolatio ad Liuiam Augustam de Drusi Neronis filii eius*, Anclam, 1851.

ALFONSI L. *Maecenas*, 1, 37-38, dans *R F I C*, 27 (1949), p. 122-127.

ANDRÉ J.M., *Mécène. Essai de biographie spirituelle*, Paris, 1967.

— *Le siècle d'Auguste*, Paris, 1974.

AVALLONE R., *Mecenate*, Naples, 1962.

AXELSON B., *De aetate consolationis ad Liuiam et Elegiarum in Maecenatem*, dans *Eranos*, 28 (1930), p. 1-33.

BARDON H., *L'aurore et le crépuscule*, dans *R E L*, 24 (1946), p. 82-115.

— *La littérature latine inconnue*, 2 *L'époque impériale*, Paris, 1956.

BICKEL E., *Elegiae in Maecenatem* 1, 21, dans *Rh M*, 1940, p. 238-239.

— *De consolatione ad Liuiam pro Claudio usurpatore Iuliani imperii scripta*, dans *RhM*, 1950, p. 193-227.

— *De elegiis in Maecenatem monumentis biographicis et historicis*, dans *Rh M*, 1950, p. 97-133.

BIRT T., *Ad historiam hexametri latini symbola*, Bonn, 1876.

BOYANCÉ P., *Portrait de Mécène*, dans *B A G B*, 1959, p. 332-344.

BUECHELER F., *Philol. Kritik*, Bonn, 1878.

BURESCH C., *Consolationum a Graecis Romanisque scriptarum*, Leipzig, 1886.

CESAREO E.. *Il carme natalizio nella poesia latina*, Palerme, 1929.

— *Il panegirico nella poesia latina*, Palerme, 1936.

CHATELAIN E, *Sur l'Anthologie latine : Maecenas*, dans *R Ph* 4 (1880), p. 80.

CIMA A, *Ad Elegiam in obitum Maecenatis*, dans *R F I C*, 17 (1889), p. 383-387.

CLAUSEN W., *The textual tradition of the Culex*, dans *H S Ph*, 68 (1964), p. 119-139.

COURTNEY E., *Notes on the Appendix Vergiliana*, dans *Phoenix*, 21 (1967), p. 44-55.

— *Notes on the minor latin poets*, dans *Mnémosyne*, 39 (1986) p. 402-4.

DANESI MARIONI G., *Una reminiscenze di Cornelio Gallo nella Cons. ad Liuiam e il tema del trionfo negli elegiaci*, dans *Studi di poesia latina in frammenti*, 5, 1, Foggia Atlantica 1984, p. 88-98.

— *Suggestioni ovidiane e senecane nella Consolatio ad Liuiam*, dans *A & R*, 33 (1988), p. 19-26.

— *Un problema testuale nella prima Epistola delle Heroides e la Consolatio ad Liviam*, dans *Prometheus*, 13 (1987), p. 13-22.

DIGGLE J., *Elegiae in Maecenatem 129-132*, dans *Latomus* 27, (1968), 175-180.

DOMASZEWSKI A. VON, *Zeitgeschichte bei römischen Elegikern*, dans *Sitz. Ber. Akad. Wiss.*, Heidelberg 1919, 2, 13-14.

DURET L., *Dans l'ombre des plus grands. Poètes et prosateurs mal connus de l'époque augustéenne*, dans *A N R W*, 2, 30, 3 (1983), p. 1447-1560.

DURRY M., *Laudatio funebris et rhétorique*, dans *R Ph*, 3, 16 (1942), p. 105-114.

— *Éloge funèbre d'une matrone romaine*, Paris, 1950.

ENK P. J., *L'énigme des Élégies sur Mécène*, dans *Mnémosyne*, 2, 9 (1941), p. 225-237.

ESTEVE-FORRIOL J., *Die Trauer-und Trostgedichte in der römischen Literatur*, Munich, 1962.

FERRERO A.M., *Il concetto di simplicitas negli autori augustei* dans *B Stud Lat*, 9 (1979), p. 52-59.

FANTUZZI M., *Caducita dell' vomo ed eternita della natura : variazioni di un motivo letterario*, dans *Q U C C*, 1987, p. 101-110.

GALLETIER E, *Étude sur la poésie funéraire romaine*, Paris, 1922.

GELSOMINO R., *Augusti epistula ad Maecenatem*, dans *Rh M*, 101 (1958), p. 147-152.

HAUPT M., *Epicedion Drusi cum commentario*, Leipzig, 1849.

HOLLAND R., *Beiträge zum Verständniss der Maecenaselegien I* dans *W S*, 45 (1926) p. 81-88.

— *Beiträge zum Verständniss der Maecenaselegien II*, dans *W S*, 45 (1926), p. 233-239.

— *Beiträge zum Verständniss der Maecenaselegien III* dans *W S* 46 (1927), p. 85-91.

HÜBNER E, *Das Epicedion Drusi*, dans *Hermès*, 13, (1878), p. 239-244.

KAPPELMACHER A., *art. Maecenas*, dans *R E*, 14, 207, 16-229.

KASSEL R., *Untersuchungen zur griechischen und römischen Konsolationsliteratur*, Munich, 1958.

KESE W., *Untersuchungen zu Epikedion und Consolatio in der römischen Dichtung*, Gottingen, 1950.

KIERDORF W., *Laudatio funebris. Interpretationen und Untersuchungen zur Entwicklunge der römischen*, Meisenheim am Glass, 1980.

LATTIMORE R., *Themes in Greek and Latin epitaphs*, Urbana, 1962.

LEVY F., *Consolatio ad Liuiam. Bibliographie critique*, dans *J Ph V*, (1921), p. 102-103.

LIBERMAN G., *Observations sur le texte et la date de la Consolation à Livie, MEFRA*, 106 (1994), 2, p. 1119-1136.

LILLGE F., *De Elegiis in Maecenatem quaestiones*, Breslau, 1901.

MAEHLY J., *Observationes de Drusi atque Maecenatis Epicediis*, Bâle, 1873.

MARTINO M., *Lettura della elegia I in Maecenatem*, dans *Q F C*, 4 (1983), p. 31-44.

MEYER H, *Beitrag zur lateinischen Anthologie*, dans *Jahr. f. class. phil. Suppl.*, 2 (1833), p. 185.

MIDDENDORF J. *Elegiae in Maecenatem commentario grammatico instructae adiuncta quaestione chronologica*, Marburg, 1912.

MIECZYSLAW B, *De elegia in Maecenatem indiuidua*, dans *Eos*, 78 (1990), p. 169-170.

— *De Elegia in Maecenatem Laudis Pisonis praeuia*, dans *Eos*, 78 (1990), p. 171-172.

MILLER M.C., *The Elegiae in Maecenatem. With Introduction, text, translation and commentary*, Philadelphie, 1941.

OLDECOP H., *De Consolatione ad Liuiam*, Gottingen, 1911.

PIGHI G.B., *Annotationes in Maecenatem*, dans *Euphrosyne*, 1 (1957), p. 57-66.

PURCELL N., *Liuia and the womanhood of Rome*, dans *P C Ph S*, 32 (1986), p. 78-105.

RADFORD R.S., *The Priapea and the Vergilian Appendix*, dans *TAPHA* 52 (1921), p. 148-177.

REEVE M. D., *The textual tradition of the Appendix Vergiliana*, dans *Maia*, 28 (1976), p. 241-256.

— *The tradition of Consolatio ad Liuiam*, dans *R H T*, 6 (1976), p. 76-98.

— *Consolatio ad Liuiam*, dans *Texts and Transmission. A survey of the Latin classics*, Oxford, 1983, p. 147-170.

RICHMOND J., *Doubtful works ascribed to Ovid, Consolatio ad Liuiam*, dans *A N R W* II, 31, 4 (1981), p. 2768-2782.

SCHANTZ O ; *De incerti poetae Consolatione ad Liuiam deque carminum consolatoriorum apud Graecos et latinos historia*, Marburg, 1889.

SCHANZ M., *Geschichte der Römischen Literatur*, 2, 1, Munich, 1911, *Cons. ad Liu.*, p. 342-345, *Eleg. in Maec.*, p. 345-47.

SCHENKL K. *Zur Consolatio ad Liuiam* dans *W S*, 7 (1885), p. 339-342.

SCHOONHOVEN H., *Elegiae in Maecenatem emendantur*, dans *Mnémosyne*, 25 (1972), p. 69-77.

— *Purple swans and purple snow, Hor., carm.* 4, *1*, *10 et eleg. Maec.*, 62, dans *Mnémosyne*, 31 (1978), p. 200-203.

— *Elegiae in Maecenatem. Prolegomena, text and commentary*, Groningue, 1980.

— *A note on the new Gallus papyrus*, dans *Z P E*, 53 (1983), p. 73-78.

— *The Elegiae in Maecenatem*, dans *A N R W*, 2, 30, 3 (1983), p. 1788-1811.

— *Another excerpt from the Consolatio ad Liuiam* dans *Mnémosyne*, 37 (1984), p. 147-148.

SCHRIJVERS P. H., *À propos de la datation de la Consolation à Livia*, dans *Mnémosyne*, 41 (1988), p. 381-384.

SCHUMACHER T., *Elegiae in Marcenatem. Consolatio ad Liuiam. Stilkritische Untersuchungen und Datierung zweier unter Vergils und Ovids. Namen überlieferten Gedichte*, Bonn, 1946.

SHACKLETON BAILEY D. R., *Echoes on Propertius*, dans *Mnémosyne*, 5 (1952), p. 307-333.

SKUTSCH F. *Consolatio ad Liuiam*, dans *R E*, 4, 1 (1901), c. 932-944. *Eleg* 944-945.

18   BIBLIOGRAPHIE SÉLECTIVE

STEELE R.B., *The Nux, Maecenas and Consolatio ad Liuiam*, Tennessee, 1933.

TEIL Z., *Consolator und consolandus materia consolandi*, Munich, 1958.

TEZAGHI N, *Minutiores curae* II, dans *B P E C, 1* (1942), p. 183-191.

VOLLMER F., *Lesungen und Deutungen* dans *S B A W*, 1907, p. 341-350 ; 1908, p. 13-20 ; 1918, p. 10-30.

WIEDING G., *De aetate Consolationis ad Liuiam*, Kiehl, 1888.

WITLOX A., *Consolatio ad Liuiam prolegomenis commentario exegetico indice instructa*, Groningue, 1934.

ZABLOCKI S., *L'épicède et l'élégie funèbre antique*, Wroclaw, 1965.

— *De antiquorum epicediis*, dans *Eos*, 66, 1966 (1969), p. 292-310.

ZOTTO A. DAL. *La Consolazione a Liuia, Epistola pseudo-ovidiana*, Feltre, 1905.

I

LA CONSOLATION À LIVIE

L'empreinte ovidienne dans la *Consolation à Livie*

Dresser la liste des emprunts qu'un poète romain a pu faire à ses prédécesseurs n'est pas le meilleur moyen d'apprécier son originalité. Pourtant cette méthode de critique interne a été presque exclusivement appliquée à la *Consolation à Livie*. Déjà A. M. Guillemin trouvait pareille étude quelque peu décevante [1]. Elle s'impose cependant comme enquête préliminaire, car il s'agit de comprendre pourquoi tous les manuscrits, ainsi que la *Vita Ouidii* ont attribué à Ovide cette « Épitre de consolation adressée à Livie sur la mort de son fils », comme la définissent quelques manuscrits. Les éditeurs anciens ont tous publié la *Consolation à Livie* parmi les œuvres d'Ovide. A la fin du xve siècle, R. Regius attribue même cette composition à la période de l'exil [2]. Jusqu'à Scaliger, personne ne mit en doute cette paternité. Celui-ci y vit l'œuvre d'Albinovanus Pedo, poète ami d'Ovide et secrétaire de Tibère. Cette hypothèse est aujourd'hui rejetée.

L'auteur de ce poème ne se contente pas d'imiter Ovide. On rencontre des résonances tibulliennes, horatiennes, propertiennes et surtout virgiliennes. Virgile demeure cons-

---

1. A. M. Guillemin, *L'originalité de Virgile. Étude sur la méthode littéraire antique*, dans *R E L*, 3 (1930), p. 290-324. La tendance incriminée paraît particulièrement illustrée par l'édition d'A. Witlox de la *Consolatio ad Liuiam*, Gröningen Maastricht, 1934.

2. R. Regius, *Commentarii in Ouidii metamorphosin*, cités par P. Burman, *Ouidii opera*, 4, *op. cit.*, p. 7.

tamment présent à l'esprit du poète. Mais il est vrai qu'Ovide a lui aussi imité Virgile. Dans la *Consolation à Livie*, l'évocation du « père Tibre » *caeruleus* s'inspire manifestement de l'apparition du Tibre à Énée, au chant huit de l'*Énéide* ; mais elle reflète aussi les représentations figurées des divinités marines [3]. Il n'en demeure pas moins que la coloration dominante de l'œuvre est ovidienne.

Cette coloration ne dépend pas essentiellement du vocabulaire : il est souvent trop banal pour qu'on puisse y déceler avec certitude la marque d'Ovide ; aussi faut-il se garder de la tentation, à laquelle bien des éditeurs ont succombé, qui consiste à corriger systématiquement le texte d'après Ovide [4]. Cependant, bien des épithètes sont indéniablement ovidiennes : par exemple, la qualification de Minerve comme *armifera* ou l'association de *Gradiuus* à *Mauors* pour désigner Mars [5]. De plus, l'auteur de la *Consolation* emploie souvent des termes ou des expressions dans leur acception ovidienne. A. Witlox a dressé une liste fort longue de ces emplois [6]. Certains exemples sont peu discutables. Ainsi, comme Ovide, l'auteur emploie *placeo* au sens fort d'« être aimé », *indigni capilli* pour peindre le désordre de la chevelure et *admissus* ou *immissus* pour exprimer l'élan fougueux des eaux [7].

---

3. L'expression *Tiberis pater* se trouve dans l'*Énéide*, 11, 421. Le Tibre est qualifié de *caeruleus* dans *aen.* 8, 44, de *flauus* dans *aen.*, 7, 31 et chez Horace. Dans la *Consolation à Livie*, le fleuve est représenté sur un char attelé de chevaux fougueux, comme le sont les divinités marines, et particulièrement Neptune, thème illustré par la mosaïque du triomphe de Neptune et d'Amphitrite, au musée du Louvre.

4. Il est vrai que cette tentation est parfois difficile à écarter : par exemple, faut-il, au vers 93, corriger *nutantia* (*lumina*) en *natantia*, d'après Ovide ? Voir *inf.* n. 40.

5. *Armifera* est l'épithète favorite d'Ovide pour Minerve : *am.*, 2, 6, 35 ; *met.*, 14, 475 ; *fast.*, 3, 169-171 ; 6, 421 ; *trist.* 4, 10, 13 ... *Gradiuus* est associé à *Mauors* dans *met.*, 14, 475 ; *trist.*, 4, 10, 13 ...

6. A. WITLOX, *op. cit. sup.* n. 11. Les comparaisons ne sont pas toutes probantes.

7. *Cons. ad Liu.*, 43 : « placuisse uiro », comme dans *am.*, 1, 8, 23 ; 2, 6, 61 : « iuueni placuisse beato », ou *trist.*, 2, 140 : « tanto

Certains passages sont manifestement des utilisations de vers d'Ovide ou de Virgile. Ainsi, lorsqu'il décrit le Tibre se dressant farouchement hors de son lit, l'auteur transpose artistement le tableau de Virgile : ce dernier peignait le Tibre apparaissant entre des feuilles de peuplier ; ici, la tête du dieu émerge des nuages ; Virgile le montrait sobrement « couronné de roseaux » ; l'auteur ovidien y ajoute du saule et de la mousse [8]. L'inspiration est donc virgilienne, mais l'expression est celle d'un poème des *Amours*. Dans la *Consolation à Livie*, on lit :

> « uix capit adiectas alueus altus aquas »

et dans les *Amours* :

> « nec capit admissas alueus altus aquas [9] ».

Le retrait du fleuve, après l'injonction de Mars, est ainsi dépeint dans la *Consolation à Livie* :

> « in longum spatiosas explicat undas ».

L'adjectif imagé *spatiosus* qualifie une autre description de fleuve, dans les *Amours* :

> « increuit latis spatiosis in undis [10] ».

Il y a des vers qui constituent de véritables citations d'Ovide, mais rarement littérales. Elles se situent le plus

---

displicuisse uiro ». *Cons. ad Liu.*, 40 : « indignas ... solue comas », comme dans *am.*, 3, 9, 3 ; « indignos ... solue capillos ». *Cons. ad Liu.*, 320 : « admissos equos », comme dans *her.*, 1, 36 ; v. 250 : « immissis ...aquis », comme dans *am.*, 3, 6, 85 : « admissas aquas ». On peut noter aussi des expressions chères à Ovide, comme « mutua cura », *cons. ad Liu.*, 302 et *fast.*, 2, 130 ; « operosa gloria », *cons. ad Liu.*, 265 et *her.*, 2, 63.

8. Verg., *aen.*, 8, 31-34 : « populeas inter senior se attollere frondes / uisus : eum tenuis glauco uelabat amictus / carbasus et crinis umbrosa tegebat harundo » ; *cons. ad Liu.*, 223-224 : « sustulit et medio nubilus amne caput. Tum salice implexum muscoque et arundine crinem / caeruleum magna legit ab ore manu ».

9. *Cons. ad Liu.*, 226 ; *am.*, 3, 6, 86.

10. *Cons. ad Liu.*, 251 ; *am.*, 3, 6, 85.

souvent dans le second hémistiche et correspondent à la fin
d'un vers d'Ovide [11]. Les longues citations sont exceptionnelles et seuls quelques hémistiches et quelques vers ont
été repris intégralement, par exemple le vers 362 :

« casurum triplex uaticinatur opus ».

Ce pentamètre se trouve à la fois dans la *Consolation à
Livie* et dans les *Tristes* [12].

11. Parmi les parentés les plus indiscutables, on note : au v. 102,
« uere tepente niues » et *fast.*, 3, 236 : « sole tepente niues » ; v. 104 :
« accusatque annos, ut diuturna, suos » et *trist.*, 5, 5, 24 : « consumatque annos, sed diuturna, suos » ; v. 110 : « concinuistis aues », comme
dans *am.*, 3, 12, 2 ; v. 153 : «frigusque per ossa cucurrit » et *her.*, 9,
135 : « frigusque ... perambulat artus » ou 5, 37 : « gelidusque cucurrit
... per ossa tremor » — ce dernier vers est lui-même imité de Virgile,
aen., 2, 120 ; v. 119 : au début du vers, « obuia turba ruit », comme
dans *met.*, 15, 730 ; v. 203 : « maerent iuuenesque senesque » et *met.*,
8, 526 : « lugent iuuenesque senesque » ; v. 204 : « Ausoniae matres
Ausoniaeque nurus » se retrouve identique dans *trist.*, 2, 23 « Ausonias
... matresque nurusque », l'expression elle-même étant reprise de *her.*,
15, 54 ; v. 238 : « extat opus », comme dans *am.*, 3, 338 ; v. 244 : « ex
istis quod petis alter erit » se retrouve, transposé, dans *fast.*, 2, 386 :
« ex istis Romulus alter erit » ; v. 265 : « haec auidos effugit una rogos »
et *am.*, 3, 9, 28 : « defugiunt auidos carmina sola rogos », vers qui
inspirera encore *trist.*, 3, 3, 60 ; v. 273 : « colla catenis », comme dans
am., 1, 215 ; v. 301-302 : « iuuenum fortissimus alter / altera » et *met.*,
4, 55 : « iuuenum pulcherrinus alter, altera » ; v. 303 : en début de
vers, « femina tu princeps », comme dans *trist.*, 1, 6, 25 : « femina seu
princeps » ; v. 317 : « laniata comas » et *am.*, 3, 9, 52 : «dilaniata
comas » ; v. 318 : « adtonita manu », comme dans *ars am.*, 1538 et
fast., 3, 864 ; v. 332 : « quadriiugis aureis ibit equis » et *ars am.*, 1, 2,
14 : « quattuor in niueis aureus ibis equis » ; *am.*, 1, 2, 42 : « ibis in
auratis aureus ipse rotis » ; v. 359 : « tendimus huc omnes, metam
properamus ad unam » et *met.*, 10, 33-34 : « sedem properamus ad
unam / tendimus huc omnes » ; v. 385-386 : « Rhenus ... et sanguine
nigro / decolor infecta ... aqua » et *pont.*, 3, 4, 108 : « Rhenus et
infectas sanguine pergat aquas » ; *trist.*, 4, 2, 42 : « decolor ipse suo
sanguine Rhenus erat » ; v. 433 : « populator Achilles » et *met.*, 12,
593...

12. *Cons. ad Liu.*, 362 et *trist.*, 2, 425 ; « casurumque triplex
uaticinatur opus ». Sur la référence de ce vers à Lucrèce, voir
Commentaire.

On parle généralement d'emprunts, de « puzzle », sans prendre garde que l'auteur a emprunté aussi les habitudes stylistiques d'Ovide, comme l'habitude, assez théâtrale, qui consiste à ouvrir un vers par un verbe fort ou une exclamation de type tragique, *hei mihi* ou *me miserum* [13]. Si l'on se livre au jeu des statistiques, on constate que les analogies les plus nombreuses avec l'œuvre d'Ovide désignent les *Amours* et les *Tristes*. Cette référence aux *Tristes* a servi d'argument pour une datation tardive. La parenté entre la *Consolation à Livie* et les *Tristes* ne doit pas surprendre, en raison des ressemblances thématiques entre les deux œuvres [14]. Par ailleurs, il faut noter que, dans les *Tristes*, Ovide réutilise bon nombre de tours et expressions qui se trouvaient déjà dans des ouvrages antérieurs, *Fastes* ou *Héroïdes* : il allègue lui-même, pour s'excuser, l'absence de sa bibliothèque [15].

De toutes les caractéristiques stylistiques de la *Consolation à Livie*, il ressort donc que, s'il n'est pas Ovide, l'auteur est pétri de réminiscences ovidiennes et même qu'il « fait semblant d'être Ovide », selon la formule d'E. Bickel [16].

13. *Hei mihi* : *cons.*, 88 ; 176 ; *am.*, 1, 6, 52 ; 1, 14, 54 ; 3, 5, 4. *Heu* : *cons.*, 83 ; 125 ; *am.*, 14, 24. *Me miserum* : *cons.*, 153 ; *am.*, 1, 1, 59 ; 1, 8, 26 ; 1, 14, 51 ; 2, 5, 8. *Talis erit* : *cons.*, 35, *talis eras*, *am.*, 1, 10, 7.

14. La ressemblance est flagrante entre les thèmes de la *Consolation* et la façon dont Ovide imagine sa propre mort, décrite en termes quasi épigraphiques dans *trist.*, 3, 3.

15. Ou., *trist.*, 5, 12, 52. La capacité d'Ovide à réutiliser constamment ses propres ouvrages a été critiquée par A. LÜNEBURG, *De Ouidio sui imitatore*, Iéna, 1888.

16. E. BICKEL, *De consolatione ad Liuiam pro Claudio usurpatore Iuliani imperii scripta*, dans *Rh M*, 93 (1950), p. 193-227.

Les principaux arguments contre une attribution à Ovide

Les objections reposent essentiellement sur la stylistique. Mais le premier argument pour soutenir la thèse du plagiat concerne la métrique. On l'a qualifiée de non ovidienne [17]. De fait, elle est tout à fait régulière et l'auteur possède les habitudes d'Ovide. F. Skutsch note que, dans les hexamètres, la coupe masculine est penthémimère, tandis que la coupe féminine est encadrée par deux coupes secondaires [18]. Il faut préciser que ce dernier cas est rare, les coupes étant généralement masculines : le rythme est plus varié dans les pentamètres, comme chez Ovide [19].

A. Witlox reproche à l'auteur de la *Consolation à Liuie* un goût prononcé pour les élisions ou aphérèses rudes, voire cacophoniques dans les pires des cas : « ego admisi », « quamquam amnes », «sospes ope es » [20]. Mais Ovide est loin d'être exempt de ce genre d'élisions, surtout dans les *Amours* [21].

17. Comme Vollmer ou E. Loefstedt, dans *Eranos*, 28 (1930), p. 1-93. Voir aussi E. Platnaver, *Latin Elegiac Verse*, Cambridge, 1951, p. 118, opinion suivie par G. Liberman, *Observations sur le texte et la date de la Consolation à Livie*, dans *MEFRA*, 106 (1994), 2, p. 1119-1136, p. 1119.

18. F. Skutsch, dans *R E*, 4, 1 (1901), c. 933-944.

19. Dans les hexamètres, les principales coupes remarquables se situent au v. 9 (au premier pied) ; v. 43 (au premier trochée) ; v. 71 (au premier trochée) ; v. 83 (après deux syllabes) ; v. 195 (trihémimère) ; v. 231...

20. V. 131 ; 233 ; 426, et surtout le vers 47, dont la cascade d'élisions est exceptionnelle ; voir aussi v. 54, *sibi ubique* ; v. 63, *fleri ipse* ; v. 69, *posito Agrippa* ; v. 76, *fati haec* ; v. 79, *multi in te amissi*, qui comporte de trop nombreuses allitérations en *t*, ainsi que le vers 97 : « animam apposito fugientem excepit » ; v. 193, *ego autem* ; v. 289, *Nero inlacrimans* ; 308, *mota in* ; v. 543, *digna illis* ; v. 412, *illi ipsi*.

21. On trouve dans les *Amours* : 1, 6, 37 ; *ergo amor* ; 1, 6, 38, *mecum est et* ; 1, 7, 11, *ergo ego* ; 1, 7, 51, *illa amens* ; le vers 2, 1, 13 : « cum male se Tellus ulta est ingestaque Olympo » vaut bien le

L'argument majeur pour refuser cette œuvre à Ovide, c'est qu'elle a paru, dans son ensemble, indigne du célèbre poète. Il est vrai que le style des *Amours* a plus d'élégance. L'auteur de la *Consolation* abuse de l'anaphore ou des reprises en harmoniques, procédés oratoires déjà lassants chez Tibulle [22]. L'auteur renchérit ainsi sur une habitude qui apparaît, avec plus de modération, dans les *Amours*. Certaines répétitions ressemblent à des négligences de style oral [23]. En effet, ces redites soulignent une certaine pauvreté du vocabulaire : quand ils ne sont pas ovidiens, les verbes ou les tours expressifs sont plats ou familiers : *abesse, dicere, loqui, esse curae, ferre, ponere, latere...* [24].

C'est cette indigence de vocabulaire qui donne un air de gaucherie à un style qui maîtrise parfaitement rejets et enjambements : le verbe expressif, ou le nom propre, est presque toujours placé en tête de vers, souligné par une coupe spéciale [25]. C'est un trait de la métrique des *Amours* ; mais ici, le verbe mis en valeur est parfois d'une déconcertante platitude ; cependant, il peut avoir le sens du thrène funèbre et exprimer une lamentation : *occidit* [26].

vers 47 de la *Consolation* et au vers 2, 19, 19, *tu quoque quae* est aussi cacophonique que le *sospes ope es,* du vers 426 de la *Consolation,* objet de l'ironie générale.

22. On trouve dans la *Consolation* bon nombre de répétitions lourdes : 2, 3, *iam...iam* ; 7-8, *et quisquam ... et quisquam* ; 26-27, *sacros ... sacris* ; 12, 7, *dignus* ; des harmoniques : 1, *dicta,* 4, *dicat,* 6 *dicis* ; 16 *dux... dux* ; v. 106 *deflet,* v. 111 *fleuit,* v. 117, *flendi,* v. 119 *flebilis.* La liste complète figure dans la table de A. DAL ZOTTO, *La Consolazione a Livia,* Feltre, 1904-1905. Des reprises analogues se trouvent dans les *Amours* : 3, 210-211 ; 3, 625-626, *flumina* et surtout, d'une façon qui frise le calembour, 3, 6, 47 : *Ilia ... illa, Ilia ... ille, Ilia ... illa.*

23. Par exemple, au vers 89-90 *uidisti ... uidit* ; v. 128, *dignus eras* ; au vers 9, le verbe *contingere* ou au vers 34 *os ... ore.*

24. *Cons. ad Liu,* 2 ; 7 ; 10 ; 26 ; 32 ; 6 (*ponere nomen*).

25. Voir v. 13, v. 40 *occidit* ; v. 67 *condidit* ; v. 52 *regnat* ; v. 54 *saeuit* ...

26. *Cons. ad Liu.,* 13 ; 40.

Les termes de *sermo cotidianus* contrastent avec quelques formes archaïsantes et une recherche oratoire des formules antithétiques [27].

Enfin, l'argument de poids qui a arrêté les commentateurs, c'est qu'Ovide n'a jamais mentionné de *Consolation à Livie* au nombre de ses œuvres. Il s'est pourtant illustré dans le genre littéraire de la *laudatio funebris* : il se dit l'auteur d'un *epicedion Messalae* ; il écrit des vers pour célébrer l'apothéose d'Auguste et, par ailleurs, il mentionne dans les *Tristes* une bibliothèque toute pleine de ses œuvres [28]. Plusieurs nous sont vraisemblablement inconnues. Il ne serait pas étonnant qu'un auteur aussi fécond pût être inégal, surtout dans un poème dont le style présente des caractères d'improvisation.

Date de la *Consolation à Livie*

Depuis Scaliger, on a donc admis, assez généralement, que la *Consolation à Livie* ne pouvait être l'œuvre d'Ovide [29]. Le titre des manuscrits serait une erreur.

27. L'éditeur est sans cesse tenté de corriger une leçon par trop commune, par exemple, au vers 86, *squallida* pour *pallida*, *strauit* pour *traxit*. En revanche, on rencontre quelques formes archaïques, données par les meilleurs manuscrits : *fidus* pour *foedus*, *opses* pour *obses* ; un probable *diluvio*. L'auteur emploi *quamuis* avec l'indicatif et le participe apposé comme une relative, mais il peut s'agir de constructions poétiques : voir Virgile, *aen.*, 2, 678, « coniunx quondam tua dicta ». Parmi les antithèses les plus oratoires, on remarque, au vers 54 *iniustum ius*.

28. Ou., *trist.*, 5, 12, 52 ; 11, 10, « cetera turba ». Dans les *Pontiques*, 1, 1, 30, il affirme être l'auteur d'une *laudatio funebris* de Messala, déclamée au forum ; voir aussi 4, 9, 131 et le poème des *Amours*, 3, 9, sur la mort de Tibulle, qui est un *epicedion*. Si Ovide n'insiste pas sur cette partie de son œuvre, c'est que la *laudatio funebris* constitue un genre mineur : Cic. *orat.*, 2, 31, 11 ; il n'est pas mentionné par Quintilien. Voir M. DURRY, *op. cit.*, sup. n. 2, p. XXXVI.

29. Refusent l'attribution à Ovide : Heinsius, Vossius, Klotz ... Le point de la discussion est fait par M. SCHANZ, dans *Römische Literatur*

Cependant, l'attribution que Scaliger faisait du poème à
Albinovanus Pedo est désormais écartée, aussi bien que la
suggestion de M. Haupt, selon laquelle le poème, fabriqué
de toutes pièces, serait l'œuvre d'un érudit du xve siècle [30].
Le poète de la *Consolation à Livie* présente en effet tous
les traits de la langue impériale. A. Witlox résume
l'opinion de plusieurs critiques, quand il voit en ce poème
une œuvre ancienne, mais factice, produit d'une école de
rhétorique [31]. Ce serait un jeu littéraire, un pur pastiche
ovidien. Pareille thèse ne peut guère être réfutée, si l'on
admet que l'élève puisse être pénétré d'Ovide au point de
manifester spontanément ses moindres habitudes stylistiques. Il est des peintres habiles dont les copies paraissent
aussi vraies que les originaux. Cette imprégnation ovidienne n'exclut pas non plus une profonde connaissance de
Virgile, de Tibulle et de Properce. En revanche, la culture
de l'auteur ne s'étend pas à Sénèque de façon probante.

geschichte, Berlin, 1911, 2, p. 343 sq, puis par A. Witlox, *op. cit.*,
p. ix sq. et B. Axelson, *De aetate Consolationis ad Liuiam ...* dans
Eranos, 28 (1930). Celui-ci trouve des imitations de Lucain, de Martial
et de Stace et fait de l'auteur de la Consolation un contemporain du
poète des *Silues* : l'œuvre aurait alors été composée un siècle après la
mort de Drusus. Pour E. Bickel, *De consolatione ad Liuiam pro
Claudio usurpatore Iuliani scripta*, dans *Rh M*, (1950), p. 193-227,
l'œuvre daterait des premières années du règne de Claude. A. von
Domaszewski, dans *Zeitgeschichte bei römischen Elegikern*, *Sitz. Ber.
Heidelb. Akad. der Wiss.*, 1919, 2, p. 13-14, attribuait le poème à
Clutorius Priscus , célèbre par son *épicède* sur la mort de Germanicus.
Plus récemment, J. Richmond, *Doubtful works ascribed to Ovid,
Consolatio ad Liviam*, dans *ANRW II*, 31, 4 (1981),
p. 2568-2782, a placé la composition avant la mort de Tibère, en 37.
Cette opinion est refusée par P.H. Shrijvers, *A propos de la datation
de la Consolation à Livia*, dans *Mnémosyne*, 41 (1988), p. 381-384.
Ce dernier propose l'année 20, après la mort de Germanicus, soit
environ trente ans après la mort de Drusus. Plus récemment G.
Liberman, *op. cit. sup.* n° 17 opte pour une datation tardive, mais
estime que la question doit être réexaminée.
    30. M. Haupt, *Epicedion Drusi cum commentario*, Leipzig, 1849.
L'ont soutenu Lachmann, Gruppe, Müller, Maehly. S'opposèrent
à lui Baehrens, Schenkl, Skutsch, Lillge, Vollmer, Ehwald ...
    31. A. Witlox, *op. cit.*, p. xvii.

Les parallélismes que l'on a relevés avec les *Consolations*
en prose de Sénèque, ou avec Stace, ne procèdent pas
réellement de parentés stylistiques : comme l'a bien
montré A. Witlox, il s'agit de concordances thématiques
que la *laudatio funebris* suffit à expliquer ; ses thèmes
restent assez immuables jusqu'aux *Consolations à Marcia*
et *à Polybe*, et d'ailleurs l'imitateur peut être Sénèque : la
Consolation à Marcia contient un véritable résumé en
prose de la *Consolation à Livie*, mais Sénèque développe
en un plus long discours la part prise par Tibère au
réconfort de sa mère [32].

On a proposé de situer cette œuvre à l'époque néronienne [33]. H. Schoonoven la situe au début du règne, avant la
mort de Britannicus. Le poème serait l'œuvre d'un de ses
partisans. Cette hypothèse se heurte cependant à l'absence
de toute allusion à la descendance de Drusus et à
l'habitude de tous les poètes néroniens d'adresser au moins
un couplet d'éloge, fût-il ambigu, à l'adresse de César-
Apollon. A. Witlox suggère, avec plus de vraisemblance, le
règne de Tibère [34]. Peut-être doit-on encore abaisser cette
date limite. L'auteur est un contemporain : son émotion
plaide en faveur de l'authenticité ; de plus, il est parfaitement au courant des circonstances, un peu mystérieuses,
de la mort de Drusus : en effet, à son retour de Germanie,
en 9 av. J.C., Drusus meurt en trente jours des suites d'une
chute de cheval, selon les uns, de maladie, selon les autres ;
l'auteur lui-même préfère ne pas trancher [35]. Tibère part
en toute hâte, il ramène le corps malgré les soldats qui

---

32. Sen., *cons. ad Marc.*, 3, 1, 2 ; 23, 3. A. Witlox écrit fort
justement, *op. cit.*, p. xv : « non omnes similitudines eius generis esse
ut pro certo affirmari possit alterum scriptorem ab altero pendere ».

33. H. Schoonoven, *The Pseudo Ovidian ad Liuiam de morte
Drusi*, Groningue, 1992. Cette datation néronienne est aussi avancée
par C. Schenkl, dans *Wiener Studies*, 2 (1880), p. 56, ainsi que par
H. Oldecop, *op. cit.* Voir aussi J. Richmond, *op. cit. sup.* n. 29.

34. A. Witlox, *op. cit. p.* xvii. Mais il donne, assez étrangement,
une date postérieure à la mort de Livie.

35. *Cons. ad Liu.*, 236 : « causa latet », allusion à la cause réelle de
la mort ou aux caprices de la fortune ; voir Commentaire.

souhaitaient des funérailles militaires et il conduit le cortège en marchant à pieds devant lui [36].

L'auteur est aussi bien renseigné sur les funérailles : il affirme y avoir participé, en tant qu'*eques*, et sa description du deuil public et des rites est fort exacte : *decursio, conclamatio*, incinération et ensevelissement au Mausolée du Champ de Mars. Le récit coïncide avec ceux de Dion Cassius, de Tacite et de Suétone, mais fournit des détails inédits : la crue du Tibre, l'allusion à l'ancien temple de Mars, la tentative de suicide de Livie. L'auteur sait aussi que Drusus aura sa statue aux rostres et que Tibère lui dédicacera le temple de Castor et Pollux [37]. Certaines obscurités ressemblent à celles qu'aurait un contemporain parlant à des contemporains d'événements bien connus, qu'il est inutile de préciser : par exemple l'incident de la foudre frappant « trois temples » [38].

L'auteur de la *Consolation* est un familier de la cour, comme l'était Ovide, surtout par sa femme, amie de Livie. Ces relations peuvent expliquer qu'il s'adresse familièrement à la princesse, sur le ton du *sermo cotidianus* et qu'il ait eu connaissance de sa tentative de suicide. L'adulation à l'égard de Tibère a frappé les commentateurs et suggéré une datation tardive [39] ; mais, dès la mort de Drusus, l'affection de Tibère pour son frère était reconnue. On remarquera dans la *Consolation* que les campagnes de

36. *Cons. ad Liu.*, 171.
37. *Cons. ad Liu.*, 404. Le temple a été reconstruit en 6 av. J.C., mais la dédicace a pu être faite également sur l'ancien temple, voir Commentaire, n. 129. 48. *Cons. ad Liu*, 402.
38. *Cons. ad Liu.*, 402.
39. Voir *sup.* n. 29. G. Wieding et E. Bickel ont été frappés par la *uaticinatio* des vers 411-414, évoquant le vieillissement de Livie auprès de son fils. F. Skutsch a suggéré 22 ap. J.C. comme *terminus ante quem*, lorsque l'entente commença à s'estomper entre la mère et le fils. Tibère devient senex en 19. À la suite d'A. von Domaszewski, P.H. Shrijvers, *op. cit.*, p. 383, se livre à un calcul discutable à partir du vers 413, pour obtenir une date de composition en 20 : la *Consolation à Livie* serait une pièce politique et publicitaire, en liaison avec la mort de Germanicus.

30 PRÉFACE

Drusus sont célébrées comme définitives, à un moment où la puissance romaine paraît en effet à son apogée en Germanie. Pareil chant de triomphe serait indécent après le désastre de Varus, en 9 ap. J.C. Sur la campagne, l'auteur apporte encore des précisions inédites, comme l'Itargus ensanglanté, fleuve dont l'identification a été contestée [40]. Par ailleurs, dans son vif désir d'associer les deux frères, l'auteur n'hésite pas à porter à leur actif des campagnes dont Tibère fut seul responsable [41]. Se fût-il soucié de cette association après la prise de pouvoir de Tibère ? Eût-il osé proclamer que seul Auguste entrerait dans le palais de Jupiter ? Enfin toute la fin du poème, qui désigne clairement Auguste serait en porte-à-faux, malgré la modestie de Tibère. Nous savons qu'Auguste écrivit l'éloge et l'épitaphe de Drusus et, sans doute, une biographie. À moins de supposer que l'auteur de la *Consolation* a utilisé ces œuvres, ou des mémoires d'Auguste, dont il ne subsiste aucune trace, des connaissances aussi précises paraissent peu vraisemblables à une longue distance des événements. Ces détails offriraient d'ailleurs peu d'intérêt pour les lecteurs. À vrai dire, la datation néronienne de l'œuvre ne s'appuie que sur de prétendues « imitations » de Sénèque, qui sont loin d'être flagrantes [42].

40. *Cons. ad Liu.*, 386. Voir Commentaire n. 176.
41. Par exemple l'expédition contre les Daces, les campagnes d'Orient et de Pannonie : *cons. ad Liu.*, 178-180. Voir Commentaire n. 178-180.
42. Voir *sup.* n. 32. Bien des thèmes sont des lieux communs, comme celui du *puer-senex* : *cons. ad Marc.* 2, 3, 3, ou le thème de la vie comme prêt : *cons. ad Marc.* 3, 10, 1, *cons. ad Pol.*, 10, 5, ou encore le *topos* de la mort universelle : *cons. ad Mar.*, 20, 6. La seule parenté textuelle est celle de *cons. ad Liu.*, 349 : « imposuit te alto fortuna » et Sen. *cons. ad Marc.*, 6, 1 : « in multa luce fortuna te posuit ». Cette traduction en prose serait plutôt à porter au compte de Sénèque. Cependant, la thèse d'une mosaïque faite de plagiats est encore soutenue par G. DANIESI MARIONI, *Suggestioni ovidiane e senecane nella Consolatio ad Liuiam*, dans *A & R*, 33 (1988), p. 19-26.

A. Witlox a suggéré que le poème fut écrit après
l'adoption de Tibère par Auguste. Il est vrai que le souhait
de voir Livie vieillir aux côtés de son fils paraît prémoni-
toire. Mais le sens de cette « consolation » est de mettre
Livie en garde contre une douleur trop vive, alors que
Tibère et Auguste sont toujours vivants [43]. On peut
rappeler le conseil de Cicéron : la consolation ne doit être
adressée ni trop tôt, le deuil est alors accablant, ni trop
tard, car le temps a déjà fait son œuvre [44]. Comment croire
enfin qu'un rhéteur écrivant à la fin du règne suivant,
aurait eu le mauvais goût de faire allusion à la fin des
deuils d'Auguste, alors qu'il devait perdre encore ses
petits-fils, en 2 et en 4 ap. J.C. ? Il paraît donc légitime de
proposer pour la composition de la *Consolation à Livie*
une fourchette allant d'un court délai après la mort de
Drusus, en 9 av. J.C., à 2 ap. J.C. [45].

QUI PEUT-ÊTRE L'AUTEUR DE LA *CONSOLATION À LIVIE*

1. La métrique et la prosodie

Quoique la métrique de la *Consolation à Livie* se
caractérise par sa régularité, il peut être utile de l'examiner
des différents points de vue adoptés par les métriciens.
Suivant une classification de T. Birt, J. Middendorf a fait
une étude comparative des césures dans la *Consolation à
Livie* et les *Élégies à Mécène* [46]. Il en résulte que la
Consolation à Livie comporte environ cinquante pour cent
d'hexamètres à césure penthémimère, susceptible ou non

43. Tel est le sens de l'adresse finale à Livie, qui a étonné tous ceux
qui croient à une œuvre fictive.
44. Cic., *tusc.*, 3, 10.
45. Cette proposition rejoint à peu près l'avis de Baehrens, de
Vollmer et de Skutsch. On peut aller jusqu'à 6 ap. J.C., si l'on pense
que l'allusion à la dédicace du temple de Castor et Pollux concerne le
temple reconstruit à cette date.
46. J. MIDDENDORF, *Elegiae in Maecenatem. Commentario grammatico instructae adiuncta quaestione chronologica*, Marburg, 1912,
p. 86 sq.

d'être accompagnée d'une césure hephtémimère [47]. On
peut noter aussi que la coupe penthémimère, la plus
courante, se rencontre souvent après une élision, comme
dans les *Amours* [48]. Nous avons mentionné l'habitude de
l'auteur de placer une coupe irrégulière, emphatique, après
les deux premières syllabes du vers, pour mettre en valeur
un nom propre ou un verbe [49].

Les maladresses peuvent être également relevées. Selon
T. Birt, il est généralement déconseillé à un bon poète de
commencer un hexamètre par un mot spondaïque, dont les
deux syllabes sont pareillement accentuées, ou encore de
placer un spondée au quatrième pied, avant une césure
bucolique. J. Middendorf constate que la première licence
n'apparaît qu'une fois dans la *Consolation à Livie* et la
seconde dans trente-deux vers seulement [50]. Tous les
pentamètres, sauf quatre, s'achèvent régulièrement par un
mot iambique de deux syllabes. Cette enquête confirme
dans l'ensemble la régularité de la métrique de la *Consolation à Livie*.

Sans reprendre les relevés techniques et exhaustifs que
J. Soubiran et J. Hellégouarc'h ont appliqué à d'autres
poètes, on peut tenter d'adapter leur méthode à la
Consolation à Livie, sur une centaine de vers [51]. On relève

47. Soit 204 vers. La forme 2, avec trihémimère et hephtémimère
ne comporte que 4 vers ; la forme 3, avec césure au trochée troisième,
28 vers ; la forme rare, avec césure trihémimère et césure au trochée
troisième ne se trouve qu'une fois, au vers 307.

48. Par exemple, aux vers 9, après *facile est* ; v. 63 ; 64 ; 72 ; 83,
après *ubi est ...*

49. Voir *sup.* p. 25 et n. 25. On trouve cette coupe aux vers 5 ; 17 ;
61 ; 75 ; 121 ; 411.

50. J Middendorf, *op. cit.* p. 92. Le vers 435 est le seul vers
spondaïque. Si Platnaver, dans *Latin elegiac verse*, Cambridge, 1951,
p. 118, estime que la métrique n'est pas celle d'Ovide, L. Mueller, *De
re metrica*, Berlin, 1894, se montrait plus nuancé : il datait le poème
de l'époque augustéenne, en montrant que son auteur n'avait pas
encore assimilé la métrique ovidienne classique.

51. Cette méthode a été définie par J. Hellégouarc'h, *Le
monosyllabe dans l'hexamètre latin. Essai de métrique verbale*, Paris,
1964 et J. Soubiran, *L'élision dans la poésie latine*, Paris, 1985.

alors un nombre d'élisions supérieur à celui des *Amours*,
mais proche de celui des *Héroïdes* [52]. *Atque* est toujours
élidé, comme chez Ovide [53]. L'emploi des monosyllabes à
l'initiale et en fin de vers est identique dans la *Consolation*
et dans les *Amours* : en fin de vers, il s'agit toujours du
monosyllabe *est*, qui est élidé [54]. Le nombre de monosyllabes placés après une césure penthémimère est également
identique à celui des *Amours* [55]. Or, il s'agit d'une
habitude peu digne d'un bon technicien du vers. En
revanche, dans la *Consolation* et dans les *Amours*, on
constate le même ostracisme pour les formes monosyllabiques du verbe être, quand elles ne sont pas élidées [56]. La
copule *atque* est employée un peu plus largement dans la
Consolation que dans les *Amours*, mais moins que dans les
Héroïdes [57]. Dans les *Héroïdes*, et surtout dans la *Consolation à Livie*, elles est souvent accolée au mot situé à
l'initiale, ce qui donne, à la longue une impression de
lourdeur.

De ces quelques remarques, on doit tirer plusieurs
conclusions : la première, c'est que, si, à elles seules,
métrique et prosodie ne peuvent suffire à identifier
l'auteur de la *Consolation à Livie*, elles fournissent
néanmoins un faisceau de convergences : la technique
poétique est sensiblement la même que celle d'Ovide ;

Voir aussi F. CUPAIOLO, *Un capitolo sull'esametro latino*, Naples,
1963. R. VERDIÈRE a appliqué ces paramètres à l'étude de Calpurnius
Siculus, dans *Études prosodiques et métriques du De Laude Pisonis et
des Bucolica de Calpurnius Siculus, Quaderni della Rivesta di
Cultura Classica e Medioevale*, 2, Rome, 1971.

52. Elisions sur cent vers : *cons. ad Liu* 16 ; *am.* 9 ; *her.* 12.

53. J. SOUBIRAN, *op. cit. sup.*, p. 589, note que 92,4 % des *atque*
sont élidé dans les *Métamorphoses* et 17 % des *ille*.

54. Sur cent vers, nombres de monosyllabes à l'initiale : *cons. ad
Liu.* 39 ; *am.* 40 ; *her.* 27 ; *est* élidé en fin de vers : *cons. ad Liu.* 1
fois ; *am.* 2 fois ; *her* 2 fois.

55. Sur cent vers, nombre de monosyllabes placés après penthémimère : *cons ad. Liu.* 7 ; *am.* 7 ; *her.* 4.

56. Formes monosyllabiques d'*esse* : *cons. ad Liu.* 14 ; *am.* 8 ; *her.*
17.

57. Copule *-que*, sur cent vers : *cons. ad Liu.* 14 ; *am.* 8 ; *her. 17.*

celle-ci varie d'ailleurs quelque peu des *Amours* aux *Héroïdes*, œuvres dont les compositions sont quasi contemporaines. Un fait demeure patent : il y a de remarquables identités avec la métrique des *Amours*. La seule différence notable consiste en une plus grande économie des élisions dans les *Amours*. Ceci ne doit pas nous surprendre : cette œuvre présente aussi un style plus élaboré ; le texte que nous connaissons représente d'ailleurs une seconde édition. Du point de vue de la métrique, contrairement à ce que l'on a dit, rien ne s'oppose donc à ce que la *Consolation à Livie* soit l'œuvre du jeune Ovide. Elle serait aux *Métamorphoses* ce que le *De laude Pisonis* est aux *Bucoliques* de Calpurnius Siculus.

2. La composition

Dans certains manuscrits et dans la *Vita Ouidii*, le poème est qualifié d'*epistola consolatoria ad Liuiam Augustam...* [58]. C'est dire qu'en plus de ses parentés évidentes avec l'*epicedion*, l'œuvre a été sentie comme une épître, genre littéraire familier à Ovide, des *Héroïdes* aux *Pontiques*. A.M. Copray estime que, contrairement aux *Élégies à Mécène*, la *Consolation à Livie* présente une composition régulière : *expositio, comploratio, consolatio* [59]. Le poème s'ouvre par un *exordium* qui n'est pas sans rappeler celui de la troisième *Héroïde* [60]. Cette introduc-

58. *Vit. Ou.*, *cod. Laur.*, 36, 2 (A), fol. 255 ; *cod. Laur. 53, 15, fol. 41. Le titre Epicedion Drusi* est dû à M. Haupt *op. cit.*, Leipzig, 1849. Il est mis en doute, à juste titre, par F. Vollmer, *Poetae latini minores*, Leipzig, 1923, 2, p. 15 sq. Voir aussi V. Acocella, *Dell'epistola pseudo-ovidiana Consolatio ad Liuiam Augustam.* Naples, 1955.

59. A.M. Copray, *op. cit.* 1, p. 6 sq. : *expositio*, 13-166 ; *comploratio* 167-328 ; *consolatio* 329-474. Le plan préconisé par Ménandre était le suivant : lieux communs encômiastiques (race, naissance, qualités, éducation, mœurs, actions, dons de la fortune, comparaisons), consolations à la famille, prières aux dieux...

60. Voir par exemple *cons.* 3 : « iam legis ... carmen » et *her.* 3, 1 : « quam legis ... littera ».

tion s'achève sur un *topos* : qu'il est facile de tenter de sécher les larmes d'autrui ! [61]. Suit l'*exposition* des exploits de Drusus et des espoirs trompés de Livie, où l'on retrouve un thème élégiaque : la représentation du retour par la pensée [62]. Cette *exposition* est interrompue par une courte *déploration* qui sert à dessiner un portrait de Livie et à convoquer le thème rebattu des vicissitudes de la Fortune. Mais celles-ci sont illustrées très précisément par les malheurs qui se sont abattus sur la famille d'Auguste et par la peinture de la mort de Drusus sous les yeux de son frère [63]. La *déploration* est alors anoblie par une comparaison mythologique, évoquant, à la manière ovidienne, Itys et les Halcyons [64].

À ce moment, si l'on s'en tient au plan classique, *laudatio* et *deploratio* se trouvent mêlées. À la déploration tragique correspond la peinture du deuil de Livie, où celle-ci s'adresse à Drusus comme le ferait une des femmes légendaires des *Héroïdes* [65]. Suit alors la description des obsèques, fort minutieuse et digne d'un témoin oculaire, qui est à nouveau rehaussée par un tableau de style épique : mais celui-ci dépeint une crue du Tibre, que l'auteur est seul à mentionner [66]. Après cette interruption, la scène de l'incinération s'achève par un embrasement, où plane le souvenir du bûcher d'Hercule [67].

Ce n'est qu'au vers 265 que débute la *consolatio* proprement dite. Celle-ci se ressent des *suasoriae* : elle débute par le *topos* de la survie par la gloire ; mais l'auteur y associe un farouche désir de vengeance, dont la violence

61. Excuse traditionnelle dans les consolations ; voir W. KIERDORF, *op. cit.* p. 51.

62. *Cons. ad Liu.*, 11-38. Ce thème se présente de la même façon chez Ovide, *am.*, 2, 11, 43. Sur le culte de la *Fortuna redux*, voir Commentaire, n. 15.

63. *Cons. ad Liu.*, 39-104.

64. *Cons. ad Liu.*, 102-112.

65. *Cons. ad Liu.*, 113-166, à rapprocher des lamentations d'Ariane, *her.*, 10, 119 sq.

66. *Cons. ad Liu.*, 167-252.

67. *Cons. ad Liu.*, 253-264.

étonne [68]. Le ton devient plus traditionnel dans la *laudatio funebris*, où l'auteur réunit toute la famille du défunt [69]. Il ne s'adresse à Livie qu'au vers 329, mais il fait luire, comme dans l'*Énéide* ou sur les épitaphes, la consolation suprême, l'accueil du héros dans l'au-delà [70]. L'auteur passe enfin aux exhortations ; leur ton stoïcisant ne surprend pas et point n'est besoin d'évoquer Sénèque : ce sont les consolations d'usage en tous temps, ainsi que le rappel de la condition mortelle avec ses topiques : pessimisme ou épicurisme, les inscriptions funéraires ne rendent pas d'autre son [71]. Songeant peut-être à une *controuersia* sur le thème de la Fortune, mais aussi par un mouvement humainement explicable, l'auteur souligne à Livie les présents qu'elle a reçus du sort.

Une fois encore, il revient sur les campagnes de Drusus, qu'il paraît fort bien connaître, et sur les présages funestes qui ont précédé sa mort [72]. Il reste au poète à rappeler à Livie ce qu'elle doit à son époux et à son fils. Enfin, comme l'ont fait Properce et Ovide, en une sorte d'*éthopée*, il fait parler le mort, échappé aux Enfers pour supplier sa mère de sécher ses larmes et de rompre désormais avec tout ce qui concerne le *funus* [73].

Ce plan suit donc une pente générale allant de la déploration à la consolation, mais il est loin de suivre

---

68. *Cons. ad Liu.*, 265-282. Les imprécations contre ceux qui avaient causé la mort, surtout celle d'un *primaeuus*, constituaient un thème funéraire : R. LATTIMORE, *op. cit.*, p. 125 ; mais une telle violence réaliste paraît tout de même exceptionnelle.

69. *Cons. ad Liu.*, 283-328.

70. *Cons. ad Liu.*, 329-343. Il faut en rapprocher Virgile, luc., 4, 15-16 et l'épigraphie funéraire : E. GALLETIER, *op. cit.*, p. 54.

71. *Cons. ad Liu.*, 343-378. Voir Cicéron, *fam.*, 5, 17, 3. W. KIERDORF, *op. cit.*, p. 19 sq. établit un parallèle convaincant entre les thèmes des éloges funèbres et ceux des épithaphes.

72. *Cons. ad Liu.*, 379-410.

73. *Cons. ad. Liu.*, 411-474. Ici encore il s'agit d'un thème épigraphique : le mort parle aux survivants pour arrêter leurs lamentations : R. LATTIMORE, *op. cit.*, p. 217.

parfaitement le modèle de l'école [74] : il est assez désordonné, avec des redites, sur les campagnes de Drusus, sur
les pleurs de Livie ; la mention des ancêtres qui devrait
ouvrir l'éloge se trouve à la fin, où elle est faite rapidement
par Drusus lui-même [75]. L'ensemble donne une impression
de rapidité, pour ne pas dire d'improvisation. Cette
impression est renforcée par le style familier, proche de
celui des épitaphes [76]. Cette allure un peu négligée du
poème lui confère un cachet d'authenticité, corroboré par
le souci de l'auteur d'adapter les *topoi* traditionnels à la
personne et aux circonstances. Il a soin d'orner son récit
d'un petit *epyllion*, mettant en scène le Tibre et Mars, mais
à partir, semble-t-il d'un événement réel [77]. Cet alexandri-
nisme et ce mélange des tons ne sont pas étrangers à Ovide,
particulièrement dans les *Héroïdes*. Dans ce poème, nous
avons trois narrateurs sucessifs, l'auteur, Livie, Drusus,
mais le poète manifeste toujours une émotion qui paraît
troubler la rhétorique [78]. Ce trait suffirait à faire douter
d'une composition artificielle, purement littéraire.

74. Tel qu'il est indiqué par exemple par Cicéron dans le *Brutus* ou
par Jérôme : *ep.* 60,8 ou 108,3. Le plan traditionnel est à peu près le
suivant : 1) *Praemium* et présentation modeste de l'auteur. 2) Éloge de
l'éducation et des mœurs 3) *Res gestae* et *uirtutes*, soit *genus*,
honores, *res gestae*, *uirtutes*, *mors immatura* 4) Consolation du
survivant. Déjà selon Aristote, *rhet.*, 9, l'éloge devait mettre en
lumière la grandeur de la vertu. Ici, l'auteur adapte et accentue fort
librement ces *topoi*.
75. Au début de l'*Éloge de Pison*, l'auteur se récuse d'évoquer ce
topos par trop conventionnel et déjà traité par d'autres.
76. Voir *sup.* n. 71.
77. Cette couleur mythologique remonte au moins à Bacchylide et
Pindare. Elle ajoute à l'éloge funèbre une tonalité épique.
78. Nous ne saurions adhérer au jugement de S. ZABLOCKI *op. cit.*,
p. 305 : «tenerrimae quaerimoniae in quibus nullam ueritatem, nullum
sincerum affectum animi expressum inuenies : omnia sunt ad regulas
reuocanda, quibus poeta inepte usus motus animi assimilat tantum. »
G. LIBERMANN, *op. cit.*, p. 1119, parle à juste titre de « texte baroque
et puissant... ».

3. La personnalité de l'auteur

La *Consolation à Livie* a été par trop rabaissée : l'auteur n'est pas sans talents, ne serait-ce que par l'adaptation qu'il sait faire à son sujet de *topoi* choisis parmi ceux qu'exige la *laudatio funebris* : ainsi, à travers le lieu commun de l'éloge des « uertus », se dessine un portrait de Livie conforme à celui qu'ont tracé les historiens ; tous ont vanté sa réserve, son courage, ses vertus domestiques, son influence sur Auguste et surtout son bon sens [79]. C'est à ce bon sens que l'auteur s'adresse, en invitant finalement Livie à regarder vers l'avenir et en lui suggérant, à demi-mot, qu'une trop longue tristesse pourrait lasser Auguste [80]. Livie suivra ce conseil, puisque Sénèque la donnera en exemple à Marcia [81]. Cependant, un tel conseil eût été choquant trop près des funérailles : la *Consolation* doit donc avoir été écrite quelque temps après les obsèques, mais avant que leur souvenir ne se soit encore estompé [82].

En plusieurs passages, le poète atteint le pathétique, par exemple dans le tableau de la cité en deuil, avec son contraste de rumeurs et de silence [83], ou dans la peinture des malheurs d'Auguste, illustrée par l'image obsédante du tombeau béant : l'anaphore tragique supplie les Parques

79. Le portrait coïncide avec ceux de Suétone et de Dion Cassius. Les vertus domestiques de Livie répondent effectivement à l'éloge traditionnel de la matrone romaine, tel qu'il est fait par Properce, dans l'élégie sur la mort de Cornélie, ou tel qu'il apparaît dans la *Laudatio Turiae*.

80. *Cons. ad Liu.*, 474-475. C'est un conseil que seul un familier peut se permettre de donner. On connaît la patiente attitude de Livie devant les amours d'Auguste.

81. Sen. *cons. ad Marc.*, 3, 1, 2. L'attitude de Livie contrastait avec celle d'Octavie, qui fut inconsolable.

82. Ovide, *pont.*, 4, 11, s'excuse de n'avoir pas écrit de consolation à Gallus sur la mort de sa femme : elle eût été rendue inutile par les longs délais d'acheminement du courrier ; *ibid.*, 17 : « temporis officium est solacia dicere certi/ dum dolor in cursu est ».

83. *Cons. ad Liu.*, 185 sq.

d'effacer cette vision [84]. Ailleurs, le tragique affleure, même lorsque l'art oratoire se réduit à une sobriété familière : révolte qui perce dans les lamentations de Livie [85] ; peinture désenchantée et pleine d'assonances des pays d'où l'on ne revient pas [86]. Mais il s'agit presque toujours d'un tragique à la mesure humaine. Seul l'éloge du défunt est amplifié par un *epyllion*. En cet *excursus*, proche des *Métamorphoses*, l'auteur est fidèle à Virgile et aux Alexandrins. Il peint ainsi les halcyons battant symboliquement des ailes au-dessus des flots « sourds » et il oppose savamment images et sonorités [87]. Même art pour évoquer les roulades plaintives de l'oiseau daulien [88].

La grotte où se réfugie le Tibre est une des représentations favorites des Alexandrins et d'Ovide. Même si le portrait du fleuve apparaît chargé de réminiscences, littéraires c'est une image allégorique, une « métamorphose », qui transpose en des attributs poétiques le souvenir d'une crue après l'orage. Le Tibre se dressant hors de son lit et repoussant sa chevelure bleue constitue une image picturale qui concurrence les « grotesques » hellénistiques, comme le Centaure Chiron dépeint par Catulle [89]. La note humoristique n'en est pas absente [90]. Une transcrip-

84. *Cons. ad Liu.*, 72. Ce visionnarisme est tout proche de celui d'Ovide, tel que le définit S. VIARRE, *op. cit.*, p. 280 sq.

85. *Cons. ad Liu.*, 125 sq.

86. *Cons. ad Liu.*, 432 : « nullaque per Stygia umbra renauit aquas ».

87. *Cons. ad Liu.*, 107, allitérations en *n* et *t*. S. VIARRE, *op. cit.*, p. 83, note qu'Ovide a beaucoup observé les oiseaux. On retrouve dans *met.*, 11, 733-735, le cri lamentable d'Alcyoné. Mais ici encore, les inscriptions funéraires offrent d'étonnants parallèles : *C E* 398, 4-7 (Rome), « plangit sua pectora palmis », sans qu'on sache si l'origine de la formule est littéraire ou scripturaire.

88. *Cons. ad Liu.*, 106, allitérations en *f*.

89. Cat., 64, 279-284. S. VIARRE, *op. cit.*, p. 18, remarque qu'Ovide se plaît aux harmonies de vert et de bleu, comme dans le portrait de Glaucus, *met.*, 13, 960. La grotte où le Tibre se retire ressemble beaucoup à celle d'Acheloüs, dans *met.*, 3, 28.

90. Comme en témoigne le jeu de mots du vers 227, *fluminis ictu*, qui calque l'expression habituelle du vers 11, *fulminis ictu*.

tion analogue du déluge se remarque dans les *Métamorphoses* [91].

Comme Ovide, le poète se plaît aux instantanés chers à l'art hellénistique : le Tibre cabrant ses chevaux, ou laissant au contraire ses eaux s'étendre en longueur [92], peinture de l'embrasement progressif du bûcher et héroïsation par le feu, où plane le souvenir d'Hercule [93]. L'arrivée triomphale de Drusus dans l'au-delà est superbe de rythme et de couleur. A ce tableau en blanc et or, avec une touche de pourpre, répond dans les *Pontiques*, l'image de pourpre et de blanc éclatant du triomphe de Tibère [94]. Ces morceaux d'art, ces *ekphraseis* sont de bonne facture et tout à fait dignes d'Ovide.

Si l'art est patent, la pensée est plus floue. On a parlé de scepticisme, d'épicurisme : Livie doute qu'il y ait des dieux, l'homme simple, *pius*, dit l'auteur avec une nuance de mépris, renonce à ses cultes devant ce malheur et le poète paraît sceptique sur le sort de l'âme après la mort [95]. Il est vrai que ce sont là des notes habituelles dans l'épigraphie funéraire, le poème s'achève d'ailleurs par une inscription funéraire, où, selon la coutume, le défunt

91. Ou., *met.*, 1, 265. On y voit le Notus émerger ruisselant des nuages : « barba grauis nimbis, canis fluit unda capillis ».

92. *Cons. ad Liu.*, 225 et 251. Voir aussi l'élan fougueux des eaux, commentaire, n. 114, comme dans *met.* 1, 680 : « fluminibus uestris totis immittite habenas ».

93. *Cons. ad Liu.*, 253-255. Nous avons la peinture d'un mouvement hésitant, puis tourbillonnaire. Sur l'image du tourbillon et le rôle magique du feu chez Ovide, voir S. VIARRE, *op. cit.*, p. 282 et *met.* 14, 824 ; 15, 155-156 ; 15, 869-870 ; 1, 620. On trouve aussi une peinture de même facture, évoquant l'invasion progressive du poison, dans *met.*, 9, 160-165.

94. *Cons. ad Liu.*, 332-334. Le blanc est celui de l'ivoire du char. S. VIARRE, *op. cit.*, p. 48, remarque le goût d'Ovide pour l'ivoire aux reflets changeants. L'image est traduite par l'adjectif *niueus* dans *pont.* 2, 8, 50 : « purpureus niueis filius instet equis ». Une peinture analogue, en pourpre, or et ivoire, se retrouve dans *pont.*, 3, 4, 100-105.

95. *Cons. ad Liu.*, 130 ; 193-198 ; 469. E. GALLETIER, *op. cit.*, p. 10, parle du scepticisme de tous les esprits au temps d'Auguste. Même pour Horace, les Mânes sont une légende.

adresse des conseils à ses proches [96]. Mais ce scepticisme élégant paraît trop accentué pour n'être pas celui de l'auteur. Aucune mention des Mânes. Le scepticisme à l'égard des songes est particulièrement significatif — Properce ne le partageait pas —, ainsi que la dureté cynique avec laquelle le poète désigne le cadavre [97], ce dernier trait pouvant passer pour une marque de style diatribique [98]. Des souvenirs lucrétiens apparaissent de ci de là, mais l'auteur connaît aussi les anciens cultes de Rome, qu'il mentionne, sûr de plaire à Auguste, tout comme le poète des *Fastes* [99]. Lui-même semble s'être affranchi des croyances, en homme cultivé, désabusé et sans doctrine bien arrêtée [100]. La parenté avec Sénèque est purement littéraire : on ne peut parler de véritable teinture stoïcienne ; le thème de la *fortitudo* face aux épreuves est le thème romain par excellence et un des lieux communs

96. *Cons. ad Liu.*, 469 : « si quid modo sentit in umbra ». La formule « si sunt manes » est courante dans l'épigraphie funéraire ; voir R. Lattimore, *op. cit.*, p. 59 et Buecheler, *carm. ep.*, 1979 : «si quid tamen est post corpora sensus». La formule est reflétée par Ovide, *pont.*, 1, 2, 111-112 : « si superest aliquid post funera sensus ». Cf. aussi la lettre de Sulpicius à Cicéron, *fam.*, 4, 5, 6 : « si qui etiam inferis sensus est ».

97. Le scepticisme sur le retour du défunt en songe se manifeste surtout au vers 445 ; l'auteur ne peut s'empêcher de souligner que les dernières paroles de Drusus ne sont qu'une fiction littéraire : vers 446, « sic liceat » et 470.

98. La vie comme prêt, la mort comme borne sur laquelle butent les destinées, sont à la fois des thèmes diatribiques et funéraires. Le ton de la diatribe se marque aussi par les apostrophes et une certaine ironie cynique, cf. *sup.* n. 95.

99. Par exemple le culte de Mars *Gradiuus*, ou celui, plus récent, de la Fortuna *redux*. Voir Commentaire n. 15.

100. La référence à l'eau du Styx est banale : *cons. ad Liu.*, 410 ; *voir* R. Lattimore. *op. cit.*, p. 88. Les souhaits de mourir avec le mort ou d'être enterré avec lui sont aussi signalés par R. Lattimore, *ibid.*, p. 204 et 247 : le mort parle aux survivants pour leur enjoindre de cesser leur deuil. Nombreux exemples dans Buecheler, *carm. ep.* : 991, « parcite iam luctu sollicitare meos ».

de la *Consolation* [101]. Il n'y a de survie que par la gloire, autre thème rebattu que l'on retrouvera dans l'une des *Élégies à Mécène* [102].

On trouve dans les *Amours* et dans les *Pontiques* les mêmes accents sceptiques, sans réelle profondeur ; l'élégie sur la mort de Tibulle manifeste le même souci de calquer les formules funéraires [103]. L'auteur de la *Consolation à Livie* possède donc le style, la métrique, mais aussi la sensibilité du jeune Ovide : son goût des peintures colorées, d'une mythologie pittoresque, et son épicurisme superficiel. C'est beaucoup de parentés. Par ailleurs, comme les *Tristes*, le poème vibre d'une émotion mal contenue et reflète un deuil national que tous ont éprouvé : il est encore évoqué dans les *Fastes* [104]. Il paraît difficile d'admettre qu'un bon élève des rhéteurs ait pu simuler un pareil talent.

Aussi ancienne que soit cette hypothèse peu originale, on est bien tenté d'attribuer tout simplement à Ovide, comme l'ont fait les manuscrits, une œuvre écrite, peut-être hâtivement, quelque temps après les funérailles de Drusus. Ce qui a écarté la critique de cette hypothèse, c'est la thématique, inhérente au genre, et le *sermo cotidianus* qui est la marque de l'œuvre ; mais c'est une tradition de

---

101. Selon R. LATTIMORE, *op. cit.*, p. 217, le fatalisme correspond à la fois au stoïcisme et au caractère romain. Voir *cons. ad Liu.*, vers 6 et 7, repris aux vers 350-352 par le thème, non moins romain, de l'*exemplum*.

102. BUECHELER, *carm. ep.*, 618, 3 : « post fata superstes / fama uiget », proche d'Ovide, *pont.*, 16, 2-3 : « famaque post cineres maior uenit ». H.I. MARROU a analysé les connotations pythagoriciennes de ce thème, dans *Mousikos Aner*, Grenoble, 1937.

103. Ou., *am.*, 3, 9, 36 : « Sollicitor nullos esse putare deos » ; 3, 3, 23-24 : « Aut sine re nomen deus frustraque timetur / et stulta populos credulitate mouet ». La formule funéraire de *la Consolation*, v. 469, est presque identique à celle qui clot le poème sur la mort de Tibulle, *am.*, 3, 9, 64 : « si qua est modo corporis umbra » ; elle accompagne aussi une variante de la formule « sit humus cineri non onerosa tua ».

104. Ou., *fast.*, 1, 596 sq. « Et mortem et nomen Druso Germania fecit / Me miserum, uirtus quam breuis illa fuit », ce qui pourrait être un résumé de la *Consolation à Livie*. Voir aussi *am.*, 1, 14, 45.

la *laudatio funebris*, qu'Ovide n'ignorait pas. D'ailleurs, ce vocabulaire banal s'explique par l'émotion du poète qui partage, en familier, le deuil de la cour. Nous n'avons malheureusement plus la *laudatio funebris* composée par Auguste, mais cette langue familière se trouve être également celle de bon nombre d'inscriptions funéraires. G. Libermann estime que le vocabulaire relève parfois d'une acception tardive, guère antérieure à l'époque de Domitien. Mais le peu d'exemples qu'il fournit n'est guère probant. Lettre familière, épitaphe, éthopée et morceaux épiques, la *Consolation à Livie* tient de tous ces genres. Les ressemblances stylistiques les plus flagrantes, et particulièrement celles qui touchent à la prosodie et à la métrique, se rencontrent dans les *Amours* et les *Héroïdes*, ce qui suggèrerait une concordance temporelle[105]. Si le style des *Héroïdes* paraît plus élaboré, c'est qu'il s'agit de lettres fictives, œuvres d'art purement gratuites. Déjà, dans cette *consolation* un peu maladroite, l'image du dieu Tibre et celle de l'embrasement du bûcher qui héroïse Drusus laissent présager les meilleures peintures des *Métamorphoses*.

La *Consolation à Livie* pourrait être quelque peu postérieure à la première version des *Amours*, à une époque où le talent d'Ovide n'a pas encore atteint sa maturité. Plus tard, il avouera lui-même, dans les *Tristes*, qu'en l'absence de toute bibliothèque, il est devenu tributaire de sa mémoire [106]. Ceci expliquerait qu'il ait pillé, sans vergogne, les meilleurs morceaux d'une œuvre de jeunesse qui ne fut sans doute pas sans retentissement [107].

105. La deuxième version des *Amours*, en trois livres, est datée des alentours de 4 av. J.C. Dans les *Fastes*, 6, 636, il est fait allusion à la dédicace du temple de la Concorde par Livie, en 7 av. J.C.
106. Ou. *trist.*, 3, 14, sq. ; 5, 7, 63. Les parentés entre la *Consolation* et Properce ont été relevées par P. FEDELI, *Properzio, Elegie libro quarto*, Bari, 1965, p. 102-204.
107. Sur l'habitude d'Ovide de se réutiliser, voir sup. n. 15. Auguste avait ôté aux écrivains la possibilité de se distinguer immédiatement : il avait composé une des deux *laudationes* pronon-

La tradition manuscrite

Les manuscrits d'Ovide contenant la *Consolation à Livie* sont fort nombreux. Sans doute ne sont-ils pas encore tous répertoriés, surtout en ce qui concerne les *excerpta*.

Le premier problème qui se pose à l'éditeur est celui du choix des sigles désignant les manuscrits, afin d'éviter tout chevauchement avec les éditions précédentes. En effet, ces manuscrits ont été très diversement qualifiés, d'Oldecop et Vollmer à Lenz ; Baehrens lui-même ne cherche pas à identifier les manuscrits, mais se fie à l'*editio princeps romana*. Plus récemment, Copray conserve seulement quelques appellations de Vollmer, qui ne sont pas celles de Lenz. Celui-ci est apparemment le premier à avoir utilisé le manuscrit *H Harvardianus*, mais il ignore les manuscrits *M* et *N Matritenses*, ainsi que *S Huntingtonensis*. Pour plus de clarté, nous avons repris, comme le fait M.D. Reeve, les sigles de Lenz, qui sont les plus rationnels, en donnant une table d'équivalence avec Vollmer et Copray. Pour les manuscrit ignorés de Lenz, nous adoptons les sigles de M.D. Reeve [108].

Les manuscrits d'Heinsius

Dans une édition de 1516, Nauger cite « des livres anciens », dont quelques leçons ont été conservées par N. Heinsius ; certaines sont tout à fait originales [109]. N.

---

cées aux obsèques, ainsi qu'une inscription en vers et une vie en prose. Ces compositions devaient néanmoins stimuler les esprits. Il y eut sans doute plusieurs poèmes sur la mort de Drusus. Mais la *Consolation à Livie* fut connue, indiscutablement, de l'auteur de l'*Élégie à Mécène*, comme de Sénèque, qui la résume : voir *sup.* p. 28 et n. 32.

108. M.D. Reeve, *The tradition of Consolatio ad Liuiam*, dans *R H T*, 6 (1976), p. 76-88. Les désignations de M. Schoonhoven paraissent un peu plus complexes.

109. Bien que M.D. Reeve, *op. cit. sup.*, p. 95, tente de les ramener à des leçons du groupe *C D H M*.

Heinsius semble avoir été le premier à collationner les manuscrits. Ceux-ci, au nombre de quatre, furent également mentionnés par P. Burman, qui en eut deux en sa possession [110]. H. Oldecop s'est attaché à identifier ces manuscrits [111].

I. Le codex Laurentianus XXXVI, 2.

Ce manuscrit porte une note en première page, signée N.H., soit Nicolas Heinsius. H. Oldecop reconnaît donc en ce manuscrit le *Mediceus*, mentionné par l'érudit. Les trois autres manuscrits sont plus difficiles à identifier. Ce sont :

C. Le codex Combianus, de date inconnue. F.W. Lenz estime qu'il a disparu ; mais des érudits, dont M.D. Reeve, croient le reconnaître dans le *codex Bodleianus Douce* 146.

— Le *codex Neapolitanus Heinsii*. H. Oldecop l'identifie avec le *codex Bodleianus Auct*. F 1 18 (*F*).

— Le *codex Romanus Heinsii*.
Quelques leçons intéressantes ont été notées par Heinsius, par exemple *affluit* au vers 455. Ces leçons ne coïncident avec aucun des manuscrits existants. Aussi ne peut-on tenir pour certaine l'identification qu'en fait M.D. Reeve avec le *cod. Vat. Reg. Lat.* 1621 (v) [112].

Nous n'avons aucun renseignement sur la date de ces manuscrits, qui paraissent bien avoir été des originaux et non la copie d'éditions anciennes. Parmi les manuscrits disparus, on peut encore mentionner :

le *codex Hamerslevensis*, du XIIIe siècle, signalé par H. Oldecop et F. Vollmer.

le *codex Philelphus*, dont proviennent deux vers, 319-320, cités par F. Filelfo dans une lettre de 1473.

110. P. Burman, *P. Ouidii Nasonis opera omnia*, Amsterdam, 1727, 1, p. 796.
111. H. Oldecop, *De consolatione ad Liuiam*, Gottingen, 1911, p. 25-32.
112. M.D. Reeve, *op. cit. sup.* n. 118, p. 121.

Les manuscrits existants

Les manuscrits actuellement accessibles remontent tous à la seconde moitié du xve, date relativement tardive, qui a parfois fait douter de leur authenticité ; on y a vu des reflets d'éditions anciennes. Ainsi M.D. Reeve rattache les manuscrits par groupes aux éditions *Romana* et *Veneta*. Pour F. Vollmer, tous les manuscrits dérivent d'un archétype qu'il appelle *Carolinus* ; il estime que les variantes sont dues à des corrections d'érudits, plutôt qu'à des originaux différents. Cette thèse est indémontrable. F.W. Lenz la met en doute à juste titre : il fait remarquer, par exemple, qu'au vers 218 la leçon *ast* répond à *at* dans les manuscrits *C* et *D* mais ne peut passer pour une correction d'érudit du xve siècle.

B. le codex Butlerianus 11973, au Museum Britannicum de Londres. De la fin du xve siècle, ce manuscrit comprend les *Fastes* et la *Consolation à Livie*, fol. 108-118. Ecrit et orné avec élégance, il est chargé de scholies souvent oiseuses ; mais il fournit fréquemment la meilleure leçon. M.D Reeve pense qu'il dériverait de l'*editio Veneta* de 1472. Il est proche parent de *O*.

C. Le codex Bodleianus Douce 146, à la Biblioteca Bodleiana d'Oxford. Le manuscrit renferme les *Tristes*, les *Pontiques*, *Nux* et la *Consolation à Livie*, fol. 138-147. Il a été présenté par M.D. Reeve comme l'un des manuscrits consultés par Heinsius, le *codex Combianus* [113].

D. Le codex Dresdensis Dc 147, à la Bibliothèque Royale de Dresde. De la fin du xve siècle, il renferme les *Tristes*, les *Pontiques*, *Nux* et la *Consolation à Livie*, fol. 141-150. Il est proche parent de *C* et *H*.

F. Le codex Bodleianus Auct F 118, de 1493, à la Biblioteca Bodleiana d'Oxford. Il contient de nombreuses œuvres d'Ovide et, succédant aux *Héroïdes*, la *Consolation à Livie*, fol. 109-123. H. Oldecop l'a identifié avec le *codex*

113. M.D. REEVE, *op. cit. sup.*

Neapolitanus d'Heinsius [114]. L'écriture est élégante et claire ; les leçons sont judicieuses et concordent souvent avec celles des manuscrits *O U V*.

H. Le *codex Harvardianus lat. 42 F* (*olim Philippicus* 9045), à la Biblioteca Harvardiana. Il est cité pour la première fois par F.W. Lenz, en 1956. Il date de la fin du xve siècle et contient de nombreuses œuvres d'Ovide. H. Schoonhoven suggère une chronologie allant de 1474 à 1488. La *Consolation à Livie* succède à l'*Ibis*, fol. 314-321. Assez conventionnel, par exemple aux vers 409, 415, 422, il garde parfois une bonne leçon, comme aux vers 79, 371. Les manuscrits *C D H* sont proches de l'*editio Romana* et semblent remonter au même archétype. Ils ont en commun un caractère explicatif : ils remplacent toujours une leçon obscure, mais originale, par une transposition claire, mais banale [115]. Le copiste de *H*, en raison de ses notes érudites, doit avoir été un homme de haute culture.

L. Le *codex Laurentianus 36, 2*, à la Bibl. Laurentiana de Florence. Il a été identifié comme le *codex Mediceus* d'Heinsius. Il fut écrit par Bartolomeo Fonzio, vers 1475, sur parchemin pour Francesco Sassetti ; il est consacré aux œuvres d'Ovide : la *Consolation à Livie* succède à l'*Ibis*, fol. 241-247. Il renferme une *Vie d'Ovide*, qui porte au fol. 255 la mention : « scripsit epistolam consolatoriam ad liuiam augustam de morte Drusi filii qui in germania perierat quae nuper inuenta est ». Le manuscrit a été généralement loué par les éditeurs successifs. Proche de l'*editio Romana*, il repose manifestement sur un manuscrit plus ancien ; il est parfois le seul à garder la meilleure leçon [116]. La découverte récente de la *Consolation à Livie*

114. M.D. REEVE, *op. cit. sup.* n. 121, p. 30.
115. Par exemple aux vers 78 ; 95 ; 103 ; 125 ; 149 ; 170 ; 172 ; 240 ; 252 ; 347 ; 349 ; 371 ; 404 ; 433 ; 445...
116. Comme aux vers 98 ; 391 ; 466. Il s'oppose encore aux autres manuscrits au vers 441. Pour F.W. Lenz, l'*editio Romana* repose sur ce manuscrit. M.D. Reeve penche pour l'inverse. Cependant la *Vita Ouidii* se trouve aussi dans l'*editio Veneta* de 1474.

pourrait expliquer la relative homogénéité du texte ; les *loci desperati* y sont moins nombreux qu'on ne l'a dit.

M. Le *codex Matritensis* 1482, à la Bibl. Royale de Madrid renferme la *Consolation à Livie*, fol. 1-11, les *Héroïdes* et une œuvre de Palladius. Le manuscrit fut écrit pour Marino Tomacelli entre 1465 et 1494.

N. Le *codex Matritensis Res* 206, à la Bibl. Royale de Madrid. Le manuscrit reprend les œuvres d'Ovide dans le même ordre que l'*editio Romana*, dont il est vraisemblablement une copie. La *Consolation à Livie* se trouve au fol. 84-91. Les manuscrits madrilènes ne présentent pas une grande originalité et renferment beaucoup d'erreurs.

O. Le *codex Vaticanus Ottobonianus lat.* 1469, à la Bibl. Vaticane. De la fin du xvᵉ siècle, le manuscrit contient les *Pontiques*, les *Tristes*, l'*Ibis* et la *Consolation à Livie*, au fol. 50-61. Sans être toujours les meilleures, ses leçons témoignent d'une réelle originalité [117].

S. Le *codex Huntingtonensis H M* 1038, à la Huntington Library, San Marino, Californie. Le manuscrit est consacré à plusieurs œuvres d'Ovide. La *Consolation à Livie* fait suite à *Nux*, fol. 194-203. Selon M.D. Reeve, ce manuscrit serait une copie de l'*editio Vicentiae* de 1480.

U. Le *codex Vaticanus Urbinas* 353, à la Bibl. Vaticane. Le manuscrit a été écrit par Federigo Veterano, pour Federigo duc d'Urbino, entre 1474 et 1482. Il contient des œuvres douteuses, attribuées à Virgile : au fol. 43-46 figure « P V Elegia in Maecanis obitu quae dicitur Vergilii cum non sit » ; au fol. 59-67, on trouve la *Consolation à Livie* et des poèmes variés, dont des poèmes de Claudien, les *Bucoliques* de Calpurnius Siculus et de Némésien, les *Argonautiques* de Valérius Flaccus et des auteurs tardifs. C'est le seul manuscrit qui présente à la fois les *Élégies à Mécène* et la *Consolation à Livie* et qui associe cette œuvre à des poèmes non ovidiens. L'écriture en est soignée, sans ratures, mais les fautes sont nombreuses. Il est proche

117. Aux vers 93 ; 127 ; 171 ; 269 ; 280 ; 379.

parent de *O* et de *V*, mais présente parfois des leçons originales [118]. Pour M.D. Reeve, il s'agirait de copies de diverses éditions. Celui-ci donne une liste de coïncidences avec l'*editio Veneta Ausonii* de 1472.

V. Le *codex Vaticanus Reg. lat.* 1621, à la Bibl. Vaticane. Ecrit en 1493, ce *codex* ne contient, que la *Consolation à Livie*. F. Vollmer pense qu'il reprend l'*editio Veneta* d'Ovide de 1492. Il est proche des manuscrits *O* et *U*.

Z. Le *codex Vaticanus 5160*, à la Bibl. Vaticane. Découvert par M.D. Reeve et écrit en 1469, il ne semble pas avoir été consulté auparavant.

M.D. Reeve signale encore trois manuscrits non connus des éditeurs et qui seraient inspirés des *editiones Venetae* de 1472 et 1474 : ils appartenaient à des collections privées.

Les *excerpta*

f. Le *codex Riccardianus* 152, à la Bibl. Riccardiana de Florence. On y trouve les vers suivants, datés de 1463 : « ex consolatione Ouidii ad Liuiam de morte Drusi », v. 9-10 ; 347 ; 357-362 ; 369-379 ; 427-428 ; 443-444. Ces extraits sont sans doute l'œuvre de Bartolomeo Fonzio et sont antérieurs à l'*editio Romana*.

— Le *codex Latinus* 7471 (Indersdorff 71), à la Bayerische Staatsbibliothek de Munich. Ce manuscrit, consacré à des poèmes variés, renferme, fol. 1 et 2, plusieurs extraits de la *Consolation à Livie* [119]. Ce sont : les vers 369-378 ; 427-428; 13-14 ; 223-444 ; 357-360 ; 265-268 ; 157-158 ; 163-164, soit 28 lignes contre 19 dans le *codex Riccardianus*. On peut remarquer cependant que plusieurs citations coïncident, ce qui suggère un florilège antérieur.

---

118. Par exemple aux vers 79 ; 87...
119. Ces extraits ont été présentés par H. SCHOONHOVEN, *Another excerpt from the Consolatio ad Liuiam* dans *Mnémosyne*, 37 (1984), p. 147-148.

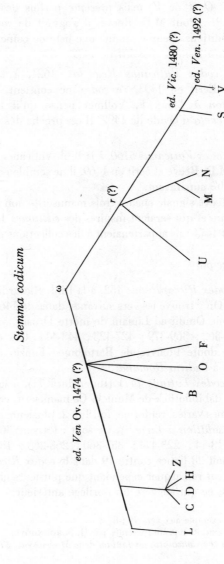

Stemma codicum

LES ÉDITIONS ANCIENNES

r. editio princeps Romana, 1471-1472. Cette édition, connue d'Heinsius, servit de base à l'édition de Baehrens. On a voulu en faire la source de tous les manuscrits, mais l'existence d'extraits antérieurs dans le *codex Riccardianus* constitue une réfutation.

— *editio Veneta Ausonii* de 1472. Cette édition fut souvent confondue avec l'édition suivante. Schenkl consulta l'une des deux, sans qu'on sache précisément laquelle. *La Consolation à Livie* porte un titre et une suscription finale.

v. editio Ouidii Veneta de 1474. Consultée par H. Oldecop et F. Vollmer, elle fut également utilisée par F W Lenz.

— *editio Parmensis* de 1477, par Stephanus Gorallus. Elle fut consultée par Schenkl.

— *editio Mediolanensis* de 1477, par Antonius Zarotus. Elle est connue d'H. Oldecop.

— *editio Vicentiae* de 1480, par Hermannus. Elle fut également consultée par H. Oldecop.

— *editio Bononiensis* de 1480 ; elle fut connue d'Heinsius.

— *editio Veneta* de 1484, 1486, 1489 ; elle fut connue d'Heinsius.

— *editio Veneta* de 1492, 1498, 1502.

— *editio Aldina* de 1502 et 1516. Dans la seconde édition, se trouvent, précédant les *Métamorphoses*, des notes d'Andréas Naugerius sur les œuvres d'Ovide.

On estime généralement que l'*editio Veneta* de 1474 (*v*) est la source de presque toutes les éditions italiennes avant l'édition complète par Naugerius de toutes les œuvres d'Ovide. Seules les éditions *Mediolanensis* et *Bononiensis* paraissent indépendantes.

M.D. Reeve mentionne également une *editio Mediolanensis* de 1474, par Antonius Zarotus, une *editio Mediola-*

nensis de 1478, par Jacobus de Marliano et une autre
édition de 1486, par Christoforus Ratisponensis, toutes
issues de la première.

De nombreuses parentés entre manuscrits et éditions ont
été notées par les érudits. Plusieurs en ont déduit que la
plupart des manuscrits représentaient des copies d'éditions
antérieures. H. Oldecop signalait déjà que le manuscrit *V*
partageait plusieurs erreurs avec l'*editio Veneta* de 1492.
On a également noté une parenté entre F et l'*editio Veneta*
de 1474 [120]. M.D. Reeve va plus loin et considère que les
manuscrits *O* et *B* dérivent également de cette édition. Il
estime aussi que le manuscrit *U*, disparate, représente les
copies de plusieurs éditions : il fournit une liste de leçons
concordant avec l'*editio Ausonii* de 1472 [121]. *S* serait une
copie de l'*editio Vicentiae* de 1480. Finalement les seuls
manuscrits autonomes seraient le groupe *C D H Z* et, dans
une moindre mesure, le manuscrit *L*. Il ne nous appartient
pas de prendre position sur une question qui exige des
compétences spécifiques. Cependant, on ne saurait exclure
la possibilité d'un archétype commun à plusieurs manuscrits et éditions. Ceci, d'ailleurs, importe peu pour l'établissement du texte.

En revanche, on peut considérer comme acquise la
classification en trois groupes suivants : *C D H Z* sont unis
par une indéniable parenté, *C* étant particulièrement
proche de *D* [122]. *H* se présente plutôt comme un hybride,
doté d'une certaine originalité. Les manuscrits *M* et *N* se
rattachent clairement à l'*editio Romana* et aux *editiones
Mediolanenses* qui paraissent lui avoir servi de modèles.
Nous n'avons pu consulter le manuscrit *Z*. Quant au
manuscrit *L* souvent loué, il formerait, selon M.D. Reeve,

---

120. Voir A. DE LA PENNA, *P. Ouidii Nasonis Ibis*, Florence, 1957,
p. 130.
121. M.D. REEVE, *op. cit. sup.* n. 98, p. 83.
122. M.D. Reeve suggère qu'ils pourraient avoir été écrits par le
même copiste, Bartolomeo Sanvito.

un groupe avec l'*editio Veneta* de 1472 et de 1474 ; en fait, le manuscrit se révèle le plus fiable [123].

LES ÉDITIONS MODERNES.

A partir du XVIe siècle, les éditions des œuvres d'Ovide ne reflètent plus que des éditions antérieures. Les principales sont [124] :

— SEBASTIANUS GRYPHIUS, s. d., citée par P. BURMAN, *Ouidii opera*, 1, p. 797.

— JACOBUS MICYLLUS, *Ouidii opera*, Argentorati, 1550, t. 2, p. 471 sq. Le texte s'accompagne de commentaires intéressants.

— JOSEPHUS SCALIGER, Lyon, 1573 : *Publii Vergilii Maronis Appendix*, p. 100-115 ; *C. Pedonis Albinouani Elegia de morte Drusi Neronis ad Liviam Augustam*, p. 313-317. Le texte est suivi de notes.

— JOANNES PASSERATUS (1534-1602). L'édition est disparue, mais elle est citée par P. BURMAN, *Ouidii opera*, 4, p. 222 sq.

— GEORGIUS BERSMANNUS (1538-1611), *Ouidii opera scholiis illustrata*, Lipsiae, 1590, t. 1, p. 338-402 : « In Consolationem ad Liuiam interpretatio Iacobi Micylli argumuntem ».

— NICOLAUS HEINSIUS, *Commentarium in P. Ouidii Nasonis opera omnia*, Lipsiae, 1652.

— THEODORUS GORALLUS, *C. Pedonis Albinouani elegiae* III, Amsterdam, 1703, 1715. L'auteur réunit la *Consolation à Livie* et les *Élégies à Mécène*, avec une paraphrase en latin, accompagnée de notes de plusieurs érudits.

---

123. Liste des erreurs de l'*editio Veneta (ζ)* évitées par *L* dans M.D. REEVE, *op. cit.*, p. 89.
124. La liste complète des éditions est donnée par T. COPRAY, *op. cit.*, p. 40 sq.

— P. Burman, *P. Ouidii Nasonis opera*, Amsterdam, 1727, t. 1, p. 795-828. Le texte est intitulé *Incerti auctoris Consolatio ad Liuiam Augustam de morte Drusi Neronis filii eius, qui in Germania morbo periit*, titre de certains manuscrits. Il est appelé, p. 793 *Epicedion Drusi Caesaris*.

— J.F. Fischer, *P. Ouidii Nasonis opera omnia e recensione N. Heinsii, cum eiusdam notis integris*, Lipsiae, 1773, 1, p. 267-279 : *Epicedion Drusi Caesaris et Nux elegia quae Ouidio dubie adscribuntur*.

— C.D. Beck, *P. Ouidii Nasonii opera*, Lipsiae, *1783*.

Les éditions plus récentes sont généralement des éditions critiques. Les principales sont :

— I. A. Amar, *P. Ouidius Naso I Cons. ad Liu.* Paris, 1820.

— M. Nisard, *Ovide*, Paris 1838. Œuvres complètes avec traduction en français, p. 833-844.

— M. Haupt, *Opuscula*, Lipsiae, 1849, t. 1, p. 315-357.

— A. Baehrens, *Poetae latini minores*, Leipzig 1879-1883, t. 1, p. 97-121 : *Incerti consolatio ad Liuiam*. L'édition, qui repose essentiellement sur l'*editio romana* est gâchée par des corrections abusives.

— H. Schenkl, *Bibliotheca patrum latinorum Brittanica* Wien 1-1, 1891.

— A. dal Zotto, *La Consolazione a Livia, epistola pseudoovidiana. Congetture e correzioni*, Feltre 1904/1905.

— H. Oldecop, *De consolatione ad Liuiam*, Gottingen, 1911.

— F. Vollmer, *Poetae latini minores*, Leipzig, 1911-1935, t. 2, p. 15, 35 : *Incerti consolatio ad Liuiam*.

— J.H. Mozley, *Ouidius. The Art of Love and others poems, with an English translation*, London, 1929, p. 324-358.

— A. Witlox, *Consolatio ad Liuiam prolegomenis commentario exegetico, indice instructa*, Groningue, 1934. Le texte reprend, à peu de choses près, celui de F. Vollmer.

— A.M. Copray, *Consolatio ad Liuiam, Elegiae in Maecenatem*, Nimègue, 1940.

— F.W. LENZ, *Halieutica, Fragmenta, Nux, Consolatio ad Liuiam*, Turin, 1956. L'édition est munie d'un apparat critique original ; celui-ci est commenté par M.D. REEVE, *op. cit.* p. 82.

— H. VON RUPPRECHT, *Pseudoovidiana, Consolatio ad Liuiam*, t. 2, Mitterfels Selbstverl, 1982. L'édition, avec traduction allemande, mais sans apparat critique, reprend le texte de F.W. Lenz.

— H. SCHOONHOVEN, *The Pseudo-Ovidian ad Liuiam de morte Drusi*, Groningue, 1992. L'établissement du texte est renouvelé. Le commentaire, essentiellement grammatical, s'inspire de celui de A. Witlox.

Principes de cette édition

L'établissement du texte ne peut qu'être très redevable aux éditions de F. Vollmer et surtout de F.W. Lenz. Nous avons aussi utilisé, avec prudence, l'édition d'A. Baehrens. L'apparat critique de F.W. Lenz a été jugé avec une sévérité excessive par M.D. Reeve ; il s'est avéré très exact, bien que l'auteur n'ait pas eu connaissance des manuscrits *M* et *N*, à vrai dire peu originaux. F.W. Lenz nous a paru être le premier à établir ses leçons d'après une véritable confrontation de tous les manuscrits. Il témoigne aussi d'un grand scrupule à corriger le texte, n'hésitant pas à préférer un *locus desperatus* à une correction que le style même de l'œuvre rend toujours particulièrement aléatoire. On risque en effet de corriger l'auteur lui-même. En bien des points, F.W. Lenz renouvelle ainsi l'édition de F. Vollmer, qui est suivie de très près par A. Witlox. H. Schoonhoven présente des leçons ingénieuses, certes, mais avec une certaine indifférence à l'égard de la paléographie. Pour cette raison, nous ne les avons pas suivies.

La règle que nous avons adoptée a été de considérer ce poème sans aucun préjugé, qu'il s'agisse de sa datation, de sa valeur littéraire ou de l'établissement du texte. Les conjectures ont été souvent inspirées par le souci de rétablir une logique ou une syntaxe régulière, qui ne sont pas forcément l'apanage d'un jeune poète : celui-ci écrit en un style rude et familier, proche de celui des inscriptions. Nous avons pris le parti de le respecter. Nous nous sommes efforcée de rester encore plus fidèle aux manuscrits que F.W. Lenz, dès lors qu'ils présentaient à la fois un *consensus* et un sens cohérent. Nous n'avons pas hésité à conserver des leçons, voire un vers entier, même s'ils avaient été corrigés par l'ensemble de la critique, comme, par exemple, le vers 455. Tel terme ou tel membre de phrase peut trouver une justification par son existence dans tel passage d'Ovide ; il faut cependant résister à la tentation, à laquelle presque tous les éditeurs ont succombé, consistant à remplacer un tour gauche, ou déconcertant, par le tour ovidien correspondant, que l'auteur, bon imitateur d'Ovide, était censé avoir à l'esprit.

Dans cette édition, la priorité a été accordée au *codex Laurentianus* 36,2 (*L*), jugé traditionnellement comme le meilleur manuscrit ; il a été confronté avec le *Vaticanus Urbinas* 353 (*U*) et le *Bodleianus Auct.* F 1 18 (*F*), qui présentent une réelle originalité. Le *Butlerianus* 11973 (*B*), souvent décrié, en raison de ses gloses oiseuses, nous est apparu comme le témoin relativement fidèle d'un manuscrit plus ancien, comportant, ainsi que *F*, une suscription finale. En revanche, les manuscrits *D* et *H* ont été peu utilisés : nous n'avons pu nous procurer ce dernier. Mais ces deux manuscrits sont proches à la fois de *C* et de l'*editio Romana*, dont ils ne sont peut-être que le reflet. La consultation du florilège de la Bayerische Staatsbibliothek de Munich n'a pas apporté de modifications notables.

L'établissement du texte se devait de faire table rase des idées reçues reposant sur le désir d'attribuer cette œuvre à un poète mineur. En contestant la valeur littéraire d'une œuvre, jugée artificielle, on aboutissait à refuser à Ovide la paternité de ce poème, mais on estimait, paradoxalement, que telle leçon peu satisfaisante devait être corrigée d'après tel passage ovidien. Nous n'avons utilisé ce genre de correction que très rarement, une ou deux fois peut-être, en cas d'évidence absolue, lors même que l'auteur nous semblait être Ovide lui-même.

Nous nous devons d'assurer ici de notre gratitude l'Institut d'Histoire des Textes, les bibliothèques du Vatican, de Florence, de Munich, de Liège et la British Library, qui nous ont adressé d'excellentes photographies, sans lesquelles la confrontation des passages contestés eût été difficilement possible. M.R. Verdière, non seulement nous a fait part de son expérience des *Carmina Einsidlensia*, mais a aussi accepté de relire l'ensemble de cette édition. Qu'il en soit vivement remercié.

TABLE DE CONCORDANCE DES MANUSCRITS

Les sigles utilisés ici sont ceux de Lenz et de Reeve

Vollmer	Copray	Lenz	
C	C	B	c. Butlerianus 11973.
K	H	C	c. Bodleianus Douce 146.
H	G	D	c. Dresdensis Dc 147.
E	E	F	c. Bodleianus Auct F 118.
		H	c. Harvardianus lat. 42 F.
A	A	L	c. Laurentianus 36, 2.
D	D	O	c. Vaticanus Ottobonianus lat. 1469.
B	B	U	c. Vaticanus Urbinas 353.
F	F	V	c. Vaticanus Reg. lat. 1621.
		f	c. Riccardianus 152.
		r	ed. Romana.
		v	ed. Veneta.

Reeve

M	c. Matritensis 1482.
N	c. Matritensis Res 206
S	c. Huntingtonensis H M 1038.
ε	ed. Ven. 1474.
ζ	ed. Ven. 1472.

SIGLA

Codices

codd. = *consensus codicum.*
B = *Butlerianus* 11973, saec. xv.
B² = *secundae manus correctio.*
C = *Bodleianus Douce* 146, saec. xv.
D = *Dresdensis Dc* 147, saec. xv.
F = *Bodleianus Auct F* 118, an. 1483.
H = *Harvardianus lat. 42 F,* saec. xv.
L = *Laurentianus* 36, 2, an. 1475.
M = *Matritensis* 1482, 1465 /1494.
N = *Matritensis Res* 206, saec xv.
O = *Vaticanus Ottobonianus* lat 1469, saec xv
U = *Vaticanus Urbinas* 353, 1474/1482.
U² = *secundae manus correctio.*
V = *Vaticanus Reg lat.* 1621, an. 1493.
f = *Riccardianus* 152, an. 1468.

Editiones et uaria

edd. = *editiones uariae*
r = *editio Romana* 1471-1472.
v = *editio Veneta,* 1474.

Baehr. = Baehrens, *Poetae latini minores,* Leipzig, 1870.
Bentl. = Bentley.
Burm. = Burman.
Cast. = Castiglioni.
Gron. = Gronouius.
Ell. = Ellis.
Heins. = Heinsius.
Lib. = Liberman.
Lips. = Lipsius.
Maehl. = Maehly.
Mic. = Micyllus.
Mozl. = Mozley.
Naug. = Naugerius.
Old. = Oldecop.
Salm. = Salmasius.
Scal. = Scaliger.
Schoon. = Schoonhoven.
Vol. = Vollmer.
Witl. = Witlox, *Consolatio ad Liviam,* Groningen, 1934.
Zi. = Ziehen.
Zot. = dal Zotto, *La Consolazione a Livia,* Feltre, 1905.

Consolation du poète P. Ouidius Naso à Livie Augusta
sur la mort de son fils Drusus Néron
qui mourut de maladie en Germanie.

Toi qui parus longtemps heureuse, toi que l'on appelait
naguère la mère des Nérons, à présent il te manque la
moitié de ce nom[1] ; à présent tu lis un chant de
lamentation sur Drusus, Livie[2] ; tu n'as plus à présent
qu'un seul enfant pour t'appeler « mère »[3], ton affection ne
5 te partage plus en deux amours, et quand on prononce le
nom de fils, tu ne dis plus « lequel ? »[4]. Et l'on ose dicter
des lois à tes pleurs ![5] Et l'on tente par des mots d'apaiser
tes larmes ![6] Hélas, qu'il m'est facile, à moi, bien que ce
malheur touche tout le monde, de dire des paroles
10 courageuses inspirées par le deuil d'autrui[7] : « Oui, tu as
été frappée d'un brusque trait de foudre, afin que tu
puisses te montrer plus forte que ton désastre[8] ». Il est
mort le jeune homme qui était un exemple admirable dans
sa conduite : il était le meilleur aux armes, le meilleur sous
la toge[9].

1. *Felix* garde ici la trace de son sens premier « fécond », cf. la
Niobé d'Ovide, *met.* 6, 15, 5 : « felicissima matrum ». Les Nérons sont
Decimus Claudius Drusus Nero et Tiberius Claudius Nero (Tibère),
tous deux fils de Tiberius Claudius Nero. Cependant, Drusus passait
pour le véritable fils d'Auguste, ce dernier ayant épousé sa mère
lorsqu'elle était enceinte : Suet., *Claud.*, 1, 1. L'expression *dimidium
nominis* rappelle Horace, *carm.*, 1, 3, 8 : « animae dimidium meae ».
2. *Miserabile carmen* : l'adjectif définit le genre littéraire du chant
de deuil ou *epicedium* ; voir Introduction, p. 9.
3. Thème de *consolatio* : voir Sen., *ad Marc.*, 4, 2 : « efficiebat ut...
nihil sibi nisi numerum deesse sentiret ». L'antithèse *unum, duorum*,
reprise par *uter*, sent lourdement la rhétorique, mais évoque le *ius
trium liberum*, privilège envié, qui fut décerné à Livie pour la consoler
de la mort de Drusus. De fait, sa troisième grossesse avait avorté.

P. Ouidii Nasonis poetae consolatio ad Liuiam
Augustam de morte Drusi Neronis filii eius
qui in Germania morbo periit.

Visa diu felix, mater modo dicta Neronum,
    iam tibi dimidium nominis huius abest ;
5 iam legis in Drusum miserabile, Liuia, carmen ;
    unum qui dicat iam tibi « mater » habes,
nec tua te pietas distendit amore duorum,
    nec posito fili nomine dicis « uter ? ».
Et quisquam leges audet tibi dicere flendi
    Et quisquam lacrimas temperat ore tuas !
Hei mihi, quam facile est — quamuis hoc contigit
                                                                omnes —
10   alterius luctu fortia uerba loqui :
« Scilicet exiguo percussa es fulminis ictu,
    fortior ut possis cladibus esse tuis ».
Occidit exemplum iuuenis uenerabile morum :
    maximus ille armis, maximus ille toga.

Titulus Publii Ouidii poetae (*add.* praestantissimi *U*) consolatio ad
Liuiam Augustam de morte Drusi Neronis filii eius (filii eius *om. U*)
qui in Germania morbo periit *C O U V* : P. Ouidii Nasonis ad Liuiam
de morte Drusi *D* consolatoria ouidii ad ad (sic) liuiam de morte drusi
neronis eius filis *H om.* F.
    3 miserabile *D H U* : mirabile *B F L O V* ‖ **5** te *codd.* : se *Heins.*
Baehr. ‖ **9** quamuis *B F L O U V* : quoiuis *r Baehr.* cuicunque *C D H*
quantumque *M* ‖ **10** loqui. scilicet *puncto interpunxerunt F Baehr.*
Mozl. Witl. : loqui, scilicet *commate interpunxerunt Heins. Lenz.* ‖
13 uenerabile *D F H O U V* : memorabile *L* mirabile *B*.

15 C'est lui qui naguère arracha aux ennemis les Alpes pleines
de replis et, comme général avec le général son frère, il
remporta le titre de vainqueur de la guerre [10]. C'est lui qui
écrasa le peuple impétueux des Suèves et les Sicambres
indomptés, il fit tourner le dos aux barbares en fuite, il
mérita pour toi, Romain, un triomphe ignoré et il étendit
20 l'empire sur des terres nouvelles [11]. Ignorante de ton
destin, tu te préparais, mère, à acquitter des vœux à
Jupiter, à acquitter des vœux à la déesse qui porte les
armes, à combler de dons le vénérable Gradivus et tous les
dieux qu'il est juste et pieux d'honorer [12], et en ton esprit
25 maternel tu songeais à des triomphes sacrés, peut-être
même te souciais-tu déjà de son char [13]. Ce sont des
funérailles qu'il te faut mener à la place des triomphes
sacrés et un tombeau attend Drusus au lieu de la citadelle
de Jupiter [14]. Tu imaginais son retour, par avance tu
30 savourais ces joies par la pensée et tu le voyais déjà en
vainqueur sous tes yeux [15] :

« Bientôt il va arriver, bientôt la foule me verra le
féliciter, bientôt il me faudra porter des présents pour mon
cher Drusus [16]. Je m'avancerai à sa rencontre et les cités
35 me diront heureuse et je presserai de mes lèvres sa nuque,
ses lèvres et ses yeux [17]. Il sera tel, c'est ainsi qu'il
accourra, c'est ainsi que nous unirons nos baisers, il me
racontera ceci, c'est ainsi que moi-même je lui parlerai
d'abord [18] ».

Tu savoures de grandes joies, abandonne, malheureuse,
40 une espérance trompeuse ; cesse de tourner tes pensées
joyeuses vers ton cher Drusus. Ce bel ouvrage de César,
pour ainsi dire une partie de vous-mêmes, a disparu [19] :
détache, Livie, une chevelure indigne de toi [20]. A quoi te
servent à présent ta conduite, toute ta vie passée dans la
pudeur et d'avoir tellement plu à un si grand mari [21] ?

Ille modo eripuit latebrosas hostibus Alpes
    et titulum belli dux duce fratre tulit.
Ille genus Sueuos acre indomitosque Sicambros
    contudit inque fugam barbara terga dedit
ignotumque tibi meruit, Romane, triumphum,
20   protulit in terras imperiumque nouas.
Soluere uota Ioui fatorum ignara tuorum,
    mater, et armiferae soluere uota deae
Gradiuumque patrem donis implere parabas
    et quoscumque coli est iusque piumque deos,
25 maternaque sacros agitabas mente triumphos,
    forsitan et curae iam tibi currus erat.
Funera pro sacris tibi sunt ducenda triumphis
    et tumulus Drusum pro Iouis arce manet.
Fingebas reducem praeceptaque mente fouebas
30   gaudia et ante oculos iam tibi uictor erat :
« Iam ueniet, iam me gratantem turba uidebit,
    iam mihi pro Druso dona ferenda meo.
Obuia progrediar felixque per oppida dicar
    collaque et os oculos(que) illius ore premam.
35 Talis erit, sic occurret, sic oscula iunget,
    hoc mihi narrabit, sic prior ipsa loquar ».
Gaudia magna foues, spem pone, miserrima, falsam ;
    desine de Druso laeta referre tuo.
Caesaris illud opus, ueluti pars altera uestri,
40   occidit : indignas, Liuia, solue comas.
Quid tibi nunc mores prosunt actumque pudice
    omne aeuum et tanto tam placuisse uiro ?

---

29 pr(a)eceptaque *F L O U V* : perceptaque *B D* ǁ **34** os oculosque
D Witl. : osque oculos *B F H O U* usque oculos *Schoon.* os oculos
M Lenz hos oculos *r* ǁ **39** ueluti *codd.* : uoti *Heins. edd.* ǁ **42** tam
Heins. : iam *codd.*

A quoi te sert à toi dont la pudeur est au-dessus de tout
soupçon, un tel nombre de qualités que cette pudeur est le
dernier de tes titres de gloire [22] ? A quoi te sert d'avoir
45 gardé l'âme droite face à ton siècle, d'avoir haussé la tête
plus haut que les vices, de n'avoir nui à personne en ayant
reçu du sort le pouvoir de nuire, que personne n'ait craint
tes cachots, que ton pouvoir ne se soit égaré ni au Champ
de Mars ni au forum, d'avoir régi ta maison en deçà des
50 bornes permises [23] ? Certes, même sur une telle conduite
l'injustice de la Fortune règne et ici aussi la roue qu'elle
fait tourner est incertaine. Ici aussi elle se fait sentir ; pour
qu'il n'y ait rien qui lui échappe, la mauvaise se déchaîne
et fait régner partout son injuste justice [24]. Evidemment, si
55 la seule Livie avait été à l'abri des deuils, l'empire de la
Fortune serait moindre ! Que serait-ce si elle n'avait
toujours adopté un comportement tel que son bonheur ne
suscitât pas l'envie [25] ? Ajoute à cela la maison de César,
60 qui aurait dû au moins, exempte de funérailles, se trouver
au-dessus des malheurs humains. Le prince vigilant,
lui-même sacré et placé au haut de la citadelle, eût été
digne de regarder d'un lieu sûr les misères humaines, sans
être lui-même pleuré des siens, sans pleurer aucun des
siens et sans souffrir lui-même de ce que nous souffrons
65 nous le vulgaire [26]. Nous l'avons vu s'affliger quand la
lignée de sa sœur lui fut arrachée : il y eut un deuil public,
comme pour Drusus [27]. Il plaça Agrippa dans le même
tombeau que toi, Marcellus, et ce lieu reçut désormais les
deux gendres [28]. A peine Agrippa eut-il été déposé et la
porte du tombeau se fut-elle bien refermée, voici que sa
70 sœur accomplit à son tour l'office des funérailles [29]. Voici

25. *Inuidiosa bona* : Livie n'a pas commis le crime d'ὕβρις, qui
provoque la « jalousie » des dieux et des hommes. Il est toujours châtié
chez les Grecs, mais Sénèque écrit aussi, *ad Pol.*, 2, 2 : « adhuc
uidebaris (Fortuna) ab eo homine te continuisse... ut felicitas eius
effugeret inuidiam ». Mais la topique s'adapte encore à la grande
discrétion de Livie, *sup.*, n. 21.

Quidque, pudicitia tantum inuiolata bonorum
    ultima sit laudes inter ut illa tuas ?
Quid tenuissse animum contra sua saecula rectum,
    altius et uitiis exeruisse caput,
nec nocuisse ulli et fortunam habuisse nocendi,
    nec quemquam neruos extimuisse tuos,
nec uires errasse tuas campoque foroque
50   quamque licet citra constituisse domum ?
Nempe per hos etiam Fortunae iniuria mores
    regnat et incerta est hic quoque nixa rota.
Hic quoque sentitur, ne quid non improba carpat
    saeuit et iniustum ius sibi ubique facit.
55 Scilicet immunis si luctus una fuisset,
    Liuia, Fortunae regna minora forent !
Quid si non habitu sic se gessisset in omni,
    ut sua non essent inuidiosa bona ?
Caesaris adde domum, quae certe, funeris expers,
60   debuit humanis altior esse malis.
Ille uigil, summa sacer ipse locatus in arce,
    res hominum ex tuto cernere dignus erat,
nec fleri ipse suis nec quemquam flere suorum
    nec, quae nos patimur uulgus, et ipse pati.
65 Vidimus erepta maerentem stirpe sororis :
    luctus, ut in Druso, publicus ille fuit.
Condidit Agrippam quo te, Marcelle, sepulcro
    et cepit generos iam locus ille duos.
Vix posito Agrippa tumuli bene ianua clausa est,
70   perficit officium funeris ecce soror.

43 inuiolata *codd.* : inuoluisse *Baehr.* instituisse (bonarum) *Schoon.*
cumulata *Haupt* cumulasse *Heins. Witl.* ‖ **48** neruos *codd.* : ser-
Baehr. ‖ **50** licet *codd.* : libet *Heins.* ‖ **61** ipse *codd.* : ille *Heins.* ‖
70 perficit *codd.* : percipit *Lips. edd.* suscipit *coni. Lenz.*

qu'après avoir versé des larmes trois fois auparavant, le
grand César pleure une toute nouvelle perte, la quatrième,
celle de Drusus [30]. Fermez à présent, Parques, fermez des
sépulcres trop souvent déclos : cette demeure s'ouvre à
75 présent plus qu'il n'est juste [31]. Tu t'en vas et ton nom,
Drusus, s'élève en vain [32] : qu'elle soit la dernière cette
plainte si puissante de ta destinée [33]. La douleur que tu
causes pourrait même emplir tous les siècles en ayant pris
place parmi les grands deuils [34]. Beaucoup d'hommes ont
été perdus en toi, mais toi, qui réunis une telle foule de
80 qualités, tu n'étais pas le seul à qui toutes sortes de vertus
étaient échues en partage [35]. Aucune mère ne fut plus
féconde que celle qui t'a mise au monde, elle qui, à elle
seule, donna tant de qualités en deux enfants [36]. Hélas, où
est ce couple égal par le nombre des vertus, cette union
85 affectueuse et cet amour indiscutable [37] ? Nous avons vu
Néron, frappé de stupeur à la mort de son frère, verser des
larmes et laisser tomber ses cheveux sur son visage pâli,
hors de lui-même, sa physionomie exprimant la douleur [38].
Hélas, quel chagrin il y eut sur tout son visage [39] ! Pourtant
90 toi, au dernier moment, tu as vu ton frère mourant et lui
a vu tes larmes, il a compris en mourant que ton cœur était
attaché au sien et il a gardé les yeux fixés sur ton visage,
ces yeux que la sombre mort faisait de plus en plus
défaillir, ces yeux qui allaient déjà s'offrir aux mains
fraternelles [40]. Mais la malheureuse mère n'a pas imprimé

30. *Datis* : il faut sous-entendre *lacrimis*. L'ellipse est familière et
non « asyntaxique », comme le pense G. LIBERMAN, *op. cit.*, p. 1125.
L'expression *lacrimas dare* est virgilienne : *aen.*, 4, 370. Par ses
larmes, le dieu vivant est ainsi ramené à la condition humaine.

31. *Domus ista* : le Mausolée d'Auguste, *sup.*, n. 28.

32. *Nomina... leuantur* : le vers est contesté ; pourtant l'allusion à
la *conclamatio* est claire et toute correction paraît inutile : *leuari* est
employé au sens de *se leuare*, comme chez Ovide, *met.*, 2, 427, le tour
passif se justifiant par le sujet neutre. Point n'est besoin d'en référer
à la *Vulgate*. Le mort était appelé trois fois par son nom avant d'être
placé sur le bûcher. Le but de cette coutume était de s'assurer que le
défunt était bien mort et de tenter de le rappeler, s'il n'était pas
encore trop avancé sur le chemin de l'au-delà.

Ecce, ter ante datis, iactura nouissima, Drusus
  a magno lacrimas Caesare quartus habet.
Claudite iam, Parcae, nimium reserata sepulcra,
  claudite : plus iusto iam domus ista patet.
75 Cedis et incassum tua nomina, Druse, leuantur :
  ultima sit fati haec summa querela tui.
Iste potest implere dolor uel saecula tota
  et magni luctus obtinuisse locum.
Multi in te amissi ; nec tu, tot turba bonorum,
80   omnis cui uirtus contigit, unus eras.
Nec genetrice tua fecundior ulla parentum,
  tot bona per partus quae dedit una duos.
Heu, par illud ubi est totidem uirtutibus aequum
  et concors pietas nec dubitatus amor ?
85 Vidimus attonitum fraterna morte Neronem
  pallida promissa flere per ora coma
dissimilemque sui uultu profitente dolorem.
  Hei mihi, quam toto luctus in ore fuit !
Tu tamen extremo moriturum tempore fratrem
90   uidisti, lacrimas uidit et ille tuas
affigique suis moriens tua pectora sensit
  et tenuit uultu lumina fixa tuo,
lumina caerulea iam iamque natantia morte,
  lumina fraternas iam subitura manus.

74 claudite *B C F L O U V* : parcite *D* ‖ 75 incassum *B F H L O U V* : in longum *B²C D M r* in uanum *Baehr.* ‖ leuantur *B C D F L O U V* : uocantur *H* legantur *Heins. Old.* ‖ 76 ultima sit *Lenz* : post ultima *interpunxerunt Vol. Witl.* ‖ 78 magni *B C F L O U V* : magnum *D H r* ‖ 79 nec *codd.* : nam *Scal.* ‖ tu *B C F H O V* : te *U* cui *Scal.* ‖ turba *H r Scal.* : uerba *B C D F L O U V* ‖ 80 eras *codd.* : erat *Scal. Baehr.* ‖ 84 dubitatus *D H L r* : -tur *B C F L ante corr. O U V* ‖ 86 pallida *codd.* : squali- *Heins. Baehr.* ‖ promissa *D H L r* : perm.- *B C F L ante corr.* O U V ‖ 87 profitente *B C D F L O U V* : ostendente *H* ‖ 88 ore *Rutgersius* : orbe *codd.* ‖ 93 natantia *r* : nutant- *B C D F H L O V* micant- *U.*

95 ses derniers baisers, elle n'a pas réchauffé tes membres
glacés sur son sein tremblant ; elle n'a pas reçu ton souffle
qui s'enfuyait en approchant ses lèvres entr'ouvertes, elle
n'a pas laissé ses cheveux coupés traîner sur tes membres [41]. Tu as été enlevé en son absence, pendant que des
guerres cruelles te retenaient, plus utile à ta patrie, Drusus,
100 qu'à toi-même [42]. Elle s'évanouit, comme un jour sous les
traits de Zéphyr et ceux du soleil fondent les neiges
amollies à la tiédeur du printemps [43]. Sur toi elle gémit,
sur ton sort malheureux, sur ses vœux dérisoires et elle
accuse ses années d'être trop longues [44]. Comme dans les
105 bois ombreux, enfin adouci à présent, l'oiseau de Daulis
pleure le Thrace Itys [45], comme les plaintes des Halcyons
sur les flots venteux résonnent d'une voix grêle face aux
ondes sourdes [46], ainsi, frappant vos poitrines plumeuses
de vos jeunes ailes, vous avez soudain, oiseaux, chanté en
110 chœur le fils d'Oenée [47] ; ainsi pleura Clymène, et les filles
de Clymène, lorsque le jeune homme frappé d'un trait de
foudre tomba du haut du char paternel [48]. Parfois elle
laisse geler ses larmes, elle se durcit et tient bon et un trait
plus fort libère de ses yeux les larmes suspendues [49] : elles
115 jaillissent et à nouveau alourdissent ses gémissements et
son sein, coulant à flot de ses paupières lourdes baignées de
pleurs [50]. D'avoir retardé ses larmes leur a donné des
forces : leur flot coule plus abondant, s'il a été retenu par
un retard, si mince soit-il. Enfin lorsque les larmes le lui

41. *Neque oscula fixit...* Souvenir peut-être de l'*Andromaque*
d'Euripide, mais aussi allusion au rite funèbre consistant à recueillir
le dernier souffle du mourant en un baiser suprême ; ce rite devait être
accompli par le plus proche parent : Cic., *suppl.*, 45, 118, « matres...
quae nihil aliud orabant nisi ut filiorum suorum postremum spiritum
ore excipere liceret », voir aussi Sen., *ad Marc.*, 3, 2. La leçon de *B*
fingit est corrigée dans le manuscrit en *finxit*. En effet *fixit* paraît le
terme le plus proche des corruptions données par les manuscrits.
L'expression *figere oscula* est ovidienne : *met.*, 4, 141. *Traxit* a été
souvent corrigé en *sparsit*, peu explicable paléographiquement. En
signe de deuil, les femmes, surtout les mères, se coupaient les cheveux
et les « laissaient tomber » en offrande sur le cadavre : Ovide, *met.*, 3,
505, « et sectos fratri posuere capillos ».

95 At miseranda parens suprema neque oscula fixit,
    frigida nec fouit membra tremente sinu ;
non animam apposito fugientem excepit hiatu
    nec traxit caesas per tua membra comas.
Raptus es absenti, dum te fera bella morantur,
100   utilior patriae quam tibi, Druse, tuae.
Liquitur, ut quondam Zephyris et solibus ictae
    soluuntur tenerae uere tepente niues.
Te queritur casusque malos irrisaque *uota*
    accusatque annos ut diuturna suos.
105 Talis in umbrosis, mitis nunc denique, siluis
    deflet Threicium Daulias ales Ityn ;
halcyonum tales uentosa per aequora questus
    ad surdas tenui uoce sonantur aquas ;
sic plumosa nouis plangentes pectora pennis
110   Oeniden subitae concinuistis aues ;
sic fleuit Clymene, sic et Clymeneides, alte
    cum iuuenis patriis excidit ictus equis.
Congelat interdum lacrimas duratque tenetque
    suspensasque oculis fortior ictus agit :
115 erumpunt iterumque grauant gemitumque sinusque,
    effusae grauidis uberibusque genis.
In uires abiit flendi mora : plenior unda
    defluit, exigua siqua retenta mora.

95 fixit *Heins.* : figit *F L O U V* fingit *B* fregit *M r* sumpsit *C D H* pressit *Schoon.* || 96 fouit *Mic.* : mouit *codd.* || 98 traxit *codd.* : strauit *Baehr.* sparsit *Leo Zot. Schoon.* uertit *Lenz* || caesas *L* : c(a)ecas *B C D F O U V* canas *Rouerius* sectas *Lips.* || 103 malos irrisaque *B F O U V* : etiam derisa *C D* etiam delusa *H* inuisaque *Baehr.* atque irrita *Bentl. Haupt* || uota *Heins. Witl.* : tales *B F O U V* malignos *C D H* tura *Haupt* uita est *Baehr.* sacra *Lenz* faris *Schoon.* || 106 daulias *B² D H* daunias *C F O U V* itim *L* || 114 oculis *codd.* : -lus *aut* -los *Heins.* || ictus *codd.* : intus *Heins. Lenz Schoon.* || 115 grauant *codd.* : lauant *Burm. Baehr. Schoon.* || gemitumque *B C D F H L O U V* : gremiumque *M Naug. Lenz Schoon.* || grauidis *B C D F H L O U V* : -uibus *M r*.

120 ont permis, mais encore en pleurs, elle s'est mise à parler
     ainsi, les sanglots couvrant à moitié ses paroles [51] :

     « Mon fils, dont j'ai si peu joui, le second des deux
     enfants que le sort me donna, gloire d'une mère qui ne
     peut plus l'être, mon fils, où es-tu [52] ? Mais je n'ai plus
     « deux enfants », tu n'est plus « le second que le sort me
     donna », toi, à présent encore la gloire d'une mère qui ne
     peut plus l'être, où es-tu [53] ? Hélas, toi naguère si grand, où
125 es-tu [54]. ? On te porte au tombeau et à la flamme. Ce sont
     là les cadeaux qu'il fallait préparer pour ton retour ? Est-ce
     ainsi que tu méritais de te présenter aux yeux de ta mère ?
     Et moi, ai-je mérité de te voir revenir ainsi [55] ? S'il est
     permis à l'épouse de César de tenir de tels propos,
130 désormais je me demande si je crois qu'il existe des
     dieux puissants [56]. En effet, quelle faute ai-je commise ?
     Quelles divinités, quels dieux n'ai-je pu gagner par mes
     dévotions [57] ? Est-ce là une récompense de la piété [58] ?
     J'embrasse des membres sans vie, et ceux-là mêmes la
135 flamme les attend et le bûcher qui leur est destiné [59].
     Puis-je supporter, maudite que je suis, de te voir ainsi
     déposé [60] ? Est-ce que mes mains sauront t'oindre de
     parfum, mon fils [61] ? A présent, malheureuse, je te saisis
     une dernière fois, je te contemple, je caresse tes mains et
     je porte mes lèvres à tes lèvres [62]. A présent, pour la
140 première fois ta mère te voit consul et vainqueur [63] !
     Est-ce ainsi que pour mon malheur tu rapportes des
     titres si hauts ? Les faisceaux que j'ai vus pour la première
     fois, je les ai vus à tes funérailles, et je les ais vus renversés
     en signe de malheur [64]. Qui pourrait le croire ? Il
     est arrivé le jour le plus cher à une mère, celui où elle
     voit son fils dans les honneurs suprêmes. Ne suis-je

---

64. Les faisceaux précèdent les magistrats supérieurs. Ici, on les
porte renversés en signe de mort. On trouve la même application
d'*euersus* chez Ovide, *am.*, 3, 9, 7 : « fert euersamque pharetram ». La
pompe de ces funérailles fut extrême. Sénèque dit, *ad Marc.*, 3 :
« usque in urbem ductum erat funus triumpho simillimum ».

Tandem ubi per lacrimas licuit, sed flebilis, orsa est
120   singultu medios impediente sonos :
« Nate, breuis fructus, duplicis sors altera partus,
      gloria confectae, nate, parentis, ubi es ?
Sed neque iam duplicis nec iam sors altera partus,
      gloria confectae nunc quoque matris, ubi es ?
125 Heu, modo tantus, ubi es ? Tumulo portaris et igni.
      Haec sunt in reditus dona paranda tuos ?
Sicine dignus eras oculis occurrere matris ?
      Sic ego te reducem digna uidere fui ?
Caesaris uxori si talia dicere fas est,
130   iam dubito magnos an rear esse deos.
Nam quid ego admisi ? Quae non ego numina cultu,
      quos ego non potui demeruisse deos ?
Hic pietatis honos ? Artus amplector inanis,
      euocat hos ipsos flamma rogusque suus.
135 Tene ego sustineo positum scelerata uidere ?
      Tene meae poterunt ungere, nate, manus ?
Nunc ego te infelix summum teneoque tuorque
      effingoque manus oraque ad ora fero.
Nunc primum aspiceris consul uictorque parenti !
140   Sic mihi sic miserae nomina tanta refers ?
Quos primum uidi fasces, in funere uidi,
      et uidi euersos indiciumque mali.
Quis credat ? Matri lux haec carissima uenit,
      qua natum in summo uidit honore suum.

119 sed *B C D O U V* : sic *H L M* ‖ **112** confectae *B C D H L O U V* : conspectae *M r edd.* ‖ **124** confectae *sup.* 122 ‖ **125** heu *B F L O U V* : qui *C D H* ‖ ubi es *B F L O U V* : eras *C D H* ‖ **127** matris *codd.* : nostris *r* ‖ **133** amplector *B C F L O U V* : complector *D* ‖ **134** euocat *codd.* : et uorat *Heins.* ‖ suus *codd.*: suos *Mic. Lenz* ‖ **138** effingoque *H ante corr. M r edd.* : affigoque *codd. cet.* ‖ **141** quos *B² C D H r* : quo *F L O U V* ‖ **142** euersos *codd.* : inu- *Lips.* ‖ **143** carissima *codd.* : clar- *Ell.* dur- *Heins.*

145 pas heureuse à présent ? A présent on m'a enlevé l'un des
Nérons, Drusus, célèbre sous le nom de son aïeul maternel [65]. A présent n'est-il plus mien et ne fait-il plus de moi
sa mère ? A présent ne suis-je plus la mère de Drusus et
lui-même n'est-il plus mon fils [66] ? Et lorsqu'on m'annon-
cera que Néron victorieux est là, ne pourrai-je plus dire
150 « est-ce l'aîné ou le cadet qui est là ? » Nous avons atteint
la borne ultime. Nous tenons le droit de mère d'un seul
enfant, de ce seul enfant je reçois cependant ce présent
qu'on ne me dit pas privée de descendance [67]. Malheur à
moi ! Je suis prise de peur et un frisson a couru dans mes
os [68]. Pour moi, je ne peux plus rien appeler mien avec
155 certitude. Voici celui qui fut mon fils : il m'invite à
craindre pour son frère ; à présent je redoute tout ; j'étais
plus courageuse autrefois. Du moins puissé-je mourir,
Néron, en te sachant sain et sauf : que ce soit toi qui me
fermes les yeux et recueilles mon souffle de tes lèvres
pieuses [69]. Ah ! Si une main de Drusus et une main de son
160 frère pouvaient disposer et presser mes paupières [70] ! Ce
qui est possible au moins, c'est que nous soyons déposés en
un même tombeau, Drusus, et tu n'iras pas recevoir une
sépulture auprès de tes anciens aïeux [71] : je serai mêlée à
toi, mes cendres à ta cendre, mes os à tes os [72] Puisse la
Parque filer ce jour d'un fuseau rapide [73] ! »

165 Telles sont ses paroles et bien d'autres encore, les
larmes suivent ses mots et inondent sa bouche qui tout à
l'heure se plaignait vainement [74].

Bien plus, c'est à grand peine que le corps fut remis à sa
mère et il fut presque, Livie, privé de ses obsèques [75]. Car
l'armée entière était résolue à déposer son général pour
170 qu'il brûlât avec ses armes et au milieu de tout ce qu'il

66. *Iamne fui* : sens premier du parfait latin, le procès est clos dans
le passé ; voir J. PERRET, *Le verbe latin*, cours de Sorbonne, Paris,
1958, p. 10 sq. Même emploi dans *in Maec.*, 2, 14. Il est associé à
l'idée typiquement latine que la mort est combattue par le souvenir
affectueux.

145 Iamne ego non felix ? Iam pars mihi rapta Neronum,
     materni celeber nomine Drusus aui.
Iamne meus non est nec me facit ille parentem ?
     Iamne fui Drusi mater et ipse fuit
nec cum uictorem referetur adesse Neronem,
150   dicere iam potero « maior an alter adest ? »
Ultima contigimus. Ius matris habemus ab uno,
     unius est munus quod tamen orba negor.
Me miseram ! Extimui frigusque per ossa cucurrit.
     Nil ego iam possum certa uocare meum.
155 Hic meus ecce fuit : iubet hic de fratre uereri ;
     omnia iam metuo ; fortior ante fui.
Sospite te saltem moriar, Nero : tu mea condas
     lumina et excipias hanc animam ore pio.
Atque utinam Drusi manus altera et altera fratris
160   formarent oculos comprimerentque meos !
Quod licet, hoc certe tumulo ponemur in uno,
     Druse, neque ad ueteres conditus ibis auos :
miscebor cinerique cinis atque ossibus ossa.
     Hanc lucem celeri turbine Parca neat ! »
165 Haec et plura refert, lacrimae sua uerba sequuntur
     oraque nequicquam per modo questa fluunt.
Quin etiam corpus matri uix uixque remissum
     exequiis caruit, Liuia, paene suis.
Quippe ducem arsuris exercitus omnis in armis,
170   inter quaeque ruit, ponere certus erat.

---

145 non *codd.* : sum *r* ‖ **149** referetur *D H r* : -ratur *B C F L O U V* ‖ **161** hoc *codd.* : o ! *Heins.* at *Baehr.* ‖ *post* certe *interpunxerunt Old. Witl.* ‖ **163** atque *B F L O U V* : simul *C D H* ‖ **167** uix uixque *B F L O U V* : tibi iure *C D H* ‖ **170** qu(a)eque ruit *B F L O U V* : quaeque ruens *C D H* quae periit *Rutgersius Witl. Schoon.*

avait abattu [76]. Malgré les soldats, le frère enleva le corps
vénérable et, ce qui était en son pouvoir, rendit Drusus à
la patrie [77]. Le cortège funèbre traverse des cités romaines
— ah malheur ! — qu'il devait traverser en vainqueur et
175 par lesquelles il était passé après avoir défait les armes des
Rètes [78]. Hélas ! Que ce voyage là fut différent de celui-ci !
Le consul entre avec les faisceaux brisés dans Rome en
deuil : que ferait le vaincu, si le vainqueur entre ainsi [79] ?
La demeure affligée retentit de lamentations, là où le
180 maître avait promis joyeusement de fixer les armes gagnées
par son bras [80]. Rome gémit et, pitoyable, ne montre qu'un
même visage : que ce soit là, je vous en prie, l'aspect des
nations ennemies [81]. Sans trop savoir, ils ferment leurs
portes et mènent grand bruit par la Ville, de tous côtés ils
185 vont tremblants et en privé comme en public ils se
lamentent [82]. Les tribunaux sont silencieux et les lois
muettes se taisent sans défenseur ; aucune pourpre n'est
visible dans tout le forum [83]. Les dieux se cachent dans les
temples et ne montrent pas leurs visages à ces funérailles
injustes, ils ne réclament pas l'encens destiné au bûcher [84] :
leurs sanctuaires les gardent dans l'obscurité ; ils ont honte
190 de regarder les visages de ceux qui leur rendent un culte,
par crainte de la haine qu'ils ont méritée. Et un homme de
la plèbe, un homme pieux, avait, pour son fils né pauvre,
levé vers les astres là-haut ses mains timides et déjà il
s'apprêtait à prier [85] : « pourquoi moi, dans ma crédulité ,
195 dit-il, adresserais-je des vœux inutiles à des dieux qui
n'existent pas [86] ? Livie, oui Livie, ne les a pas touchés
pour Drusus, et nous, nous serons le plus grand souci du

79. *Consul* : voir *sup.*, v. 139. Les *fractis fascibus* témoignent
d'une légère différence avec les vers 141-142, *euersos fasces*. Les
faisceaux brisés sont un signe de défaite, ici ils signifient la mort. Ce
détail n'apparaît que dans la *Consolatio ad Liuiam*.

80. On avait coutume de suspendre chez soi ou dans les temples les
trophées de la victoire : Hor., *ep.*, 1, 5 ; Tib., 1, 10, 49-50 ; Verg., *aen.*,
3, 287.

Abstulit inuitis corpus uenerabile frater
et Drusum patriae quod licuitque dedit.
Funera ducuntur Romana per oppida Drusi,
— heu facinus — per quae uictor iturus erat,
175 per quae deletis Raetorum uenerat armis.
Hei mihi, quam dispar huic fuit illud iter !
Consul init fractis maerentem fascibus Vrbem :
quid faceret uictus, sic ubi uictor init ?
Maesta domus plangore sonat, cui figere laetus
180 parta sua dominus uouerat arma manu.
Vrbs gemit et uultum miserabilis induit unum :
gentibus aduersis forma sit illa precor.
Incerti clauduntque domos strepitantque per Vrbem,
hic illic pauidi clamque palamque dolent.
185 Iura silent mutaeque tacent sine uindice leges ;
aspicitur tot purpura nulla foro,
dique latent templis neque iniqua ad funera uultus
praebent nec poscunt tura ferenda rogo :
obscuros delubra tenent ; pudet ora colentum
190 aspicere inuidiae, quam meruere, metu.
Atque aliquis de plebe pius pro paupere nato
sustulerat timidas sidera ad alta manus
iamque precaturus « quid ego autem credulus, inquit,
suscipiam in nullos irrita uota deos ?
195 Liuia, non illos pro Druso Liuia mouit,
nos erimus magno maxima cura Ioui ? »

171 uenerabile *B C D F O U V* : miserabile *H L* ‖ **172** patri(a)e
B² C D H M r : prim(a)e *F L O U V* ‖ **177** consul init *B² C D H M r* :
consuluit *B F L O U² V* -lunt *U v* ‖ **183** strepitantque *codd.* : trepida-
Old. Vol. Witl. Schoon. ‖ *post* urbem *punctum posuit Lenz* ‖ **188** rogo
codd. : foco *Baehr.* ‖ **194** nullos *codd.* : pullos *Baehr.* ‖ **195** liuia
B C D F L O U V : tam pia *H* si pia *Baehr.*

grand Jupiter [87] ? » Il parla et dans sa colère laissa là ses
vœux informulés, durcit son cœur et cessa de prier [88].

La foule se précipite à sa rencontre et, les larmes
200 ruisselant sur les visages, parle de la catastrophe publique
que représente la disparition du consul [89]. Tous ont les
mêmes yeux, ils ont même accord pour pleurer : nous, les
chevaliers, nous suivons tous le cortège funèbre [90] ; tous les
âges sont là, jeunes et vieux se désolent, les mères
205 d'Ausonie et les jeunes femmes d'Ausonie [91]. Devant la
triste image de celui qui l'a gagné, on porte le laurier de la
victoire qui était dû aux temples [92]. Une noble jeunesse
lutte pour soutenir le fardeau du lit et s'attache avec zèle
à offrir sa nuque pour cet office [93]. De la voix et des
larmes, tu as fait, César, l'éloge de ton fils, bien qu'au beau
210 milieu du discours commencé ta douleur interrompît tes
tristes paroles [94]. Tu as souhaité pour toi un trépas
semblable — mais les dieux ont détourné cette parole de
mauvais augure — si ta destinée te permettait de mourir [95]. Mais à toi, c'est le ciel qui est dû, toi, tu seras reçu
là où règne la foudre, dans le grand palais de Jupiter qui
215 te désire [96]. Lui a obtenu ce qu'il cherchait, que ses
exploits te fassent plaisir et par ton éloge il reçoit de
magnifiques récompenses de sa mort [97]. Les cohortes en
armes honorent son bûcher selon la coutume : par ces
obsèques, fantassins et cavaliers rendent leurs devoirs à
leur général [98]. Leurs cris t'appellent encore et encore pour
la dernière fois [99] ; mais leur voix revient en écho des
220 collines en face [100].

Notre père lui-même, le Tibre, a frémi en ses flots jaunes
et au milieu du fleuve a dressé sa tête couverte de

87. *Magno maxima* : figure rhétorique qui remonte à Homère,
fréquente chez Ovide. Ici, il y a un jeu de mots sur l'appellation de
Jupiter *Optimus Maximusque*.
88. *Destituitque preces* : une telle réaction de « vengeance » contre
les dieux n'était pas rare dans le peuple romain ; par exemple, à la
mort de Germanicus, Suétone rapporte ceci, *Cal.*, 5 : « lapidata sunt
templa, subuersae deum arae ».

Dixit et iratus uota insuscepta reliquit
    durauitque animum destituitque preces.
Obuia turba ruit lacrimisque rigantibus ora
200   consulis erepti publica damna refert.
Omnibus iidem oculi, par est concordia flendi :
    funeris exequiis adsumus omnis eques,
omnis adest aetas, maerent iuuenesque senesque,
    Ausoniae matres Ausoniaeque nurus.
205 Auctorisque sui praefertur imagine maesta
    quae uictrix templis debita laurus erat.
Certat onus *lecti* generosa subire iuuentus
    et studet officio sedula colla dare.
Et uoce et lacrimis laudasti, Caesar, alumnum,
210   tristia cum medius rumperet orsa dolor.
Tu letum optasti, diis auersantibus omen,
    par tibi, si sinerent te tua fata mori.
Sed tibi debetur caelum, te fulmine pollens
    accipiet cupidi regia magna Iouis.
215 Quod petiit *tulit* ille, tibi ut sua facta placerent,
    magnaque laudatus praemia mortis habet,
armataeque rogum celebrant de more cohortes :
    has pedes exequias reddit equesque duci.
Te clamore uocant iterumque iterumque supremo ;
220   at uox aduersis collibus icta redit.
Ipse pater flauis Tiberinus adhorruit undis,
    sustulit et medio nubilus amne caput.

---

202 ad(s)umus *B C D F O U V* : adstitit *L* ‖ **207** lecti *Heins. edd.* :
luctu *codd.* ‖ **210** orsa *Naug.* : ossa *B C F L O U V* ora *D H* ‖
211 auersantibus *B r* : aduer- *C D F L O U V* ‖ **215** quod *D r* : quid
B C F L O U V hoc *H* ‖ tulit *Heins.* : uult *codd.* ‖ **218** has *Baehr.* : ast
B F H L O U V at *C D* ‖ **220** at *codd.* : ac *Baehr.* et *Maehl.* ‖
221 adhorruit *B F O U V* : abhor- *C D H L M* inhor- *H²* ‖ **222** nubilus
B D H U r : -bibus *F L O V*.

nuages [101]. Alors, de sa large main, il a écarté de son visage
sa chevelure bleue, entrelacée de saule, de mousse et de
225 roseaux, et de ses yeux ruisselants il a versé des fleuves de
larmes : son lit profond contient à peine les eaux
surajoutées [102]. Déjà il était résolu à éteindre les flammes
par une vague du fleuve et à enlever le corps intact ; il
retenait ses eaux et il réfrénait la course de ses chevaux,
230 pour pouvoir de tout son courant inonder le bûcher [103].
Mais Mavors, qui habite le temple voisin, tout près du
Champ de Mars, prononça ces quelques paroles sans garder
lui-même les joues sèches [104] : « Quoique la colère
convienne aux fleuves, pourtant, Tibre, apaise-toi : il ne
t'est pas donné, il n'est donné à personne de vaincre les
235 destins [105]. Cet homme est mort à mon service, il est mort
au milieu des armes et des épées et comme un général pour
sa patrie : quant aux funérailles, la cause en demeure
cachée [106]. Ce que j'ai pu lui attribuer, je le lui ai donné :
la victoire lui est acquise [107] ; l'auteur de l'œuvre s'en va,
mais l'œuvre reste cependant [108]. J'ai tenté jadis de fléchir
240 Clotho et ses deux sœurs qui, d'un pouce sûr, tirent
chaque jour leurs fils inexorables [109], pour que les fils
d'Ilia, Rémus et son frère, le fondateur de la Ville, pussent
échapper par quelque moyen aux étangs profonds [110]. Une
des trois sœurs m'a dit : « accepte le présent partiel qui
t'est fait ; de ces deux jeunes gens, l'un sera ce que tu
245 souhaites [111]. Celui-ci t'est promis, et ensuite les deux
Césars le seront à Vénus : ce sont les seuls dieux que doit
avoir la Rome de Mars [112] ». Ainsi prophétisèrent les

---

104. *Mauors* : nom archaïque de Mars, voir *sup.*, n. 12. Le dieu
peut rivaliser d'ancienneté avec le *pater Tiberis*. Il y avait effectivement un temple de Mars au Champ de Mars ; Dion Cassius, 56, 24, 3,
mentionne son incendie. Les pleurs des divinités sont conformes à la
tradition homérique, *od.*, 24, 64 et ovidienne, *am.*, 3, 9, 45 ; *met.*, 10,
45. Par ailleurs, Ovide emploie *tantum* en ce sens restrictif dans *met.*,
9, 29.

Tum salice implexum muscoque et arundine crinem
    caeruleum magna legit ab ore manu
225 uberibusque oculis lacrimarum flumina misit :
    uix capit adiectas alueus altus aquas.
Iamque rogi flammas extinguere fluminis ictu,
    corpus et intactum tollere certus erat ;
sustentabat aquas cursusque inhibebat equorum,
230   ut posset toto proluere amne rogum.
Sed Mauors, templo uicinus et accola campi,
    tot dixit siccis uerba neque ipse genis :
« Quamquam amnes decet ira, tamen, Tiberine, quiescas :
    non tibi, non ullis uincere fata datur.
235 Iste meus periit, periit arma inter et enses
    et dux pro patria : funera causa latet.
Quod potui tribuisse, dedi : uictoria parta est ;
    auctor abit operis, sed extat opus.
Quondam ego tentaui Clothoque duasque sorores,
240   pollice quae certo pensa seuera trahunt,
ut Remus Iliades et frater conditor Vrbis
    effugerent aliqua stagna profunda uia.
De tribus una mihi : « partem accipe quae datur, inquit,
    muneris. Ex istis quod petis alter erit.
245 Hic tibi, mox Veneri Caesar promissus uterque :
    hos debet solos Martia Roma deos ».

---

223 implexum *B F L O U M* (impex-) *V* : ampl.- *C D* euinctum *H*
|| **224** c(a)eruleum *codd.* : -leo *Mic.* || **227** ictu *codd.* : actu *Heins.* auctu
Rutgersius || **229** equorum *codd.* : (ad) aequor *Heins. Vol. Lenz
Schoon.* aquarum *ex uetere cod. Naug.* || **233** amnes *codd.* : animi
Baehr. nos *Leo* || **236** funera *codd.* : -re *Cuperus Moz.* || causa *codd.* :
cura *Lenz* || latet *codd.* : patet *Cuperus* paret *Busche* parat *Lenz*
probat *Baehr.* leuat *Zi. Witl.* levet *Ehwald Schoon.* || **238** abit
B C D F H L O U V : abest *M* || **240** pollice... trahunt *B F L O U V* :
impia quae certo pollice pensa trahunt *C D H M r.*

déesses : aussi, n'essaie pas, toi, Tibre, de faire obstacle, ce
serait vain, ne retarde pas les flammes par ton courant et
ne gâche pas les honneurs suprêmes dus au jeune homme
250 qu'on a déposé ici [113]. Allons, va et glisse selon ta pente en
laissant tes eaux couler dans leur lit [114] ». Il obéit, déploie
en longueur ses vastes flots et rentre dans sa demeure
creusée dans la roche suspendue [115].

La flamme qui a longtemps hésité à toucher la tête
255 sacrée s'est aventurée lentement jusque sous le lit qu'on a
déposé là. Enfin lorsqu'elle a embrassé le bois et s'est
emparé de ses aliments, de sa chevelure qui s'élance, elle
lèche l'éther et les astres [116] ; ainsi elle illumina les collines
de l'Oeta, le mont d'Hercule, lorsque le dieu y fut déposé
260 et que ses membres furent brûlés sur le bûcher [117]. Il
brûle, hélas, le charme fameux du héros et sa noble beauté
et son visage affable, elle brûle cette fameuse vigueur, et
les mains victorieuses et la bouche éloquente du prince et
sa poitrine, grande et vaste demeure de son génie [118]. Les
espérances de bien des gens brûlent aussi dans les mêmes
flammes [119] ; ce fatal bûcher possède les entrailles de la
265 malheureuse mère [120]. Les exploits du général vivront et la
gloire durement gagnée de ses actions : cette gloire
demeure, elle seule échappe aux bûchers avides [121]. Il fera
partie de l'histoire, on le lira dans tous les âges et il
fournira un sujet aux hommes de talent et aux poèmes [122].
Tu te tiendras aussi sur les rostres, dans tout l'éclat des
270 honneurs inscrits et on dira, Drusus, que nous sommes la
cause de ta mort [123].

Mais pour toi, Germanie, il ne te reste aucun droit au
pardon : un jour prochain, barbare, tu recevras dans la
mort ton châtiment [124]. Je verrai les nuques des rois

---

113. *Irrite* : la correction de Nauger fait de la forme le vocatif de
l'adjectif employé par Ovide, dans *fast.*, 2, 375, « uenit irritus illuc /
Romulus ». Sur la *depositio corporis*, voir *sup.*, n. 29. Le verbe *destrue*
qualifie la destruction du bûcher par le fleuve ; or, ce bûcher constitue
le *supremus honor* : Verg. : *aen.*, 11, 61.

Sic cecinere deae : nec tu, Tiberine, repugna
    irrite nec flammas amne morare tuo
Nec iuuenis positi supremos destrue honores.
250   Vade age et immissis labere pronus aquis. »
Paret et in longum spatiosas explicat undas
    structaque pendenti pumice tecta subit
Flamma diu cunctata caput contingere sanctum
    errauit posito lenta sub usque toro.
255 Tandem ubi complexa est siluas alimentaque sumpsit,
    aethera subiectis lambit et astra comis ;
qualis in Herculae colluxit collibus Oetae,
    cum sunt imposito membra cremata deo.
Uritur, heu, decor ille uiri generosaque forma
260   et facilis uultus, uritur ille uigor
uictricesque manus facundaque principis ora
    pectoraque, ingenii magna capaxque domus.
Spes quoque multorum flammis uruntur in isdem ;
    iste rogus miserae uiscera matris habet.
265 Facta ducis uiuent operosaque gloria rerum :
    haec manet, haec auidos effugit una rogos.
Pars erit historiae totoque legetur in aeuo
    seque opus ingeniis carminibusque dabit.
Stabis et in rostris tituli speciosus honore
270   causaque dicemur nos tibi, Druse, necis.
At tibi ius ueniae superest, Germania, nullum :
    postmodo tu poenas, barbare, morte dabis.

---

248 irrite *ex uetere cod. Naug.* : -ta *codd.* ‖ **251** explicat
C D H L O U V : -cit *r* inrigat *B* ‖ **252** structaque *C D H M r* : stric-
B L O U V ‖ **253** sanctum *B C D F L O U V* : sacrum *H* ‖ **254** sub *M*
Naug. : sibi *codd. cet.* ‖ **256** subiectis *codd.* : subuec- *Bent.* subrec-
Baehr. ‖ **260** facilis *codd.* : -les *r Baehr.* ‖ **269** stabis *B C D F L O U V* :
-bit *U* ‖ **272** barbare *codd.* : -ra *Heins. Baehr.*

bleuies par des chaînes, de rudes fers attachés à leurs mains
275 cruelles et enfin leurs visages tremblants et sur les faces de
ces hommes farouches des larmes ruisseler malgré eux de
leurs joues [125]. Cette assurance menaçante, rendue orgueil-
leuse par la mort de Drusus, devra être livrée au bourreau
dans une lugubre prison [126]. Je m'arrêterai et d'un regard
280 joyeux, joyeusement, je regarderai les corps nus jonchant
les chemins immondes [127]. Le jour qui verra de si beaux
spectacles, puisse l'Aurore humide de rosée l'apporter le
plus vite possible, avec ses chevaux couleur de safran [128] !
   Ajoute les frères, fils de Léda, astres concordants, et leur
285 temple qu'on pourra contempler sur le forum romain[129].
Qu'il fut bref le temps où il tint le rang de prince, et par
les services rendus à sa patrie il est mort comme un
vieillard [130] ! Et Drusus ne verra pas — malheureux que je
suis ! — ses propres présents et il ne lira pas son nom sur
le fronton du temple [131]. Souvent Néron versant des larmes
290 dira à voix basse : « Pourquoi est-ce sans mon frère, hélas,
que je m'approche des frères divins [132] ? » Tu étais résolu,
Drusus, à ne jamais revenir que vainqueur. Ces temps-ci
auraient dû te ramener : tu étais vainqueur [133]. C'est un
consul, un général déjà victorieux que nous avons perdu [134]
295 : dans toute la ville l'affliction s'est installée. Quant à tes
compagnons, ils laissent tomber leurs cheveux sur leurs
visages sales, troupe malheureuse mais pleine de piété pour
son cher Drusus [135]. L'un d'eux tendant les bras vers toi a
dit : Pourquoi partir sans moi, pourquoi partir ainsi sans
tes compagnons ? »

---

126. *Spiritus* comporte une nuance d'arrogance, en accord avec
minax : Cic., *phil.*, 8, 24 ; Caes., *bell. gall.*, 3, 72, 1. Selon Sénèque
au contraire, Drusus était vénéré même par ses ennemis. L'auteur se
souvient plutôt de l'attitude d'Arioviste, Caes., *bell. gall.*, 1, 33, 5.
L'expression *in maesto carcere* désigne la prison Mamertine, ou le
Tullianum, qui en est le cachot : Sall., *Cat.*, 55, 3. Vercingétorix y fut
jeté. Les martyrs chrétiens ont tous confirmé le caractère ténébreux et
sinistre des cachots romains (*nerui*). Le bourreau y présidait à la
torture, avant le supplice de la hache ou de la strangulation.

Aspiciam regum liuentia colla catenis
    duraque per saeuas uincula nexa manus
275 et tandem trepidos uultus inque illa ferocum
    inuitis lacrimas decidere ora genis.
Spiritus ille minax et Drusi morte superbus
    carnifici in maesto carcere dandus erit.
Consistam laetisque oculis laetusque uidebo
280   strata per obscaenas corpora nuda uias.
Hunc Aurora diem spectacula tanta ferentem
    quam primum croceis roscida portet equis !
Adiice Ledaeos, concordia sidera, fratres
    templaque Romano conspicienda foro.
285 Quam paruo numeros impleuit principis aeuo,
    in patriam meritis occubuitque senex !
Nec sua conspiciet — miserum me — munera Drusus
    nec sua prae templi nomina fronte leget.
Saepe Nero inlacrimans summissa uoce loquetur :
290   « Cur adeo fratres heu sine fratre deos ? »
Certus eras numquam nisi uictor, Druse, reuerti.
    Haec te debuerant tempora : uictor eras.
Consule nos, duce nos, duce iam uictore caremus :
    inuenit tota maeror in Vrbe locum.
295 At comitum squalent immissis ora capillis,
    infelix, Druso sed pia turba suo.
Quorum aliquis tendens in te sua brachia dixit :
    « Cur sine me, cur sic incomitatus abis ? »

---

275 trepidos *B C D F L O U V* : in trep- *H* intrep- *Bersmannus* ‖
279 l(a)etisque *codd.* : lent- *Heins. Baehr. Schoon.* ‖ **280** strata
B C D F H L O V : fracta *U* tracta *Schoon.* ‖ **283-284** *post* **298** *traiecit*
Baehr. ‖ **284** conspicienda *codd.* : -stituenda *Baehr.* ‖ **289** illacrimans
M ex uetere codice Naug. in (*om. C D*) lacrymas *B C D F L O U*
illacrimas *V* haec lacrimans *H* ‖ **294** tota *C D M* : in tota B F U V et
tota *L* in rota *O* hic tota *H* en tota *Heins.*

300   Que dirai-je de toi, si digne épouse de Drusus et aussi
digne belle-fille de la mère de Drusus [136] ? Un couple bien
assorti, lui, le plus valeureux des jeunes gens, elle, unie par
un amour mutuel à un mari si valeureux [137]. Toi, la
princesse, toi que César tenait pour sa fille, tu ne paraissais
pas inférieure à l'épouse du puissant Jupiter [138]. Toi qui
305   étais pour lui l'amour légitime, l'unique et le dernier
amour, tu étais le doux repos d'un homme accablé de
travaux [139]. En mourant, c'est de ton absence qu'il s'est
plaint en ses ultimes paroles et sa langue froide a remué
pour prononcer ton nom. Malheureuse, tu n'accueilles pas
310   celui qu'il t'avait lui-même promis, et le héros qui était
parti en mission ne revient pas comme ton époux [140]. Et il
ne pourra pas te raconter la défaite des Sicambres, ni
comment les Suèves ont tourné le dos devant ses épées, ni
les fleuves, les montagnes et les grands noms des lieux et
315   tout ce qu'il a vu d'étrange dans un monde nouveau [141]. On
te le ramène froid, comme un corps sans vie, et voici qu'on
étend une couche pour qu'il la presse sans toi [142]. Où te
précipites-tu en arrachant tes cheveux, pareille à une
furie [143] ? Où cours-tu ? Pourquoi frappes-tu ton visage
d'une main frénétique [144] ? Tel fut le spectacle qu'offrit
320   Andromaque, lorsque son mari attaché aux essieux, tout
sanglant, épouvanta les chevaux lancés à toute bride [145].
Tel fut celui qu'offrit Evadné, lorsque Capanée tendit un
visage impassible pour être frappé par les éclairs flam-
boyants [146]. Pourquoi, dans ton affliction, demandes-tu la
mort et, embrassant tes enfants, les tiens-tu comme les
seuls gages que Drusus t'a laissés [147] ? Et parfois, dans ton

146. *Euadne* : épisode moins connu que le précédent, voir Prop.,
1, 15, 21. Evadné s'était jetée dans les flammes qui consumaient le
corps de son époux Capanée. Celui-ci était un des *Sept contre Thèbes*
et un héros du théâtre grec : Aesc., *sept.*, 427 ; Soph., *Ant.*, 134 ; Eur.,
suppl., 496. Violent, de taille gigantesque, Capanée voulait brûler
Thèbes, quand la foudre de Zeus l'arrêta au moment où il voulait
tenter l'escalade. Sa mort est racontée par Stace, *théb.*, 10, 904.

147. *Pignora sola* : ces enfants, dont il est peu question, sont
Germanicus, Claude et Livilla. Le terme *pignus* qualifie les enfants
chez tous les poètes.

Quid referam de te, dignissima coniuge Druso
300   atque eadem Drusi digna parente nurus?
Par bene compositum, iuuenum fortissimus alter,
      altera tam forti mutua cura uiro.
Femina tu princeps, tu filia Caesaris illi
      nec minor es magni coniuge uisa Iouis.
305 Tu concessus amor, tu solus et ultimus illi,
      tu requies fesso grata laboris eras.
Te moriens per uerba nouissima questus abesse
      et mota in nomen frigida lingua tuum.
Infelix recipis non quem promiserat ipse,
310   nec qui missus erat nec tuus ille redit.
Nec tibi deletos poterit narrare Sicambros,
      ensibus et Sueuos terga dedisse suis
fluminaque et montes et nomina magna locorum
      et siquid miri uidit in orbe nouo.
315 Frigidus ille tibi corpusque refertur inane,
      quemque premat sine te sternitur ecce torus.
Quo raperis laniata comas similisque furenti?
      Quo ruis? Attonita quid petis ora manu?
Hoc fuit Andromache, cum uir religatus ad axes
320   terruit admissos sanguinolentus equos.
Hoc fuit Euadne tunc cum ferienda coruscis
      fulminibus Capaneus impauida ora dedit.
Quid mortem tibi maesta rogas amplexaque natos
      pignora de Druso sola relicta tenes

299 druso *B F H L O U V* : bruto *C D* ‖ **302** tam : *Heins.* iam *codd.* ‖ **303** illi *codd.* : *suspectum est a Lenz ut lapsum e uersu* 305 *ante* illi *interpunxerunt C D H M post* illi *interpunxit Witl.* ‖ **304** uisa *C D H M r* : iussa *B F L O U V* ‖ **307** per *C D H r* : pro *B F L O U V* ‖ **308** mota in *D H U V r* : mota ad *L* motam ad *B F O V* ‖ **319** hoc *codd.* : haec *Maehl.* sic *Baehr.* ‖ fuit *codd.* : furit *Vol.* tulit *Helm Schoon.* ‖ axes *codd.* ; axem *L v edd.* ‖ **321** ferienda *B C D F H L O U V* : furibunda *M r.*

325 sommeil, pourquoi es-tu troublée par une image trompeuse
et crois-tu que Drusus est dans tes bras, et soudain tu tâtes
de la main, tu espères qu'il t'est rendu et tu le cherches au
bord de la couche déserte [148] ? Ce héros, dans le champ des
330 âmes pieuses, si cette croyance n'est pas vaine, sera
accueilli parmi ses aïeux honorés [149] ; grande gloire pour
ses ancêtres maternels et non moins grande pour ses
ancêtres paternels, il ira couronné d'or, tiré par quatre
chevaux, et, vêtu comme un roi, magnifique sur son char
d'ivoire, il aura les tempes enserrées de feuillages triom-
phaux [150]. Ils accueilleront le jeune homme qui rapporte
335 les étendards germains, le pouvoir consulaire et un honneur éclatant [151] ; et ils se réjouiront du surnom bien gagné
de sa maison, seule récompense qu'il ait remportée sur un
ennemi dompté [152]. Ils auront peine à croire que tant
d'actions aient occupé un si petit nombre d'années, en
pensant que les exploits d'un héros exigent une vaste
étendue [153].

340 Ces exploits l'exalteront lui-même de façon sublime, ces
exploits qui, toi la meilleure des mères, auraient dû
atténuer ton deuil [154]. Femme digne de ce héros qu'a fait
naître l'âge d'or, digne des princes, tes fils, digne du prince
345 ton époux [155], vois quelle conduite sied à la mère de
Drusus et à la mère de Néron, vois de quelle couche tu te
lèves le matin [156]. La même conduite ne sied pas au vulgaire et aux flambeaux du monde : ta maison a des devoirs
qui sont particuliers [157]. La Fortune t'a placée haut et t'a
350 ordonné de garder ta place d'honneur [158] : Livie, porte ton
fardeau jusqu'au bout [159]. Tu attires vers toi les yeux et les

151. *Signa ferentem* : au sens d' « apporter » ; le triomphateur ne
porte pas lui-même les étendards. *Consulis... decus* représente les
faisceaux ; il a été maintes fois rappelé que Drusus avait reçu le titre
de consul.
152. Le *cognomen* est évidemment celui de Germanicus, dont il a
joui de son vivant, *sup.*, v. 269, et qu'il transmet à ses fils. Le sens de
solum, « seulement », défendu par Burman et Vollmer, rend inutile la
correction *solus* d'Heinsius, qui reposerait sur un ancien manuscrit.

325 Et modo per somnos agitaris imagine falsa
    teque tuo Drusum credis habere sinu
et subito temptas manu sperasque receptum,
    quaeris et in uacui parte priore tori ?
Ille pio, si non temere haec creduntur, in aruo
330   inter honoratos excipietur auos,
magnaque maternis maioribus, aequa paternis
    gloria quadriiugis aureus ibit equis,
regalique habitu curruque superbus eburno
    fronde triumphali tempora uinctus erit.
335 Accipient iuuenem Germanica signa ferentem,
    consulis imperium conspicuumque decus ;
gaudebuntque suae merito cognomine gentis,
    quod solum domito uictor ab hoste tulit.
Vix credent tantum rerum cepisse tot annos,
340   magna uiri latum quaerere facta locum.
Haec ipsum sublime ferent, haec, optima mater,
    debuerant luctus attenuare tuos.
Femina digna illis quos aurea condidit aetas,
    principibus natis, principe digna uiro,
345 quid deceat Drusi matrem matremque Neronis
    aspice, quo surgas aspice mane toro.
Non eadem uulgusque decent et lumina rerum :
    est quod praecipuum debeat ista domus.
Imposuit te alto Fortuna locumque tueri
350   iussit honoratum : Liuia, perfer onus.

---

336 imperium *B O ante corr.* : -rio *codd. cet. edd.* ‖ **338** solum *codd.* :
-lus *ex uetere cod. Naug.* ‖ **340** uiri *codd.* : rati *Haupt Baehr.* ‖
342 debuerant *codd.* : -erunt *Cast.* -erint *Baehr. edd.* ‖ **343** quos
codd. : quas *Mic.* ‖ condidit *codd.* : prodi- *Ruhnken Baehr.* ‖ **347**
decent *B C F L O U V* : petunt *D H* ‖ lumina *B C D F H L O U V* :
lim- *M F* culm- *Scal.* ‖ rerum *B C D F H L O U V* : regum *M f* ‖ **349**
imposuit *codd.* : en posuit *Baehr.* ‖ alto *B F L O U V* : -te *C D H r* ‖
tueri *C D H r* : teneri *B F O V* tenere *L U.*

oreilles, nous remarquons tes actions, pas un mot échappé
à la bouche d'un prince ne peut être célé [160]. Reste haut,
dresse-toi au-dessus de tes douleurs et garde autant que tu
355 le peux une âme inébranlable [161]. D'ailleurs trouverons-
nous grâce à toi de meillleurs exemples de vertus que si tu
fais œuvre de princesse romaine [16] ? L'heure fatale nous
attend tous, tous nous sommes guettés par l'avide nocher
360 et une seule barque suffit à peine pour cette foule [163]. C'est
là que nous tendons tous, nous nous hâtons vers ce seul
but, la mort noire appelle tout sous ses lois [164]. Voici qu'on
prophétise que le ciel, la terre et la mer tendent à la
destruction et que ce triple ouvrage s'effondrera [165]. Va
donc à présent et pendant qu'une telle catastrophe menace
le monde, tourne tes yeux vers toi seule et la perte que tu
365 as faite [166]. Ce héros certes, le plus grand des jeunes gens,
était de son vivant l'espérance du peuple et la gloire
suprême de la maison où il était né. Mais il était mortel et
d'ailleurs tu n'étais pas tranquille tant que ton fils faisait
vaillamment la guerre [167]. La vie nous a été donnée en
usage, elle nous a été prêtée sans intérêt et non pas pour
370 être payée au jour fixé [168]. La Fortune distribue le temps à
son injuste volonté : ici elle enlève les jeunes gens, là elle
soutient les vieillards [169], partout où elle s'abat elle s'abat
avec fureur, dans le monde entier elle lance la foudre et
triomphe aveuglément sur ses chevaux aveugles [170]. Cesse
375 d'irriter par tes plaintes la royauté de la déesse cruelle,
cesse de tourmenter l'esprit de la puissante souveraine [171].

160. *Oculos* : à nouveau parenté avec Sénèque, *ad Pol.*, 6, 1 :
« obseruantur oculi tui, facta ».
161. *Alta* : reprise du vers 349. *Exurge dolores* peut évoquer un
conseil analogue chez Sénèque, *ad Pol.*, 5, 5 : « si potes, proice omnem
ex toto dolorem ». Mais c'est un lieu commun des *Consolations*,
presque toujours assorti d'une restriction ; aussi n'est-il pas utile de
corriger *quo* en *quod*, *quo... usque* signifiant « jusqu'au point où »,
proche de *quantum potes* que l'on trouve chez Jérôme, *ad Hel.*, 342.

Ad te oculos auresque trahis, tua facta notamus,
　　nec uox missa potest principis ore tegi.
Alta mane supraque tuos exurge dolores
　　infragilemque animum quo potes usque tene.
355 An melius per te uirtutum exempla petemus,
　　quam si Romanae principis edis opus ?
Fata manent omnis, omnis expectat auarus
　　portitor et turbae uix satis una ratis.
Tendimus huc omnes, metam properamus ad unam,
360 　　omnia sub leges mors uocat atra suas.
Ecce necem intentam caelo terraeque fretoque,
　　casurum triplex uaticinatur opus :
I nunc et rebus tanta impendente ruina
　　in te solam oculos et tua damna refer.
365 Maximus ille quidem iuuenum spes publica uixit
　　et qua natus erat gloria summa domus ;
Sed mortalis erat nec tu secura fuisti
　　fortia progenie bella gerente tua.
Vita data est utenda, data est sine fenore nobis
370 　　mutua nec certa persoluenda die.
Fortuna arbitriis tempus dispensat iniquis :
　　illa rapit iuuenes, sustinet illa senes,
quaque ruit furibunda ruit totumque per orbem
　　fulminat et caecis caeca triumphat equis.
375 Regna deae immitis parce irritare querendo,
　　sollicitare animos parce potentis erae.

354 quo *B F L O U V* : quod *C D H r* ‖ **356** quam si *B C D F H
L O U V* : quin tu *M r* quom tu *Baehr.* ‖ **360** *post hunc uersum
lacunam esse Vol. existimat unius distichi* ‖ **362** casurum *codd.* :
casurum(que) *Heins. Vol.* ‖ uaticinatur *codd.* : -nantur *Heins. edd.* ‖
366 et *codd.* : ex *M r* ‖ **371** iniquis *H* : -que *C D r* ubique *B F L O U V*
‖ **372** sustinet *C D H M R r* : sustulit *F L O U V* fulminat *B*.

Bien qu'elle soit venue à toi dans la tristesse en ce seul
moment, elle a aussi souvent favorisé ta destinée en
amie [172]. Car tu es de haute naissance, ta famille s'est
380 accrue de deux enfants, et tu as même été unie au grand
Jupiter [173], César est toujours revenu vers toi après avoir
dompté le monde [174] et il a mené des campagnes heureuses
de son bras invincible, les Nérons ont rempli les espoirs et
les vœux de leur mère, l'ennemi a été tant de fois repoussé
385 sous leur double commandement [175] : témoins le Rhin, les
vallées alpines et l'Itargus dont les eaux ont perdu leur
couleur, infectées de sang noir [176], le Danube impétueux [177], †l'Apullien† de Dacie au bout du monde — pour
cet ennemi le Pont n'est qu'à une très courte dis-
390 tance [178] — l'Arménien en fuite et le Dalmate enfin
suppliant [179], les Pannoniens dispersés à travers leurs
hautes crêtes et le monde germain connu récemment des
Romains [180] ; vois combien de mérites atténuent une seule
faute [181]. Ajoute qu'il est mort pendant qu'il était absent et
que tes yeux n'ont pas enduré de voir les yeux mourants de
395 ton fils [182] ; douleur qui s'insinue le plus doucement dans
un esprit souffrant, c'est de tes oreilles que tu as été forcée
d'apprendre ton deuil, pendant ces longs périls la crainte a
devancé le deuil, quand tu en entendais parler ton esprit
était inquiet [183] : ce n'est donc pas à l'improviste que la
400 douleur est entrée dans ton cœur, mais par des degrés que

174. *Semper tibi rediit* : voir *sup.*, v. 196 et 304. Witlox voit dans
ce vers un souvenir d'Ovide, *trist.*, 2, 177 : « hic tibi sic redeat
superato uictor ab hoste ». Mais on pourrait citer aussi Horace, *carm.*,
3, 5. Cette formule prend souvent la forme d'un souhait : Claud.,
cons. Honor., 34. Il s'agit aussi d'une allusion au culte de la *Fortuna
redux*, institué par Auguste, *sup.*, n. 15. Mais dans ces « retours » du
prince, on peut également déchiffrer une discrète allusion à sa fidélité
à Livie, par delà ses caprices amoureux : Auguste était parti en Gaule
avec Terentia. L'expression *domito orbe* fait écho au thème exploité
par tous les poètes augustéens : Auguste, successeur d'Alexandre,
conquérant du monde. Ceci paraît particulièrement vrai au moment
de la mort de Drusus : l'empereur a fait, en 19 av. J.-C., un voyage
victorieux en Orient ; en 16, il mène une campagne en Gaule. En 25,
le temple de Janus avait été fermé.

Quae tamen hoc uno tristis tibi tempore uenit,
    saepe eadem rebus fauit amica tuis.
Nata quod alte es, quodque es fetibus aucta duobus,
380   quodque etiam magno consociata Ioui,
quod semper domito rediit tibi Caesar ab orbe,
    gessit et inuicta prospera bella manu,
quod spes implerunt maternaque uota Nerones,
    quod pulsus totiens hostis utroque duce :
385 Rhenus et Alpinae ualles et sanguine nigro
    decolor infecta testis Itargus aqua,
Danubiusque rapax et Dacius orbe remoto
    †Appulus† — huic hosti perbreue Pontus iter —
Armeniusque fugax et tandem Dalmata supplex
390   summaque dispersi per iuga Pannonii
et modo Germanus Romanis cognitus orbis ;
    aspice quam meritis culpa sit una minor.
Adde quod est absens functus nec cernere nati
    semineces oculos sustinuere tui,
395 qui dolor et menti lenissimus influit aegrae,
    accipere es luctus aure coacta tuos,
praeuertitque metus per longa pericula luctum,
    tu quibus auditis anxia mentis eras :
non ex praecipiti dolor in tua pectora uenit,
400   sed per mollitos ante timore gradus.

---

379 alte es *B C D F L O U² V* : alta es *U* ex alto *ex uetere cod. Naug.* ‖ **382** gessit *Mic. Lenz* : gesta *codd.* ‖ bella *codd.* : tela *Heins.* ‖ **386** itargus *codd.* : isargus *Zeuss edd.* iturgus *Scal.* ‖ **387** rapax *B C D H U r* : capax *F L O V* ‖ **388** appulus *codd.* : apulus *edd.* ‖ perbreue *H* : per breue *B C D F L O U V* ‖ **391** germanus *B L* : -ni *C D F H O U V* ‖ **393** functus *C D L M* : foetus *B F H O U V* raptus *Baehr.* ‖ **395** qui dolor et *C D H L* : quique dolor et *B U* quique dolor *B² Baehr.* ‖ l(a)enissimus *B C D H U r* : leuis- *F L O V* ‖ **396** accipere es *C D H L U r* : -peres *B F O V*.

la crainte avait déjà atténués [184]. Auparavant Jupiter a
donné les présages funestes d'un destin sanglant, lorsqu'il
a visé trois temples de sa main porteuse de flammes : en
une nuit pénible le temple de Junon, celui de l'intrépide
Minerve et aussi la demeure sacrée de l'immense César
405 furent frappés [185]. Qui plus est, on dit que les astres ont fui
le ciel, et que Lucifer quitta son chemin habituel : dans le
monde entier Lucifer n'apparut à personne et le jour vint
sans que l'étoile l'eût précédé [186]. La mort de l'astre
410 avertissait que ce sort menaçait la terre et qu'une noble
lumière allait plonger dans l'eau du Styx [187].

Mais toi qui survis pour consoler ta mère affligée, je prie
ardemment qu'elle-même puisse te voir comme un vieil
homme, que tu vives longtemps, pendant des années, les
415 tiennes et celles de ton frère et que ta vieille mère vive avec
son fils déjà vieux [188]. Je prie pour que cela arrive [189] : en
voulant excuser le passé, la divinité après Drusus ne vous
donnera plus que du bonheur. Mais toi, audacieuse,
peux-tu t'abandonner à une si grande douleur au point —
oh courage funeste ! — de ne plus vouloir te nourrir [190] ?
420 Tu serais même restée en vie à peine quelques heures,
lorsque César t'apporta son secours malgré toi [191] ; il eut
recours aux prières, joignit son droit à celles-ci et en
versant de l'eau, il humecta ta gorge sèche [192]. Et ton fils
n'a pas moins de souci de sauver sa mère : il t'adresse de

187. *Obitus* se dit à la fois de la mort et du coucher des astres :
Cic., *diu.*, 1, 128. Percevant mal cette ambiguïté, Witlox, après
Vollmer, défend *obitum*. De fait, *sideris obitus* est l'explication du
prodige précédent, développé par *mergi Stygia aqua*. Le prodige
entre dans la vaste catégorie des *monitiones*, couramment associées au
verbe *monere* ou *instare* : Verg., *georg.*, 1 , 464, *sup.*, n. 186 ; Ov.,
met., 15, 794. La « plongée » dans les eaux du Styx se retrouve chez
Ovide, *trist.*, 4, 5, 22 : « mersit Stygia... aqua ». Mais il s'agit aussi
d'une formule des inscriptions funéraires, E. GALLETIER, *op. cit.*,
p. 211. Elle s'impose ici : au lieu d'un parcours céleste, l'astre a choisi
un parcours passant par les Enfers souterrains. Le terme *lumen*, déjà
employé *sup.*, v. 348, après celui de *sidus*, s'applique aux héros aussi
bien qu'aux astres : Cic., *cat.*, 3, 24. Il entretient l'ambiguïté du
présage et le présente comme un *omen* facilement déchiffrable.

Iuppiter ante dedit fati mala signa cruenti,
    flammifera petiit cum tria templa manu :
Iunonisque graui nocte impauidaeque Mineruae
    sanctaque et immensi Caesaris icta domus.
405 Sidera quin etiam caelo fugisse feruntur,
    Lucifer et solitas destituisse uias :
Lucifer in toto nulli comparuit orbe
    et uenit stella non praeeunte dies
Sideris hoc obitus terris instare monebat
410   et mergi Stygia nobile lumen aqua.
At tu, qui superes maestae solacia matri,
    comprecor illi ipsi conspiciare senex
perque annos diuturnus eas fratrisque tuosque
    et uiuat nato cum sene mater anus.
415 Euentura precor : deus excusare priora
    dum uolet, a Druso cetera laeta dabit.
Tu tamen ausa potes tanto indulgere dolori
    longius ut nolis — heu male fortis ! — ali ?
Vix etiam fueras paucas uitalis in horas,
420   obtulit inuitae cum tibi Caesar opem ;
admouitque preces et ius immiscuit illis
    aridaque affusa guttura tinxit aqua.
Nec minor est nato seruandae cura parentis :
    hic adhibet blandas, nec sine iure, preces.

---

402 tria *codd.* : tua *M r* sua *Cuperus* ‖ **403** graui *B F H L O U V* :
-uis *D Lenz* grais *C* gradus *r* -du *El.* aedes *Baehr.* ‖ nocte *B F L O U V* :
not(a)e *C D H r* nuptae *Lib.* ‖ **404** et immensi *B F H L O U V* : diuini
C D H ‖ domus *ex uetere cod. Naug. Lenz* : manus *codd.* ‖ **409** sideris
hoc *B C D F L O U V* : hoc sidus *H* ‖ **410** lumen *r* : numen
B C D F H L U V : nomen *O* ‖ **415** euentura *C D M* : et uentura
B F L O U V nam uentura *H* ‖ **416** uolet *codd.* : uelit *r* ‖ **417** ausa
codd. : usque *Heins. Baehr.* icta *Lenz* ‖ tanto *codd.* : -tum *Burm.* -ta
Vol. ‖ **419** uix *B F H L O U V* : quin *C D* ‖ **422** affusa *B C D-
F L O U V* : infusa *H*.

tendres prières, non sans droit lui aussi. Les mérites de ton
425 époux et de ton fils retombent sur tous [193] ; grâce au
secours de ton époux et de ton fils, Livie, tu es saine et
sauve.

Sèche désormais tes larmes : elles ne peuvent rappeler
celui que le nocher a emporté dans sa barque chargée
d'ombres [194]. Hector fut pleuré de tant de frères, de tant de
sœurs, ainsi que de son père, de son épouse, du petit
430 Astyanax et de sa vieille mère ; pourtant il ne fut racheté
que pour le bûcher et aucune ombre n'a retraversé à la
nage les eaux du Styx [195]. Ce malheur arriva aussi à
Thétis : Achille le dévastateur repose ses ossements brûlés
435 dans les champs d'Ilion [196]. Pour lui, sa tante Panopé
déroula sa chevelure bleue et gonfla de ses larmes l'im-
mensité marine, ainsi que les cent compagnes de la déesse,
l'épouse âgée du puissant Océan, le père Océan et avant
tout Thétis : mais ni Thétis elle-même ni tous les autres ne
440 changèrent les tristes lois du dieu avide [197]. A quoi bon
rappeler ici des exemples anciens ? Octavie a pleuré
Marcellus et César les pleura tous les deux, publiquement [198]. Mais elle est implacable et inévitable, la loi de la
mort, les fils restent réglés, aucune main ne peut les
retenir [199].

445   Lui-même s'il échappait au rivage nébuleux de l'Averne
— puisse cela être possible — t'adresserait ces quelques
mots d'une voix courageuse [200] :

« Pourquoi comptes-tu mes années ? J'ai vécu plus mûr
que ces années : mes actions font de moi un vieillard [201] ;
ce sont elles qu'il te faut compter, ce sont elles qui durent
emplir ma vie et non des années d'indolence ; puisse une
longue vieillesse passée dans la crainte échoir à mes
450 ennemis [202]. Telle est la leçon que m'ont enseignée mes
aïeux et mes ancêtres, les Nérons ; deux d'entre eux
comme généraux ont brisé les guerres puniques [203] ; telle

425 Coniugis et nati meritum peruenit ad omnis ;
        coniugis et nati, Liuia, sospes ope es.
    Supprime iam lacrimas : non est reuocabilis istis
        quem semel umbrifera nauita lintre tulit.
    Hectora tot fratres, tot defleuere sorores
430   et pater et coniunx Astyanaxque puer
    et longaeua parens ; tamen ille redemptus ad ignes
        nullaque per Stygias umbra renauit aquas.
    Contigit hoc etiam Thetidi : populator Achilles
        Iliaca ambustis ossibus arua premit.
435 Illi caeruleum Panope matertera crinem
        soluit et immensas fletibus auxit aquas,
    consortesque deae centum longaeuaque magni
        Oceani coniunx Oceanusque pater
    et Thetis ante omnes : sed nec Thetis ipsa neque omnes
440   mutarunt auidi tristia iura dei.
    Prisca quid huc repeto ? Marcellum Octauia fleuit
        et fleuit populo Caesar utrumque palam.
    Sed rigidum ius est et ineuitabile mortis,
        stant rata non ulla fila tenenda manu.
445 Ipse tibi emissus nebulosum litus Auerni
        — sic liceat — forti uerba tot ore sonet :
    « Quid numeras annos ? Vixi maturior annis :
        acta senem faciunt ; haec numeranda tibi,
    his aeuum fuit implendum, non segnibus annis ;
450   hostibus eueniat longa senecta metu.
    Hoc ataui monuere mei proauique Nerones :
        fregerunt ambo Punica bella duces ;

431-432 om. *H* ‖ **433** hoc *C D H r* : haec *B F L O U V* ‖ **441** huc
B C D F O U V : haec *L* hic *M* ‖ **444** tenenda *codd.* : ren- *Salm. Baehr.*
‖ **445** emissus *codd.* : emensus *Lib.* enisus *ego* (?) ‖ nebulosum litus
B F L O U V ; nebulosi in litore *C D H r* ‖ **446** sic *B C F H L O U V* :
si *D* ‖ **448-449** om. *U* ‖ **450** metu *codd.* : meis *Scal. Vol. Schoon.*

est la leçon que je reçois de la maison du grand César, la
tienne, et par toi la mienne [204] ; cette fin, ma mère, devait
être la mienne. Et pour ce qui est des mérites, cette
455 ascendance n'est nullement utile, l'honneur, ma mère, en
rejaillit plutôt sur elle [205] : tu vois mon nom couvert de
titres. Consul et vainqueur « germanique » d'un monde
inconnu, qui fut hélas la cause de ma mort pour le peuple,
voilà ce qu'on lit de moi [206]. Mes tempes victorieuses sont
ceintes du laurier d'Apollon et j'ai vu moi-même le cortège
460 de mes funérailles, les défilés de guerriers qui me sont bien
connus, les présents des rois et toutes les cités mentionnées
par leurs inscriptions, quels devoirs m'a rendus cette belle
jeunesse qui m'a portée, et qui se tint si noblement devant
ma couche funèbre [207]. Enfin j'ai mérité d'être loué par la
465 bouche sacrée de César et de tirer des larmes à un dieu [208].
Et on devra me prendre en pitié ? À présent sèche tes
larmes. C'est moi qui te le demande, moi qui suis la cause
de tes pleurs [209]. »

Tels sont les sentiments de Drusus, si du moins une
ombre éprouve quelque sentiment, et toi n'en crois pas
470 moins d'un si grand héros [210]. Il te reste — et je prie qu'il
te reste — un fils qui équivaut à plusieurs, que le premier
né de tes enfants demeure pour toi sain et sauf [211] ; il te
reste ton époux, protecteur des hommes, et, tant qu'il vit,
il ne convient pas, Livie, que votre maison soit funèbre [212].

212. *Est coniunx* : gradation, voir *sup.*, n. 211. Auguste est qualifié
de *tutela*, comme chez Ovide, *fast.*, 1, 531. La *Tutela* est une
ancienne déesse latine, protectrice des moissons ; c'est la reprise, dans
un contexte religieux, de l'épithète de *uigil*, précédemment accordée
au prince ; voir aussi Hor., *carm.*, 4, 14. Le terme *funestam* rejette en
une « pointe » finale tout ce qui relève du *funus*. C'est un appel à la
vie, pour qu'elle triomphe de la mort : *salua, sospite.* Les deux
derniers vers ressemblent à un « envoi ». La révérence dont ils
témoignent envers le prince paraît dater la *Consolation* du vivant
d'Auguste, comme le pense SKUTSCH, *R E, op. cit.*, 944.

hoc domus ista docet, per te mea, Caesaris alti ;
    exitus hic, mater, debuit esse meus.
455 Nec meritis quicquam illa iuuant : magis affluit illis,
    mater, honos : titulis nomina plena uides.
Consul et ignoti uictor Germanicus orbis,
    qui fuit heu mortis publica causa, legor.
Cingor Apollinea uictricia tempora lauro
460   et sensi exequias funeris ipse mei,
decursusque uirum notos mihi donaque regum
    cunctaque per titulos oppida lecta suos,
et quo me officio portauerit illa iuuentus,
    quae fuit ante meum tam generosa torum.
465 Denique laudari sacrato Caesaris ore
    emerui, lacrimas elicuique deo.
Et cuiquam miserandus ero ? Iam comprime fletus.
    Hoc ego qui flendi sum tibi causa rogo. »
Haec sentit Drusus, si quid modo sentit in umbra,
470   nec tu de tanto crede minora uiro.
Est tibi — sitque precor — multorum filius instar
    parsque tui partus sit tibi salua prior ;
est coniunx, tutela hominum, quo sospite uestram,
    Liuia, funestam dedecet esse domum.

455 quicquam *codd.* : quamquam *Gron. edd.* || illa *codd.* : ipsa
Baehr. Vol. || affluit *cod. Romanus Heinsii* : affuit *codd.* abfuit *Gron.
edd.* adfuit *Schoon.* || illis *codd.* : ipsis *Cast. Lenz* || **457** consul et
B^2 *C D H r* : consulet *F L O U V* -lit *B* || **458** qui *codd.* quique *M*
cui *Lips. edd.* || fuit heu *codd.* : fui *M* || **461** notos *codd.* : uotos
Maehl. || **462** lecta *codd.* : lata *Heins.* || **466** emerui *B L^2 M* : et merui
C D F L O U V.

Subscriptio : Publii Nasonis Epistole consolatorie ad Liuiam de
morte Drusi Neronis filii eius qui in Germania morbo periit *B*.

II

L'ÉLÉGIE OU LES ÉLÉGIES À MÉCÈNE

Une ou deux élégies funèbres

La *Consolation à Livie* et l'*Élégie à Mécène* ont été souvent associées. De fait, elles n'apparaissent réunies que dans un seul manuscrit, le *Vaticanus Urbinas* 353. Si la *Consolation à Livie* est généralement attribuée à Ovide, l'*Élégie à Mécène* figure aux côtés de l'*Appendix Vergiliana*. Pourtant — et un manuscrit le note — l'attribution à Virgile ne saurait se soutenir, puisque Virgile mourut bien avant Mécène. D'ailleurs le poète de l'*Élégie* avoue lui-même ne pas avoir entretenu de relations d'amitié avec Mécène, qui fut évidemment l'ami de Virgile.

Les manuscrits présentent le texte sans coupure. Ce fut Scaliger qui s'avisa le premier que ce texte constituait en fait deux poèmes [1]. Celui-ci proposa le même auteur que celui de la *Consolation à Livie*, Albinovanus Pedo. La transition étant fort abrupte entre le vers 144 et le vers 145, on a aussi songé à une lacune à l'intérieur d'un seul poème qui se trouverait ainsi scindé en deux fragments [2]. Le problème paraît insoluble et finalement de peu d'intérêt : les deux parties de l'*Élégie* sont de tonalité différente et peuvent, sans inconvénient, être considérées comme deux

---

1. Les partisans de Scaliger sont les plus nombreux : Pithoeus, Wernsdorf, Vollmer, Middendorf, Miller, Kenney, Schoonhoven... croient à deux poèmes distincts.
2. La thèse du poème unique est soutenue par Ellis, Bickel, Sabbadini, Pighi, Esteve-Forriol... qui arguent qu'il devait s'agir d'un poème aussi long que la *Consolation à Livie*.

poèmes distincts. Sans préjuger du règlement de cette question, nous parlerons donc, par commodité, des *Élégies à Mécène* [3].

La *Consolation à Livie* se situe dans un cadre littéraire bien défini, celui de la *consolatio* destinée à un proche du défunt. Les *Élégies à Mécène* participent à la fois de la *laudatio funebris* et du genre littéraire de l'*Éloge* adressé à un grand personnage, comme le *Panégyrique de Messala* et l'*Éloge de Pison* [4]. Le premier poème relève de l'éloge funèbre prononcé aux funérailles devant le cercle familial, et surtout du discours d'apparat qui était déclamé au forum, pour rendre hommage aux notables ou aux membres de la famille impériale [5]. Cependant, cette première élégie ne constitue pas exactement un discours officiel ; elle est plutôt une longue épitaphe. Elle s'achève d'ailleurs par une inscription funéraire. La seconde élégie, consacrée aux dernières paroles de Mécène, développe, en une sorte de prosopée, le sentiment majeur qui balaie toutes les défaillances de l'homme : son indéfectible amitié pour Auguste.

Mécène mourut en 8 av. J.C., apparemment presque septuagénaire, alors qu'il était séparé de sa femme Térentia [6]. À la suite, dit-on, d'une indiscrétion politique

3. Sous diverses formes, les titres des manuscrits désignent généralement une seule élégie, mais le meilleur manuscrit (*B*) n'a pas de titre.

4. Le panégyrique d'un ami célèbre a été illustré, dès ses origines, par Callimaque. Voir E. CESAREO, *Il panegirico nella poesia latina*, Palerme, 1936, p. 19.

5. La *laudatio funebris* « intime » se distingue de la *laudatio* officielle faite aux rostres par un magistrat (voir Introduction de la *Consolation à Livie*, n. 1 et 2). Pour M. Durry, il s'agit d'un genre éminemment latin. On peut cependant lui trouver des racines grecques. L'historique en est fait par A. G. AMATUCCI, *Neniae et laudationes funebres*, dans *Riv Fil* 32 (1904), p. 625-635 et par F. VOLLMER, *Laudationum funebrium Romanorum historia et reliquiarum editio*, dans *Jahr. für cl. Phil. Suppl.* 18 (1892), p. 445-528. Voir aussi M. ALEXIOU, *The ritual lament in Greek tradition*, Cambridge, 1974.

6. L'âge de Mécène est mal établi ; il serait né entre 74 et 70 av. J.C. Sa femme Térentia était beaucoup plus jeune que lui. Selon

commise au bénéfice de Térentia — il lui aurait révélé le secret de la conjuration de Muréna — Auguste, lui tenant rigueur, l'aurait tenu à l'écart des affaires. On présente généralement Mécène vieillissant dans une semi-disgrâce. Plusieurs historiens ont contesté cette brouille que ne signale pas Suétone [7]. Celui-ci note l'extraordinaire fidélité d'Auguste dans ses amitiés, ce que paraît bien confirmer la seconde *Élégie*. Mais il est probable que la liaison que le prince avait entretenue avec Térentia dut jeter une ombre sur cette amitié, aussi vive qu'elle fût. Mécène vivait dans une semi-retraite, que sa santé suffisait à justifier. Impotent, dépressif, il souffrait depuis longtemps de troubles nerveux, que la paix de ses jardins pouvait seule calmer.

Le poème n'est pas une œuvre spontanée : elle se présente comme une « commande », écrite à la demande de Lollius [8]. Comme pour la *Consolation à Livie*, on n'a pas manqué de mettre en doute cette affirmation et de voir dans les *Élégies* des poèmes fictifs, composés dans une école de rhétorique, généralement située à l'époque néronienne [9]. Une objection s'impose : un rhéteur en mal

Sénèque, Mécène l'avait prise et reprise à plusieurs reprises, alors qu'elle entretenait une liaison avec Auguste. Il est fait allusion à une ultime séparation, dans *el. Maec.*, 2, 7 (151) : *discidio*.

7. J. M. ANDRÉ, *op. cit.*, p. 120 sq, a montré que la prétendue brouille d'Auguste et de Mécène était légendaire, même s'il y eut entre eux un refroidissement compréhensible, à la suite de la liaison d'Auguste et de Térentia. Sur les rapports d'Auguste et de Mécène, voir A. FOUGNIES, *Mécène, ministre d'Auguste, protecteur des lettres*, Bruxelles, 1947 ; R. AVALLONE, *Mecenate*, Naples, 1962 et *Biografia di Mecenate* dans *Antiquitas*, 9, (1954-56), p. 1-12.

8. *El. Maec.*, 10.

9. Le principal argument pour une datation néronienne repose sur un postulat discutable, celui d'une imitation de Sénèque. Elle est défendue, entre autres, par R. B. Steele, après Birt, Huebner, Schenkl et par J. Middendorf et A. Witlox, à la suite de Lillge. Cette datation néronienne est reprise dans l'*Histoire de la Littérature latine* de Schanz-Hosius. B. AXELSON, *De aetate... op. cit.*, p. 25, songe même à un contemporain de Stace et de Martial. Le point de la question est fait par P. J. ENK, *L'énigme des Élégies à Mécène*, dans *Mnémosyne*, 3, 9 (1941), p. 225-237. T. COPRAY, *op. cit.*, p. 137, ne se prononce

d'imagination aurait sans doute mieux choisi son répondant. M. Lolliụs, consul en 20 av. J.C. et dédicataire d'une
ode d'Horace, appartint effectivement à l'entourage d'Auguste et de Mécène. Mauvais général, il fut battu en 16
devant les Sicambres. Cet homme vénal et corrompu se
perdit de réputation auprès des rois de l'Asie, selon Pline
l'Ancien, Tacite et Velleius Paterculus [10]. Il se vit chasser
honteusement de la maison du petit-fils d'Auguste. Son
suicide, en 2 av. J.C., ne racheta pas son honneur.
Comment un rhéteur non appointé par lui aurait-il eu la
maladresse d'évoquer cette mémoire infâmante, surtout s'il
avait écrit, comme on l'a soutenu, après la mort de
Lollius ?

On ne peut guère attendre d'émotion de la part d'un
auteur qui, de son propre aveu, n'a pas entretenu avec
Mécène de relations d'amitié. Le premier poème témoigne
de beaucoup d'art et d'une certaine froideur. Cependant, le
poète fournit des détails qu'il semble seul à connaître. On
a supposé qu'il avait puisé dans d'incontrôlables « mémoires » d'Auguste [11]. On peut aussi bien admettre qu'il tenait
ces détails de Lollius et des contemporains. L'accent est

pas vraiment, mais fait valoir un argument de poids : si la date de
l'*Élégie* était très postérieure à la mort de Mécène, l'auteur d'un
panégyrique « n'aurait certainement pas manqué de relever le mérite
de Mécène envers les poètes de son temps ». Effectivement, Calpurnius Siculus le fait dans l'*Éloge de Pison*, alors que les *Élégies* sont
tout à fait lacunaires sur ce point. C'est donc à tort que M. D. REEVE,
The tradition of Consolatio ad Liuiam, dans *R H T*, 6 (1976),
p. 76-98, considère comme acquise la datation néronienne de la
Consolation à Livie et des *Élégies à Mécène*.

10. Tac., *ann.* 3, 48 ; Vell., 2, 102. Lollius est accusé d'avoir inspiré
à C. César la méchanceté et le goût des discordes. Plin., *nat. hist.*, 9,
58 : « M. Lollius infamatus regum muneribus in toto oriente,
interdicta amicitia a Gaio Caesare Augusti filio uenenum biberet ».
Horace, *ep.*, 1, 50-65, loue ses qualités viriles : il se plaisait à faire
revivre chez lui la bataille d'Actium. Cependant, l'éloge que fait
Horace de son désintéressement, dans *carm.*, 4, 9, 32-45, paraît plus
emprunté aux thèmes de la *laudatio* qu'à la vérité.

11. Cette thèse a été soutenue par A. von Domaszewski, qui y voit
aussi la source des *Consolations* de Sénèque.

mis, de façon inhabituelle, sur les qualités guerrières de
Mécène. Il est vrai que c'est un *topos* de l'*Éloge*. Mais
Lollius et Mécène étaient compagnons d'armes : ils avaient
combattu ensemble à Philippes, à la bataille navale du
Pélore et, ce que notre auteur est seul à signaler clairement, à Actium [12]. Il suggère d'ailleurs qu'il y était
aussi [13]. Ce dernier fait d'armes a été souvent mis en doute,
mais J. M. André a souligné que la présence de Mécène à
Actium était loin d'être invraisemblable, même s'il dut
rentrer précipitamment à Rome, pour faire face à la
conjuration de Lépide [14]. Le rôle politique de Mécène
comme « bras droit » de l'empereur et son représentant en
cas d'absence, est aussi présenté dans l'*Elégie I* avec la
plus grande exactitude [15].

Quant aux mœurs relâchées de Mécène, à ses extrava-
gances et à sa retraite dans les jardins fameux de l'Esquilin,
c'étaient là des traits connus de tous les contemporains [16].
Cependant, la peinture de Mécène sous son arbre, vocali-
sant ou dialoguant avec les oiseaux, relève davantage
d'anecdotes transmises par des familiers que de l'imagerie
bucolique à la mode du temps [17].

12. Sur la participation de Mécène à la bataille d'Actium, voir aussi
Properce, 2, 1, 34, qui résume toute la carrière militaire de Mécène,
et Horace, *ep.* 11.
13. *El. Maec.*, 61 ; 67-68. Voir *inf.* p. 86.
14. J. M. ANDRÉ, *op. cit.*, p. 65.
15. Properce, 3, 9, souligne que Mécène avait refusé tous les titres.
Pour le poète de l'*Élégie*, il est *uigil urbis*, 1, 14, *Caesaris opses*, 1,
27, termes qui expriment exactement la toute puissance sans titres de
Mécène, qui n'est ni *praefectus urbis* ni *consul*.
16. Le portrait du fameux *discinctatus* était bien connu, ainsi que
les tenues étranges qu'il arborait en public, voir Commentaire n. 13.
Il n'était pas besoin d'avoir Sénèque pour modèle. Par ailleurs,
l'emploi de l'ironie dans l'*encômion* était une loi du genre, tel que le
pratiquaient Gorgias et Isocrate. A Rome, elle éclate dans le pastiche
de Catulle sur la mort du moineau de Lesbie.
17. Selon Sénèque, *prou.*, 3, 10, Mécène vocalisait avec Horace dans
les jardins de l'Esquilin, riche de végétaux et d'une faune ornitholo-
gique rares. Sur le goût de Mécène pour les oiseaux, voir Commentaire, n. 22.

L'auteur anonyme brosse donc un portrait de Mécène plein de vivacité, mais incomplet. L'homme de lettres apparaît peu, il appartient pourtant à la topique de l'*Éloge*. Le portrait est dessiné à partir de traits fournis par des tiers ou par l'opinion publique ; aussi est-il particulièrement difficile de réfuter l'hypothèse d'une composition artificielle, pur exercice d'école. Pourtant, rien n'infirme la présentation de l'auteur, qui est celle d'un *épicède* authentique, patronné par un ami du défunt, remplissant ainsi des devoirs susceptibles de plaire à Auguste [18]. On a remarqué qu'à l'époque néronienne, le souvenir de Mécène remonte à la surface [19]. Mais bon nombre de détails précis, ainsi que l'adjuration à Auguste dans le second poème, suggèrent plutôt une œuvre contemporaine. C'est avec beaucoup de vraisemblance que J. M. André estime que l'œuvre a été écrite peu de temps après la mort de Mécène [20]. Seuls des traits linguistiques indéniablement tardifs pourraient valablement infirmer cette probabilité. De même, l'association, souvent soutenue, des *Élégies à Mécène* et de la *Consolation à Livie* doit être confirmée ou réfutée par l'examen de la composition, du style et de la métrique.

La composition

L'œuvre ne se présente pas comme une *consolatio*, mais comme une *laudatio funebris*, proche de l'épitaphe ; sa thématique était fixée : elle devait mentionner l'éducation et les mœurs, recenser les honneurs, louer les *res gestae* et les *uirtutes* [21]. On ne doit pas s'étonner de ne pas trouver

18. De même, Horace, *carm.*, 4, 9, écrivait pour que la postérité n'oubliât pas les exploits de son ami Lollius.

19. Opinion soutenue par Haupt, B. Axelson, *op. cit.*, p. 25, R. B. Steele, *op. cit.*, p. 63, suivis par J. Middendorf et A. Witlox, voir *sup.* n. 9.

20. J. M. ANDRÉ, *op. cit.*, p. 128 ; cette position était déjà celle de Bickel et de Büchner.

21. Cette thématique est analysée par W. KIERDORF, *op. cit.*, p. 67 sq. Elle se retrouve encore chez Ambroise, où elle est étudiée par Y. M. DUVAL, *Formes profanes et formes bibliques dans les oraisons*

exactement ce schéma dans le premier poème. Devant la personnalité paradoxale de Mécène, ennemi des honneurs et de la morale traditionnelle, l'auteur ne pouvait qu'adapter les règles, en masquant d'incontournables lacunes dans la vie de Mécène. Il le fait avec habileté et parvient à dessiner un contre-portrait de celui que brossera Sénèque. Ce talent a suggéré que les *Élégies* pouvaient présenter une défense de Mécène, pour répondre aux attaques lancées contre lui, en particulier par Sénèque [22].

Le premier poème s'ouvre sur le verbe *defleram*, qui définit d'emblée le genre funéraire dans lequel le poète semble avoir acquis une certaine notoriété. Le *prooemium* (1-12) correspond à la présentation modeste de l'auteur, ce qui était conforme aux règles ; mais cette discrétion même est énigmatique. En effet, en ces premiers vers, le poète se réfère à une œuvre précédente, l'éloge d'un jeune homme qu'il est tentant d'identifier avec Drusus, pleuré dans la *Consolation à Livie*, souvent appelée *Epicedion Drusi* : l'auteur connaît manifestement cette œuvre [23]. Ce rapprochement renforce le préjugé, remontant à Scaliger, qui tient à attribuer au même auteur deux œuvres voisines, *Consolation à Livie* et *Élégies à Mécène*. De fait, la désignation de Drusus n'est pas formelle, et, quand elle le serait, il reste à démontrer que le poète se réfère bien à la *Consolation à Livie* — il ne mentionne pas de *consolatio* — et non à un autre chant de deuil sur le même sujet. Ceux-ci furent sans aucun doute multiples. L'introduction n'offre guère que des lieux communs, en dehors de

funèbres de saint Ambroise, dans *Christianisme et formes littéraires*, *Entret. fond. Hardt* 23, Gendeuvre, 1977, p. 253-291.

22. C'est l'origine de bien des datations néroniennes des *Élégies à Mécène*. Haupt a, le premier, soutenu que la première *Élégie* avait été composée pour répondre à la critique acerbe de Sénèque dans l'*Épître* 114. Voir *sup.* n. 9.

23. La *Consolation à Livie* est appelée *Epicedion Drusi* par J. Maehly, Bâle, 1873. La parenté des deux œuvres a paru d'autant plus évidente que le poète des *Élégies* connaît manifestement la *Consolation*, qu'il évoque presque textuellement aux vers 7 et 150, d'après *cons. ad Liu.*, 39 et 372.

l'allusion à Lollius comme mandataire : en se souvenant visiblement de la *Consolation à Livie*, le poète évoque le *topos* de la mort qui ravit jeunes et vieux [24].

La *laudatio* débute, sur une adresse à Mécène, par la brève mention du *genus*, trop célèbre pour qu'il soit besoin de développer ce thème [25]. L'auteur s'attache plutôt aux *uirtutes* ; il évoque la vie de Mécène par une série d'antithèses : sa toute puissance contraste avec sa bonté foncière, sa culture et ses dons intellectuels (13-20) ; sa négligence a pour corollaire sa simplicité à l'antique (21-26) ; elle est rachetée par les services rendus à la cité, sans aucune ambition politique (27-32). À ce moment, le style de vie, *mollis*, de Mécène est évoqué par un tableau le représentant dans ses jardins, livré à la nature et à la poésie (33-38). Ce n'est qu'après ce morceau d'art que le poète passe aux *uirtutes* proprement dites, les vertus militaires (39-55). H. Schoonhoven note que, jusqu'au vers 45, la composition consiste en groupes de deux vers se répondant dans le sens *laudatio-defensio* [26].

Par son habileté rhétorique, l'auteur transforme en qualités les défauts de Mécène qui lui paraissent mal accordés avec le politique et l'homme d'action. Pour justifier sa « mollesse », il aura recours, comme le fera Calpurnius Siculus à l'égard de Pison, à un droit au loisir après l'action et surtout l'action victorieuse. Aussi, est-il bien clair, malgré certains critiques, que l'évocation de Bacchus, avec son cortège coloré, représente l'image de Mécène (57-68). Le passage pourrait d'ailleurs faire discrètement allusion à une rencontre avec Mécène déguisé en Bacchus : le vers 67, « tu m'as parlé... » ne prête guère à une interprétation symbolique [27].

---

24. *Eleg. Maec.* 7, d'après *cons. ad Liu.* 372.

25. *El. Maec.* 13-14. Calpurnius Siculus aura la même attitude expéditive au début de l'*Éloge de Pison* : *laud. Pis.*, 8-9.

26. H. Schoonhoven, *op. cit.*, p. 39.

27. *El. Maec.*, 67 : « mollius es solito mecum tum multa locutus ». C'est peut-être un souvenir de Virgile, *georg.* 3, 40 « haud mollia iussa », qui suggère une certaine hauteur de caractère chez Mécène.

Le tableau célèbre, Hercule filant aux pieds d'Omphale, fournit encore une excuse à la mollesse de Mécène (69-86). Le poète va même chercher ses exemples plus haut : l'exemple de Jupiter en personne, trouvant sa distraction dans l'enlèvement de Ganymède (87-92). De ces précédents mythologiques, le poète ne tire qu'une conclusion banale : l'*otium* est le prix de la victoire et l'ordre du temps est de faire succéder le repos à l'activité (93-102). Quatre vers vont liquider la question : on ne saurait être plus exigeant qu'Auguste (103-106).

À ce moment, la *laudatio* fait place à la *comploratio*. Le poète évoque pêle-mêle le pouvoir rajeunissant de Médée, la magicienne, et les animaux qui passent pour vivre plus longtemps que les humains. Il s'y joint l'allusion attendue au vieux Tithon ; de façon assez étrange, le poète souhaite voir Mécène à sa place : il en profite pour brosser un nouveau tableau, celui du char de l'Aurore (107-128).

Plusieurs éditeurs, et en particulier J. Middendorf, ont supposé à cet endroit une lacune [28]. En effet, la scène suivante, assez obscure, paraît mal reliée à la précédente. Elle donne cependant un autre exemple de vie éternelle, par stellarisation, celui d'Hespéros-Lucifer. Cette liste d'exemples de longévité ou d'éternité va se clore par la mention classique du vieux Nestor (129-140). Le poème s'achève alors — semble-t-il — par une véritable épitaphe funéraire, sans grande originalité de pensée (141-144).

C'est donc, apparemment, un second poème qui est consacré aux dernières paroles de Mécène : celles-ci peuvent représenter un souvenir des paroles prêtées à Drusus dans la *Consolation à Livie* [29]. Ici, l'allusion à Drusus paraît certaine, la correction *Drusi* pour *Bruti* étant une des plus indiscutables du poème, en raison de

28. J. MIDDENDORF, *op. cit.*, p. 7 sq. Sur les antécédents de cette suggestion, qui aboutit généralement à la thèse d'un poème unique, voir *sup.* n. 2.

29. *Cons. ad Liu.*, 447-468. Ce parallélisme de structure peut être un argument en faveur d'un poème unique.

l'expression *illud opus*, reprise de la *Consolation à Li-vie* [30]. Le souhait de mourir avant Drusus illustre la fidélité de Mécène (145-150). Il paraît aussi dater le poème d'un moment où le souvenir de Drusus est encore dans tous les esprits [31]. Comme le pense J. M. André, la *Consolation à Livie* serait encore une œuvre d'actualité, ce qui explique-rait sa parenté avec les *Élégies*.

Il est fait ensuite une allusion discrète, pleine de tact, au *discidium* qui a privé Mécène de sa femme, en ses derniers instants (151-154). La fin du poème développe des conseils que le mort adresse habituellement aux siens sur les monuments funéraires : le mort ne souhaite pas un deuil excessif [32] ; mais il espère vivre dans la mémoire des siens et particulièrement dans celle d'Auguste (155-169). Plus originale est l'affirmation de Mécène qu'il a choisi lui-même sa vie (167-170). Cette note stoïcienne étonne dans un contexte qui ne l'est guère.

Les derniers vœux du mourant sont pour souhaiter une longue vie à Auguste et aux siens, soit son épouse Livie et ses deux petits-fils (171-178). Auguste n'a que cinquante-trois ans à la mort de Mécène. Sa déification dans l'au-delà était déjà annoncée dans la *Consolation à Livie* [33]. Si l'on croit à un éloge authentique, la mention des petits-enfants d'Auguste interdit de repousser le poème jusqu'au début

30. *El. Maec.* 2, 6 et *cons. ad Liu.*, 39. Sur cette expression, voir Commentaire de la *Consolation à Livie*, n. 19. Cette allusion à une œuvre d'éducateur est un des *topoi* du panégyrique (cf. E. CESAREO, *El panegirico, op. cit.*, p. 78). Voir aussi l'ode d'Horace, 4, 4 : « Augusti paternus / in pueros animus Nerones ».

31. Dans la seconde *Élégie*, il est fait clairement allusion au désarroi de Livie, tel qu'il est dépeint dans la *Consolation*, avec une tentative de suicide : 2, 31 : « sit secura tibi quam primum Liuia coniunx ». Cette mention n'aurait pas grand intérêt longtemps après l'événement.

32. C'est un motif épigraphique : cf. *anth. lat.* 5, 9, 2, repris par les poètes : Tib. 1, 1, 67. Certains critiques, dont H. Schoonhoven, ont vu dans l'absence, et même le refus, de toute consolation, la trace d'une doctrine stoïcienne.

33. Dans le discours de Mars, v. 245.

du I^e siècle ap. J.C. : les fils d'Agrippa et de Julie moururent respectivement en 2 et en 4 ap. J.C. [34].

C'est à juste titre que l'on a noté l'abondance des *topoi* dans ces poèmes, le second en est presque exclusivement composé. Mais ils sont toujours ingénieusement adaptés : l'éloge des vertus guerrières et des dons politiques appartient au *topos* du panégyrique ; mais celui-ci sert de cadre à des précisions réelles et le poète n'en est jamais prisonnier. La composition, régulière, est moins chaotique que celle de la *Consolation à Livie*. Il y a plus de rigueur formelle et moins d'émotion que dans ce dernier poème : les *Élégies* ne présentent d'ailleurs aucune consolation. La régularité de la composition a été notée par H. Schoonhoven ; elle n'est rompue que par une technique d'illustration à l'aide d'exemples mythologiques ; ceux-ci sont traités, de façon spécifique, comme des morceaux d'art pictural, inspirés de tableaux célèbres. C'est là un trait qui n'apparaissait pas dans la *Consolation à Livie*.

Le style et la métrique

Scaliger crut remarquer des parallélismes suffisants pour assigner au même auteur la *Consolation à Livie* et les *Élégies à Mécène*. En fait, ces parallélismes sont rares et peuvent s'expliquer par des réminiscences [35]. Un peu d'attention révèle au contraire de profondes différences [36]. Le vocabulaire est moins familier que dans la *Consolation à Livie* et on ne peut guère parler de *sermo cotidianus*. Cependant J. Middendorf a relevé des prosaïsmes qui lui

---

34. Ils sont évoqués dans *el.* 2, 29-30.

35. Ces parallélismes ont été notés par Scaliger, Adler, Wieding, Skutsch et Lillge. Les plus notables se remarquent entre *cons. ad Liu.*, 37 et *el. Maec.*, 7-8 ; *cons. ad Liu.* 39 et *el. Maec.*, 2, 6 ; *cons. ad Liu.* 47 et *el. Maec.* 15 ; *cons. ad Liu*, 447 et *el. Maec.*, 2, 5. F. Lillge y joint, *op. cit.*, p. 10 sq., plusieurs autres rapports, plus discutables.

36. Celles-ci ont été d'abord mises en lumière par T. BIRT, dans *Ad historiam hexametri latini symbolae*, Bonn, 1876, p. 30-49, puis par J. MIDDENDORF, *op. cit.*, p. 18 sq. et T. COPRAY, *op. cit.*, p. 107 sq.

semblent étrangers à la *Consolation à Livie* [37]. Dans l'ensemble, il y a peu de redites, mais de nombreux *hapaces*. Les termes sont souvent poétiques : *nymphas* pour désigner les eaux, *garrulus, lanificas, conglaciantur*, qui est un *hapax*, ce qui implique une recherche de rareté... [38]. Ce vocabulaire est parfois ponctué de graphies archaïques : *fidus, opses* — leçon du *codex Bruxellensis* [39]. On rencontre aussi bon nombre de tours homériques, où l'épithète de nature est chargée de donner une couleur épique : *piscosi Pelori, uiuacesque ceruos, palmiferis iugis...* [40].

La syntaxe est simple et classique ; on pourrait noter un emploi poétique ou tardif de participe futur, si celui-ci ne dépendait d'une correction discutable [41]. Il est d'ailleurs souvent difficile de distinguer les tours proprement tardifs des tours familiers. Il est vrai que certains passages sont fort denses, ce qui leur confère une certaine obscurité, dont les manuscrits ne paraissent pas totalement responsables [42]. On en a même déduit que l'auteur prétendait ainsi imiter le style compliqué de Mécène [43]. Quelques

---

37. J. Middendorf relève quelques emplois qu'il attribue au *sermo cotidianus* : parmi ceux-ci : l'emploi au vers 92 de *sacerdos*, appliqué à Ganymède ou *complacuisse*, v. 122, verbe de la langue des Comiques ; il attribue aussi au langage familier la présence de nombreux *hapaces* : *inf.*, n. 38. Il note également, *op. cit.*, p. 40, l'ordre particulièrement chaotique du vers 40 et la cacophonie du vers 89. On pourrait y ajouter quelques négligences et lourdeurs de style, comme, au vers 18, *huius et huius* ; 23, *quibus fuit* ; 49, *dat illo* ; 2, 103, *uixisse solute...* Les termes courants dans l'épigraphie funéraire ne sont pas surprenants : 136, *decubuisse* ; 2, 23, *exemplum...*

38. Parmi les principaux *hapaces*, on relève : 87, *percubuisse* ; 101, *conglaciantur* ; 107, *omniperitus* (mais c'est une correction) ; 110, *reuirentibus*.

39. *El. Maec.*, 11 ; 27.

40. *El. Maec.*, 41 ; 115 ; 134.

41. *El. Maec.*, 90 : *amaturo*, correction de *maturo*, plus plat, mais tout aussi défendable, voir Commentaire.

42. Par exemple v. 19 ; 37 ; 62 ; 83 ; 128 ; 130...

43. Pour B. Axelson, *op. cit.*, p. 28, le style porte au contraire la marque de l'époque de Martial et de Stace.

traits diffèrent à première vue de la *Consolation à Livie* :
on ne retrouve pas l'habitude de son auteur de placer
systématiquement le verbe expressif en rejet, au début de
vers ; il y a moins de copules, surtout de copules -*que*, mais
elles se chevauchent parfois étrangement ; -*que* ne relie
presque jamais le premier mot du vers au vers précédent et
la particule *atque*, chère à Ovide, brille ici par sa rareté [44].

On rencontre certes des réminiscences ovidiennes, mais
le poème n'est nullement pénétré du style, des images et de
la pensée d'Ovide, comme l'était la *Consolation à Livie* [45].
La « manière » est différente : peu de style exclamatif et
guère de pathétique, sinon dans un passage de la seconde
Élégie [46]. F. Lillge s'est attaché à relever des références à
tous les poètes augustéens ; celles qui ont trait à Properce
sont légion [47]. Cette présence de Properce n'apparaissait
pas au même titre dans la *Consolation à Livie*. L'auteur
connaît et aime les *neoteroi*, aussi bien que Lucrèce. Pour
F. Lillge, Horace est le grand absent, ce qui n'est pas

44. Parmi les renchérissements lourds, on relève : 31, *tamen nec* ;
2, 11 *sed tamen* ; 2, 16, *nec tamen*. J. Middendorf, *op. cit.*, p. 20 sq.
note d'autres constructions rudes : 12, *propter in*, ou inhabituelles :
83, *cumue*.

45. P. J. Enk, *L'énigme... op. cit.*, p. 226, indique des concordances entre Ovide et les *Élégies*. Les seules qui paraissent indiscutables sont celles-ci : *am.*, 3, 7, 8, « bracchia Sithonia candidiora niue »
et *el. Maec.* 62, « bracchia purpurea candidiora niue » ; *ars am.* 2, 442,
« inuenit et lumen quod fuit ante redit » et *el. Maec.*, 114, « ergo non
homini quod fuit ante redit » ; P. J. Enk voit dans une concordance
avec *met.* 1, 12, la preuve que l'imitateur est le poète des *Élégies* :
« tellus / ponderibus librata suis » et *el. Maec.*, 1, 141-142 « tellus... ;
/ pendula librato pondus et ipsa tuum ». Mais il s'agit d'une image
courante dans les inscriptions funéraires. T. Copray, à juste titre, ne
trouve pas la relation suffisamment probante. Lui-même relève
d'autres affinités avec les *Tristes* et les *Pontiques*. Mais elles ne
constituent nullement un reflet d'Ovide, comme la *Consolation à
Livie*.

46. *El. Maec.*, 9-10, qui pourrait s'être inspiré de *cons. ad Liu.*,
325-328, passage où Antonia cherche dans sa couche son époux
Drusus, comme Mécène sa femme Térentia.

47. F. Lillge, *op. cit.*, p. 10 sq., note des rapports avec Tibulle,
Properce, Ovide...

certain, car l'inspiration épicurienne puise dans la thématique autant que dans les citations. Cette culture étendue confirme l'opinion de F. Skustch que l'auteur devait être un poète ou un rhéteur renommé [48].

La métrique des *Élégies* accuse aussi de profondes différences avec celle de la *Consolation à Livie*. Les lourdeurs et gaucheries constatées dans celle-ci apparaissent peu dans les *Élégies*. Cependant, une licence déconseillée, le quatrième pied spondaïque se trouve onze fois dans l'*Élégie I*, trois fois dans l'*Élégie II*. Ce n'est pas un trait de la métrique ovidienne de la *Consolation à Livie*. Autre différence notable : on remarque l'extrême rareté des élisions dans les *Élégies* : sur cent vers, on en rencontre seulement trois dans l'*Élégie I*, deux dans l'*Élégie II* [49]. Or la *Consolation à Livie* abusait des élisions hardies, voire cacophoniques. Les différences rythmiques sont aussi notables. Dans les hexamètres, il n'y a guère de coupes emphatiques après deux syllabes, en début de vers, sinon l'apostrophe *Bacche* [50]. La plupart des césures des hexamètres sont penthémimères, mais elles ne se situent jamais après une élision, comme dans les *Amours* et dans la *Consolation à Livie* [51]. Lorsque le rythme change, la césure penthémimère est, non pas accompagnée, mais remplacée par le couple de césures trihémimère et hephthémimère [52].

Ainsi donc, contrairement à l'impression générale — la critique a préféré la *Consolation à Livie* — les *Élégies à*

48. F. Skutsch remarque, dans *R E*, 4, 933 sq., que l'œuvre a été écrite selon les canons de la rhétorique et les *topoi* usités au premier siècle.

49. Élisions : *el. Maec.*, 43, puluere in ; 72, iamque Erymanthe ; 89, atque aquilam ; 2, 3, mene inquit... J. Middendorf, *op. cit.*, p. 10, a cru déceler un trait de métrique tardive dans le non abrègement du *o* final, ce qui l'amène à situer le poème à l'époque néronienne, mais l'argument n'est pas convaincant ; il existe d'ailleurs un abrègement au vers 60, *puto*.

50. *El. Maec.*, 55.

51. Voir *Cons ad Liu.*, p. 32.

52. Par exemple aux vers 3, 13, 31, 35, 39, 89, 95 ; 2, 7...

Mécène dénotent plus de sûreté dans la métrique et dans la prosodie. Les cacophonies y sont exceptionnelles [53]. Le rhéteur a du métier : ce n'est certainement pas une œuvre de jeunesse. Mais cette aisance même dégage un peu de monotonie, non exempte de froideur.

L'ESTHÉTIQUE DES *ÉLÉGIES À MÉCÈNE*

Les *Élégies* présentent donc d'indiscutables différences avec la *Consolation à Livie* dans la composition, le style, la métrique et la prosodie ; elles s'en distinguent aussi par l'esthétique, on pourrait dire l'esthétisme de cette œuvre. En effet, son absence d'émotivité frappe dans la première *Élégie* : celle-ci, fort élégante, touche moins que le style répétitif, banal et parfois désordonné, qui caractérise la *Consolation à Livie*. La première élégie est une habile *controuersia* qui vise à laver Mécène de l'accusation de *mollitia* qui était connue de tous les contemporains [54].

J. M. André a analysé les composantes de la personnalité complexe de Mécène, profondément teintée d'épicurisme [55]. Le portrait qui apparaît dans les *Élégies* est beaucoup plus superficiel. L'auteur évoque surtout son hédonisme, qu'il oppose, sans explication philosophique, à sa valeur militaire, le second trait rachetant le premier. Le poème pourrait avoir servi de modèle à L'*Éloge de Pison*, où les occupations du héros sont pareillement présentées en diptyque — mais avec plus de chaleur — et expliquées par une adaptation aux circonstances : la guerre, moment où se déploient les qualités viriles, la paix, où l'*otium* peut

53. Seul exemple, *el. Maec.*, 89 : *atque aquilam* ; voir au contraire *cons. ad Liu.* n. 38 de l'Introduction.

54. Le caractère défensif de cette élégie a été souligné par la critique. Sur ses rapports avec les attaques de Sénèque, voir *sup.*, n. 22.

55. J. M. ANDRÉ, *op. cit.*, p. 210 sq. N. W. DE WITT, *op. cit.*, p. 51, a vu dans l'excentricité extérieure de Mécène un camouflage destiné à lui éviter l'envie, selon le précepte d'Épicure.

légitimement fleurir. Mais les *loci communes* de l'éloge, activités militaires, dons poétiques, sont très précisément adaptés au caractère de Mécène, tel que pouvait le connaître un homme qui ne l'avait pas approché de près [56]. Il est mieux renseigné sur la carrière que sur la personne de Mécène et il ne s'étend guère sur des mérites littéraires fort discutés.

Le poète des *Élégies* est surtout un artiste et un artiste de talent. Peu soucieux de brosser une scène dialoguée, de style épique, comme l'auteur de la *Consolation à Livie*, il illustre son argumentation par une série de tableautins qui sont des *exempla*, selon une technique qui rappelle Properce ; de fait, il substitue à cette argumentation, qui sans doute serait pauvre, une série d'ornements mythologiques, d'*ekphraseis* de style alexandrin, où le poète se montre le digne héritier des *neoteroi*.

Comme plus tard Calpurnius Siculus, il possède l'art du trait ; mais il ne recherche pas l'image originale : ainsi, il se contente de revivifier un cliché, en évoquant le va et vient de la barque infernale, croulant sous sa charge [57] ; il redessine pareillement l'image de l'hirondelle rasant les flots [58]. Un adjectif imagé suffit à relever, à la manière homérique, le Pélore « poissonneux » ou la « poussiéreuse » plaine de Philippes [59]. L'une des meilleures peintures du poète est celle de la *mollitia* de Mécène, par une scène

56. Son mécénat est curieusement passé sous silence. Cependant, Horace, *carm.* 1, 24, emploie des éloges beaucoup plus conventionnels, quand il veut consoler Virgile de la mort de Quintilius Varus : *pudor, iustitia, fides, ueritas*. L'union des qualités militaires et poétiques se trouve aussi dans le *Panégyrique de Messala*, 9-12.

57. *El. Maec.*, 6 : *defessa carina* ; on trouve l'expression *fessa carina* dans *met.*, 11, 393 ; 531...

58. *El. Maec.*, 102. L'image de l'hirondelle remonte à Aratos, *phaen.*, 942. Il a été traduit par Varron et imité par Virgile dans *georg.*, 1, 373. L'image évoquée par Pline, *nat. hist.*, 18, 363, « hirundo... uolitans ut paene saepe percutiat » est plus plate.

59. *El. Maec.*, 41 : *piscosi... Pelori* ; 42 : *puluere in Emathio*. La poussière est une image classique de la bataille, mais Horace, *carm.*, 2, 7, 13, fait aussi allusion à celle de Philippes : *denso aere*.

bucolique, à la mode de Virgile, où l'homme public se détend dans la solitude, sous ses arbres aux fruits rares, parmi les eaux vives et chante, en dialoguant avec les oiseaux [60].

Cependant, ce n'est pas tant dans les scènes réalistes que l'auteur triomphe, mais plutôt dans les *ekphraseis* mythologiques inspirées de tableaux célèbres : le cortège de Bacchus, Hercule aux pieds d'Omphale, l'enlèvement de Ganymède, le lever de l'Aurore [61]. Le portrait de Bacchus n'a pas la vivacité du cortège bacchique d'Ovide [62]. C'est une peinture plus froide, mais plus mystérieuse [63]. Le poète aime le chatoiement des couleurs chaudes : teint coloré des Indiens, rouge sombre du *merum*, double tunique de pourpre faisant ressortir la blancheur des bras ; aucune évocation des cris et des courses des Bacchantes, mais des notations somptueuses, où les pierres précieuses et l'or remplacent le lierre et relèvent l'argent des sandales. Faut-il pour autant parler de luxe néronien ? On songe plutôt au luxe oriental de Mécène, amateur d'or et de pierres précieuses [64]. Il paraît tout à fait exclu qu'il s'agisse d'une figure d'Antoine [65].

60. Voir R. Lucot, *Vertumne et Mécène*, dans *Pallas*, 1 (1953), p. 66-80. J. M. André a analysé avec bonheur les connotations de l'adjectif *mollis*. Malgré le contexte épicurien du jardin, la peinture est ici résolument alexandrine : l'antithèse, riche d'harmonies imitatives, *argutas garrulus* (*inter aues*) constitue une « peinture » musicale, proche du concert évoqué par Virgile, dans *buc.*, 1, 57-58 : « raucae, tua cura, palumbes / nec gemere aeria... turtur ab ulmo » concert proche lui-même des recherches de l'*Anthologie*.

61. Ganymède a été souvent traité par les poètes alexandrins : Germ., *arat.*, 3, 18. Tous ces exemples font partie des images du panégyrique, mais le poète fait un choix.

62. Ou. *ars am.*, 1, 563 sq. ; *el. Maec.*, 1, 57-69.

63. Voir *inf.* p. 99.

64. Voir Commentaire, n. 12.

65. Par exemple, comme le suggère J. Wight Duff. Pour Vollmer, le passage est un dithyrambe adressé à Apollon. E. Bickel, *op. cit.*, p. 118 parle de « lectisterne ». F. Lillge *op. cit.*, p. 10 pense à une célébration où Auguste serait costumé en Bacchus ; il note une description analogue chez Callixène, *athen*, 5. La coutume des

Comme Bacchus, Hercule est souvent associé à Auguste.
Les deux divinités représentent des héros mythiques
stoïciens, dont la mention héroïse Mécène, même si le
contexte n'est pas stoïcisant. Le tableau d'Hercule aux
pieds d'Omphale s'inspire d'un thème pictural célèbre,
mais adapté au caractère de Mécène : peu de mouvements,
ce qui éloigne de l'art ovidien, si ce n'est la brève évocation
de « jeux » avec une jolie femme ; c'est une allusion à
l'érotisme bien connu de Mécène. Le tableau d'Hercule en
train de filer est peint avec un « pointillisme » et une
préciosité bien alexandrins ; l'humour n'en est pas absent
: fils tordus, mouillés de salive, nœuds maladroits, qu'Hercule paie par des coups, comme un esclave, mais ce sont
des coups badins. Le sens de la scène est soulignée en
contrepoint par l'image ironique de l'Amour dansant, le
pied levé, sur la peau du lion de Némée, « détail » dont les
modèles ne manquent ni dans la peinture ni dans la
statuaire héllénistique. L'élégance de ce tableau allusif lave
Mécène de toute ignominie.

L'enlèvement de Ganymède par l'aigle de Jupiter est une
légende relativement tardive, mais illustrée à de multiples
exemplaires dans la statuaire et dans la poésie alexandrine.
Cet exemple, non développé, représente sans doute une
justification discrète des goûts ambivalents de Mécène et
point n'est besoin de supposer une lacune. L'auteur se
contente de dessiner l'envol de l'aigle. L'érotisme est
latent, mais non évident [66]. L'allusion à Tithon, image
traditionnelle de la tremblante vieillesse, n'est pas très
flatteuse, mais Mécène n'est plus là pour s'en formaliser.
Cette allusion ne sert qu'à amener la peinture du lever de
l'Aurore, dans les dégradés habituels de rose et de

banquets où l'on se déguise en divinités de l'Olympe est mentionnée
par Suétone, *Aug.*, 4, 4, 70. Mais un tel déguisement peut fort bien
s'appliquer à Mécène, *inf.* p. 99.

66. La note a été forcée par les corrections des éditeurs ; *amaturo*
au vers 90 et *potiatur* au vers 93.

safran [67]. La couche de la déesse est savamment décrite par des allitérations en *c* et un camaïeu de rouges, où la pourpre du coussin relève la main qui rougit au soleil levant [68]. La course d'Hespéros-Lucifer manque de précision dans le dessin, mais comporte une belle opposition d'ombre et de clarté [69]. L'idée de stellarisation s'en dégage assez confusément [70].

Les qualités de peintre du poète apparaissent peu dans la seconde élégie, dont le modèle est vraisemblablement Properce [71]. Le poème témoigne de plus de sensibilité : il évoque une scène pathétique, qui se souvient peut-être de la *Consolation à Livie* [72]. Cette émotion se justifie, si les paroles de Mécène s'adressent à un prince encore vivant. Le poème est surtout un éloge de l'*amicitia*. Les images sont attendues : larmes d'Auguste, repos de la terre, cendres et braises du tombeau, envol d'Auguste vers les astres. Cette apothéose est souhaitée dans un avenir aussi lointain que possible, ce qui pourrait renforcer l'hypothèse de la contemporanéité du poème.

---

67. Voir Commentaire, n. 65 et 66.

68. *El. Maec.*, 124-126 : « poeniceum... torum... purpurea... manu ».

69. *El. Maec.*, 131 : « in fuscis... nitentem ».

70. Ce catastérisme est fréquent dans les inscriptions, surtout pythagorisantes : voir J. Carcopino, *De Pythagore aux apôtres*, Paris, 1956, p. 100 sq. Le passage a été étudié par J. Diggle, *Elegiae in Maecenatem* 129-132, dans *Latomus*, 27 (1968), p. 174-180, mais surtout du point de vue érotique. Voir D. Pietri, *Éléments astraux dans l'apothéose d'Octave-Auguste chez Virgile et Horace*, dans *Eos*, 68 (1980), p. 267-283.

71. Le seul précédent notoire à ce long discours est l'élégie 4 de Properce sur la mort de Cornélie. Le mort prend parfois la parole, mais brièvement, dans les épitaphes : *anth. lat.* Riese, 892 ; 895...

72. *El. Maec.* 2, 9 et *cons. ad Liu.* 307 : « Te moriens per uerba nouissima questus abesse ».

Traces de philosophie et de religiosité

Si tant est que l'on puisse parler de philosophie dans la
Consolation à Livie, la note dominante est le scepticisme.
Celui-ci n'apparaît guère dans les *Élégies à Mécène*, où
certaines allusions, souvent obscures, sont susceptibles
d'explications philosophiques ou religieuses. Certes, l'auteur des *Élégies* est avant tout un peintre, et même un
miniaturiste : la note religieuse est ténue, et elle résonne
comme par inadvertance, sans beaucoup de clarté. La
seconde *Élégie* n'exprime pas de véritable croyance en
l'au-delà, mais le thème de la survie dans la mémoire des
hommes est traditionnel dans les épitaphes comme dans la
mentalité latine [73]. Par ailleurs, la vie de Mécène est
présentée sous un éclairage épicurien et même horatien :
l'immense domaine de l'Esquilin est devenu le jardin
d'Épicure. Mécène y jouit de « quelques » arpents de terre,
seul bien qui ne trompe pas. Il n'est pas fait mention des
luxueuses œuvres d'art qui ornaient le domaine. L'éloge de
l'amitié est fait à la façon d'Horace [74]. C'est le sentiment
qui donne son prix à une vie qui, à travers la dissipation,
sait aller à l'essentiel. Tel est le portrait que l'auteur brosse
de Mécène. Mais il ne se colore pas lui-même de cette teinte
épicurienne. Trois passages paraissent significatifs.

Bacchus est certainement une image de Mécène, si
même il n'est pas réellement Mécène. On n'a pas suffisamment remarqué que, dans ce passage, le poète intervient
lui-même, avec insistance : « je me souviens, et je me
souviens bien » [75] ; il rompt ainsi, subitement, avec le ton
impersonnel de l'*Élégie*. Le rhéteur est trop expérimenté
pour qu'il ne s'agisse que d'une cheville de style. Le
cortège bacchique est dépeint comme une cérémonie réelle,

---

73. Voir *Cons. ad Liu.* n. 121 et R. Lattimore, *op. cit.*, p. 30 sq.
74. L'expression d'*el.*, 2, 27, « pectus pectoris » rappelle Horace,
carm., 2, 17, 5 « partem animae ».
75. *El. Maec.*, 61 : « sum memor et certe memini ».

célébrant la victoire d'Actium, à laquelle l'auteur aurait
assisté [76]. Les vers 67-68, qui évoquent une conversation
inhabituelle entre Bacchus et l'auteur, sont une énigme, si
l'on ne songe pas à une célébration analogue à la fameuse
fête bacchique que célèbrera Messaline. Pour fêter la
victoire sur les peuples de l'Orient, Mécène, se conformant
à une coutume du temps, a fort bien pu se déguiser en
Bacchus : l'allusion aux tuniques flottantes et au luxe de la
vêture le désignent assez clairement [77].

L'auteur semble nous livrer ici son seul souvenir
personnel de Mécène : celui-ci n'avait pas l'habitude de lui
parler familièrement [78] ; un début d'ébriété a rendu Mécène plus loquace ; les *noua uerba* qu'il prononce alors
sont pleins d'obscurité : s'agit-il simplement, comme
l'implique le vers précédent, d'une conversation « inhabituelle » ? L'auteur pourrait aussi mettre l'accent sur un
discours « surprenant », dont Mécène, qui aimait étonner,
était coutumier. Mais on peut également songer à des
paroles de type initiatique, que Mécène, en tant que
Bacchus, profère « à dessein » [79]. Cette évocation d'un
banquet bacchique ne semble pas sortie entièrement de
l'imagination de l'auteur. En faire un initié aux mystères
de Bacchus serait sans doute excessif : il s'agit plutôt d'une
cérémonie mi-burlesque, mi-religieuse, destinée à célébrer
dans le vin la victoire d'Actium. Cependant, il paraît bon

76. *El. Maec.* 57 : « postquam deuicimus Indos ». La victoire sur
Antoine a été souvent conçue comme une victoire sur les peuples de
l'Orient, enrôlés dans l'armée de Cléopâtre. Voir Commentaire, n. 29.
77. *El. Maec.*, 59 : « et tibi securo tunicae fluxere solutae » et v. 65.
Sur l'habitude de se déguiser en divinité, voir *sup.* n. 65 et F.
CUMONT, *Les religions orientales dans le paganisme romain*, Paris,
1929, p. 305 sq. Voir aussi D. PIETRUSINSKI, *Apothéose d'Auguste
par la comparaison avec les héros grecs chez Horace et Virgile, dans
Eos*, 66 (1978), p. 249-266 ; J. CARCOPINO, *Aspects mystiques de la
Rome païenne*, Paris, 1942, p. 210.
78. *El. Maec.*, 67 : « mollius es solito mecum tum multa locutus ».
Cf. *sup.* n. 27.
79. *El. Maec.*, 68 : « et tibi consulto uerba fuere noua ». *Consulto*,
n'étant pas compris, a été fréquemment contesté.

de rappeler que le salut assuré par les mystères consistait en une identification avec la divinité [80].

L'allusion à Hespéros-Lucifer est encore plus obscure. Le seul rapport avec Mécène, c'est que le jeune homme a disparu « comme lui » [81]. Il a été changé en étoile par l'amour de Vénus. La comparaison *sic*, si contestée, suggère donc un catastérisme de Mécène, assorti d'un rôle de psychopompe de Vénus, qui n'est pas sans autres exemples [82]. L'apparition brillante de l'astre succède à une course obscure ; de la même façon, Mécène, « rendu aux ombres » brille de tout son éclat [83]. Sa « descente aux enfers », comme celle de l'astre, passe peut-être par les antipodes [84]. Ces images allusives relèvent du symbolisme pythagorisant. Celui-ci n'interfère nullement avec le culte du tombeau [85].

Pour le pythagorisme, les figures divines, Hercule, Bacchus, ne sont que des symboles : Hercule symbolise les qualités viriles et les malheurs humains, Bacchus ouvre l'accès à l'au-delà. Le rapt de Ganymède signifie l'ascension vers les astres [86]. De la même façon, la survie d'Auguste s'exprime en termes stellaires, même si l'expres-

---

80. F. CUMONT, *After-life in Roman paganism*, New-York, rééd. 1959, p. 80. Cette même « fusion » avec la divinité se retrouve lors de l'épisode d'Hesperos, au v. 130.

81. *El. Maec.*, 129 : « quaesiuere chori iuuenum sic Hesperon illum ».

82. Ce rôle n'était pas étranger à la religion de Vénus : Tib., 1, 3, 57 sq. et R. SCHILLING, *La religion romaine de Vénus*, Paris, 1954, p. 204 sq.

83. *El. Maec.*, 135 : « nunc pretium candoris habes, nunc redditus in umbris ». Sur ce catastérisme, voir F. CUMONT, *After-life...*, *op. cit. sup.* n. 77, p. 174. L. ROUGIER, *La religion astrale des Pythagoriciens*, Paris, 1959, chap. 4.

84. C'est l'ancienne localisation des enfers : F. CUMONT, *op. cit.*, *sup.* p. 220.

85. Une même incohérence touchant la survie se constate dans les inscriptions.

86. Voir *sup.* n. 83.

sion *ire ad astra* est en passe de devenir fort banale [87].
C'est encore Vénus qui joue un rôle de psychopompe, qui
se justifie cette fois par son caractère de mère des *Iulii*. Ces
aïeux divins que rejoindra Auguste résident manifestement
dans ces Champs-Élysées stellaires que Virgile a subtile-
ment dotés d'une atmosphère pythagorisante [88].

Les *Élégies à Mécène* apparaissent donc comme fort
différentes de la *Consolation à Livie*, dans leur composition, leur style et leur esthétique ; seule une étude
superficielle pourrait encore attribuer ces deux œuvres au
même auteur [89]. Les caractéristiques stylistiques, classi-
cisme, mais recherche, et parfois obscurité, ne désignent
pas spécifiquement tel auteur connu, ni même telle
époque. Cependant, plusieurs traits semblent bien révéler
un contemporain. On a parlé d'un poète, ami d'Ovide,
mais il n'y a pas de véritable argument en ce sens.

Les deux poèmes sont d'ailleurs dissemblables de style
et de structure : le premier adapte habilement à Mécène un
choix de *topoi* attendus dans le panégyrique ; le second est
un mélange de prosopopée et d'épitaphe funéraire. En
faveur d'une composition contemporaine, il faut souligner
la connaissance précise du caractère et de la vie de
Mécène ; les éloges ne sont nullement stéréotypés : à
l'instar d'Horace vantant les qualités militaires de Lollius,
le poète dessine de Mécène un portrait guerrier assez
inattendu ; en revanche, il esquive, sans les éviter, les traits
équivoques de la « mollesse » de Mécène, comme les
allusions trop claires à la situation de sa femme Terentia.

87. Cette formule pythagorisante est fréquente dans l'épigraphie :
voir E. DIEHL, *Inscriptiones latinae christianae ueteres*, Berlin, 1961,
n° 56, 60, 63... G. SANDERS, *Les inscriptions latines païennes et
chrétiennes, symbiose ou métabolisme*, Bruxelles, 1971 ; D. PIKHAUS,
Levensbeschouwing en milieu in de latijnse metrische inscripties,
Bruxelles, 1978. Si cette formule, que l'on retrouve chez Prudence, se
transmet jusque chez les chrétiens, c'est qu'elle est devenue l'image
du paradis aérien, qui succède à celle de Champs-Élysées souterrains.
88. Verg., *aen.*, 6, 679 sq. et *buc.* 4, 15-16 : « diuisque uidebit /
permixtos heroas ».
89. Telle est aussi la conclusion de T. COPRAY, *op. cit.*, p. 139.

Tandis que le poète de la *Consolation à Livie* usait du registre de l'émotion, celui des *Élégies* se veut avant tout artiste, et surtout peintre : brillant coloriste, il manifeste son talent dans des *ekphraseis* un peu figées, mais éclatantes, qui suggèrent déjà la sensualité d'un Némésien. Les formes et les couleurs plaisent mieux au poète que les discours ; tel n'est pas le cas de l'auteur de la *Consolation à Livie*, où l'éloquence relève les discours du Tibre et de Mars. La seconde *Élégie* présente le couple Mécène-Auguste tel que l'imaginait le public romain : fidélité indéfectible de Mécène, mais, peut-être, ombre légère qui plane sur Auguste, sans que la responsabilité du prince soit jamais esquissée. Ce tact, cette prudence, semblent bien indiquer que l'auteur écrit du vivant d'Auguste.

Ainsi donc, presque tout oppose la *Consolation à Livie* et les *Élégies à Mécène*. Contrairement au style souvent lâche de la première œuvre, le style des *Élégies* est d'une concision qui va parfois jusqu'à l'obscurité. Surtout, on ne trouve dans les *Élégies* aucune des formules désabusées de la *Consolation à Livie*. À défaut de spiritualité, on relève quelques traces de mysticisme. La survie de Mécène est fermement affirmée, à la fois dans la pensée d'Auguste et dans un au-delà stellaire, d'origine stoïcienne ou pythagorisante. Le choix de divinités symboliques, comme Bacchus ou Hercule, évoque un climat pythagoricien [90]. La mystérieuse description de la cérémonie bacchique peut suggérer un intérêt de type initiatique, de même que l'allusion à un prolongement possible de la vie par la magie pourrait renvoyer à cette frange peu claire du pythagorisme, illustrée par Nigidius Figulus. Un tel éclairage ne peut guère cependant influer sur la datation de l'œuvre. Les travaux de F. Cumont et de J. Carcopino ont néanmoins démontré que le pythagorisme a baigné les

90. Hercule, Bacchus et même Médée sont représentés dans la basilique de la Porte Majeure. Le lien entre le pythagorisme et les mystères de Bacchus a été mis en lumière par F. CUMONT, *Lux Perpetua*, Paris, 1949, p. 253 sq.

milieux intellectuels augustéens, particulièrement autour
de Virgile et d'Ovide. À vrai dire, rien ne témoigne d'une
datation néronienne, même si le souvenir de Mécène
reparaît à cette époque, après une éclipse.

Il n'y a pas de raison majeure de mettre en doute la
« commande » de Lollius. Le poème, ou les poèmes, furent
sans doute composés quelque temps après la mort de
Mécène par un poète de talent, homme du monde mais non
familier de la cour, vraisemblablement ancien combattant
d'Actium et connu du cénacle d'Auguste.

LA TRADITION MANUSCRITE

Le poème des *Élégies à Mécène*, de par son attribution
irréfléchie à Virgile, se trouve généralement joint aux
poèmes qui constituent l'*Appendix Vergiliana*. L'étude de
la tradition manuscrite a été faite pour la première fois par
F. Vollmer [91]. Mais bon nombre de manuscrits n'ont pas
été cités par lui. Il faut attendre l'édition de E. J. Kenney
pour trouver une collation de tous les principaux manuscrits [92].

Nous l'avons vu, l'attribution à Virgile est tout à fait
impossible, Virgile étant mort avant Mécène. D'ailleurs
Donat et Servius ne mentionnent pas ce poème parmi les
œuvres de Virgile. Ce n'est apparemment qu'au IXe siècle
que l'auteur du *codex Murbacensis* l'ajoute aux *Dirae*, au

91. F. VOLLMER, *Poetae latini minores*, 1, Lipsiae, 1909, qui
résume *Sitzungsberichte Bayerische Akademie d. Wiss, phil. hist.
Kl.*, Munich, 1908.
92. Sur la tradition manuscrite, voir en particulier E. GAAR,
Anzeiger der öst. Akademie phil. hist. Kl, 90 (1953), p. 188 ; E.
COURTNEY, *The textual transmission of the Appendix Vergiliana*,
dans *BICS*, 15 (1968), p. 133-141, modifie quelque peu les données de
E. J. Kenney, ainsi que M. D. REEVE, *The textual tradition of the
Appendix Vergiliana*, dans *Maia*, 28, 1976, p. 241-268. Sur la
division des poèmes, voir K. BÜCHNER, *P. Vergilius Maro, der Dichter
der Römer*, Stuttgart, 1956.

Culex, à l'*Etna*, à la *Copa* et au *Moretum* [93]. Le *Vaticanus Urbinas* donne ce titre : « P.V. Maronis elegia in Moecenatis obitu quae dicitur Virgilii cum non sit ».

De par sa classification ambiguë, le poème a été diversement publié par les éditeurs modernes, soit avec l'*Appendix Vergiliana*, soit avec les *Poetae latini minores*. Cependant, la tradition manuscrite associe presque toujours les *Élégies à Mécène* à l'*Appendix Vergiliana* : ceci pourrait constituer un indice que l'auteur était au moins augustéen et appartenait peut-être à l'entourage de Virgile.

Les manuscrits perdus

S (*W* de Copray). C'est le manuscrit utilisé par Scaliger, dont il a fixé les leçons dans son *P. Vergilii Maronis appendix*, Lugduni, 1573, p. 528-541. A partir de ce manuscrit, Scaliger fut le premier à distinguer dans l'*Élégie* deux poèmes distincts ; il fut suivi en cela par la majorité des éditeurs postérieurs [94].

ω. Le *codex Murbacensis*. Rédigé vers 850, ce manuscrit était conservé au couvent de Murbach. Il contenait la plupart des pièces de l'*Appendix Vergiliana*. Il a été étudié par R. Ellis [95]. Ce manuscrit est considéré comme l'archétype par plusieurs éditeurs.

Y. Le *codex Trevirensis*. Ce manuscrit du XIIe siècle se trouvait au monastère S. Euchaire de Trèves. il est mentionné par F. Vollmer.

Za. Le *codex Phillipicus* 1007, manuscrit du XVe ou XVIe siècle. Ce manuscrit, mentionné par F. Vollmer, contenait surtout des traités de linguistique et de grammaire, d'auteurs tardifs.

93. Voir *inf.* : ω.
94. Cependant, cette coupure a été contestée, à la suite de Broukhusius, par R. ELLIS, *The Elegiae in Maecenatem*, London, 1907, p. 3, par R. SABBADINI, *op. cit.*, p. 37 et par G. B. PIGHI, *Annotationes in Maecenatem*, dans *Euphrosyne*, 1, 1957, 57-66.
95. *Appendix Vergiliana, op. cit.*, p. 14.

Zb. Le *codex Phillipicus* 7283, manuscrit du xvᵉ siècle renfermait un échantillonnage d'auteurs variés. L'*Élégie* portait ce titre étrange : « Vergilii carmen de morte nepotis Maecenatis ».

Les manuscrits existants

Les principaux manuscrits utilisés par l'ensemble des éditeurs modernes sont les suivants :

A. Le *codex Arundelianus* 133. Manuscrit du xvᵉ siècle, il se trouve au Musée Britannique de Londres. C'est le manuscrit *I* de Copray, *r* de Sabbadini. Il a été utilisé par F. Vollmer. il contient la plupart des œuvres attribuées à Virgile. Celles-ci se retrouvent sensiblement dans le même ordre que dans le *codex Redhigeranus* (*R*).

B. Le *codex Bruxellensis* 10676. Ce manuscrit du début du xiiᵉ siècle se trouve à la Bibliothèque Royale de Bruxelles. Une mention, avant la *Ciris*, suggère que le manuscrit a appartenu au monastère de S. Euchaire, près de Trèves, comme le manuscrit disparu *Y*. Il renferme quelques œuvres de l'*Appendix Vergiliana*, dont les *Élégies à Mécène*, sans titre. Il a été très étudié et passe, à juste titre, pour le meilleur manuscrit. F. Vollmer a démontré qu'il avait servi à l'*editio Aldina* de 1517 [96].

C. Le *codex Basiliensis F* III 3. Ce manuscrit du xvᵉ siècle se trouve à la Bibliothèque de Bâle. Il est consacré aux œuvres de Virgile. Connu de F. Vollmer, il n'a pas été utilisé par lui.

F. Le *codex Fiechtianus* ou *Mellicensis.* Ce manuscrit du xᵉ ou xiᵉ siècle se trouve à Melk. Il contient l'*Énéide*, le *Moretum*, l'*Élégie à Mécène* v. 1-25, le *Culex*, les *Dirae*, *Lydia*, la *Copa*. L'*Élégie à Mécène* est écrite d'une main différente du reste du manuscrit. Utilisé par F. Vollmer, ce

---

96. F. Vollmer, *Poetae latini minores, op. cit.*, 1, p. 18.

manuscrit, issu de plusieurs sources, a été étudié par R. Ellis [97]. Il est très proche de *B*, mais incomplet.

G. Le *codex Gothensis* A 236 *chart* 1461. Ce manuscrit se trouve à la Bibliothèque Ducale de Gotha. Il contient le *Moretum, in Maecenatem, Dirae, Copa*. Il est connu de F. Vollmer, mais n'a pas été utilisé par lui.

H. Le *codex Helmstadiensis* 332. C'est un manuscrit écrit par Henricus Hopf, vers 1470 ; il se trouve dans la Bibliothèque Ducale de Wolfenbüttel et a pris le nom de *codex Guelferbitanus*. Connu de F. Vollmer, le manuscrit contient les *Bucoliques*, les *Géorgiques* et des œuvres variées de l'*Appendix Vergiliana*, dont l'*Ad Mecenatem*.

K. Le *codex Koehlerianus S* 116, du xve siècle. Le manuscrit se trouve à la Bibliothèque de l'Université de Göttingen et renferme *Culex, Dirae, Moretum, Elegia in Maecenatem* et *Copa*. Il est surtout notable par la mention suivante qui clôture les *Élégies* : « finit elegia Virgilii Maronis in Mecenatem inuenta ab Henoc in Dacia » ; il est proche des manuscrits *G* et *R* : son contenu n'en diffère que par le *Culex*. Il ne fut pas employé par F. Vollmer, qui le mentionne cependant [98].

L. Le *codex Vaticanus lat.* 3255. Ce manuscrit, du xve siècle, est conservé à la Bibliothèque Vaticane ; il est consacré à l'*Appendix Vergiliana*. Très proche de *H*, ce manuscrit paraissait fondamental à F. Vollmer. Le texte s'accompagne de gloses abondantes dans les marges et dans les interlignes. Il renferme en fait beaucoup d'erreurs.

---

97. R. ELLIS, *Appendix Vergiliana, op. cit.*, p. 14.
98. Le manuscrit a été étudié par R. ELLIS, *Enoch of Ascoli's MS of the Elegia in Maecenaten*, dans *A J Ph*, 8 (1887), p. 408 et 9 (1888), p. 265-273. M. D. REEVE, *The textual tradition of the Appendix Vergiliana*, dans *Maia* 28 (1976) p. 233-254 note que cette suscription se trouve aussi dans plusieurs autres manuscrits : le *Gött. Philol* 116, le *Voss. Lat.* O 96, le *Berol. Lat.* O 197, le *Bodl. Auct F.* 428, le *Voss. Lat.* 081, l'*ed. Romana* 1469.

M (C de Copray) *codices Monacenses*

m (M de Sabbadini). Le *codex Monacensis* 305, manuscrit du XIᵉ ou XIIᵉ siècle, qui se trouve à la Bibliothèque Royale de Munich. Il est connu de F. Vollmer. Les œuvres suivent presque l'ordre du manuscrit *F* : *Aeneis, Moretum, P. Virgilii Maronis Mecenas, Dirae, Lydia, Tibulli Priapeum, Copa.*

n (D de Copray). Le *codex Monacensis* 1859, manuscrit du XIᵉ siècle, qui se trouve à la Bibliothèque Royale de Munich. Il est très semblable au précédent : F. Vollmer notait déjà qu'il présentait les pièces dans le même ordre et ne différait que par un très petit nombre de leçons.

o. Le *codex Monacensis lat.* 21562, manuscrit du XIIIᵉ siècle, à la Bibliothèque Royale de Munich. L'ordre des pièces est un peu différent, mais ce sont sensiblement les mêmes que dans les manuscrits précédents.

N. Le *codex Neapolitanus* 207. Ce manuscrit du XVᵉ siècle se trouve à la Biblioteca Nazionale Vittorio Emmanuele III de Naples. Il est consacré aux œuvres de Virgile.

P. Le *codex Parisinus lat.* 162 36. Ce manuscrit du Xᵉ ou XIᵉ siècle se trouve à la Bibliothèque de la Sorbonne à Paris. Il a été très étudié ; il est pourtant très fragmentaire : rédigé avec élégance, il ne contient, après le *Moretum*, que le début de l'*Élégie à Mécène*, v. 1-43, présenté en ces termes : « Item Maecenas eiusdem incipit ».

R. Le *codex Redhigeranus* 125. Ce manuscrit, peut-être antérieur au XIVᵉ siècle, se trouve à la Bibliothèque municipale de Breslau. Il présente le même *corpus* que les manuscrits *M.* Aux côtés des *Silves* de Stace, de la *Ciris* et de l'*Etna*, figure le poème intitulé *P.V. Maronis elegia*, fol. 115 sq.

Presque tous ces *codices* ont été utilisés par E.J. Kenney.

R'. Le *codex Redhigeranus* 135. Ce manuscrit du XIIIᵉ siècle se trouve également à la Bibliothèque municipale de

Breslau. Mentionné par F. Vollmer, il n'a pas été utilisé par lui. C'est le manuscrit *r* de R. Sabbadini. Les *Élégies à Mécène* figurent après le *Moretum* et avant les *Dirae* et la *Copa*.

U. Le *codex Vaticanus Urbinas* 353. Rédigé après 1474, il renferme aussi la *Consolatio ad Liuiam*, voir *sup.* p. 48. Le titre du poème est le suivant : « P.V. Maronis Elegia in Moecenatis obitu quae dicitur cum non sit ». C'est le seul manuscrit qui renferme à la fois la *Consolation à Livie* et les *Élégies à Mécène*. Il est proche du *Vaticanus lat* 32 55 (*L*) et contient souvent de bonnes leçons.

U'. Le *codex Vaticanus lat.* 3269. C'est un manuscrit du xve siècle, appartenant à la Bibliothèque Vaticane. Il renferme, avec les *Élégies*, la *Copa* les *Dirae*, *Lydia*. Connu de F. Vollmer, ce manuscrit a été collationné par R. Ellis, qui l'appelle *u*. Le poème se termine par une mention proche de celle des manuscrits *K* et *W* : « finit elegia inuenta ab enoc in dacia ».

V. Le *codex Vossianus lat.* 81. Ce manuscrit du xive siècle se trouve à la Bibliothèque de l'Université de Leyde. Il contient plusieurs pièces de l'*Appendix Vergiliana*, dont, fol. 23-26, les *Élégies à Mécène*. Il a été utilisé par F. Vollmer, mais E. J. Kenney ne semble pas l'avoir consulté.

V'. Le *codex Vossianus lat.* 78. C'est un manuscrit du xvie siècle de la Bibliothèque de l'Université de Leyde. Comme le précédent, il renferme des pièces variées, dont une grande partie de l'*Appendix Vergiliana*.

W. Le *codex Vossianus lat.* 96. Ce manuscrit du xve siècle, conservé à la Bibliothèque de l'Université de Leyde, contient à peu près les mêmes œuvres que le *Koehlerianus* (*K*), avec des commentaires tardifs sur Virgile. L'*Élégie* est intitulée *Mecenas Virgilii* et se termine par la même mention que dans le manuscrit *K* : « finit elegia virgilii maronis in mecenatem inuenta ab Henoc in Dacia ».

X. Le *codex Bodleianus Auct F* IV 28. Ce manuscrit du xvᵉ siècle appartient à la Biblioteca Bodleiana d'Oxford. Il renferme toutes les œuvres de Virgile.

M. D. Reeve signale encore le *codex Patau. univ.* 528, à Padoue (*D*).

Le *consensus* des manuscrits *AHR* est souvent appelé *Z*.

Devant la diversité des filiations proposées par les spécialistes et le caractère composite de l'*Appendix Vergiliana*, il paraît impossible de reconstituer un véritable *stemma codicum*. Celui que nous présentons s'inspire du schéma de E. J. Kenney, *op. cit.*, p. 86, complété par ceux de E. Courtney, *op. cit.*, n. 92, p. 134 et de M. D. Reeve, *op. cit.*, p. 240.

PRINCIPALES ÉDITIONS ANCIENNES [99].

— *editio princeps Romana*, 1471, édition des œuvres de Virgile.

— *editio Neurenberg*, 1492. Œuvres de Virgile, avec commentaire de Servius et de Donat, accompagnées de notes critiques. Le titre de l'*Élégie* est celui du manuscrit *U*, p. 333.

— *editio Ascensiana*, 1507. Œuvres de Virgile, avec commentaires d'érudits. L'*Élégie* porte le même titre que dans l'édition précédente, p. 153.

— *editio Aldina*, 1517. L'*Élégie* accompagne divers poèmes de l'*Appendix Vergiliana* et porte le titre suivant : « Elegia in Maecenatis obitum et alia nonnulla quae falso Virgilii creduntur ».

99. On trouvera l'ensemble des éditions dans T. A. Copray, *op. cit.*, p. 48 sq.

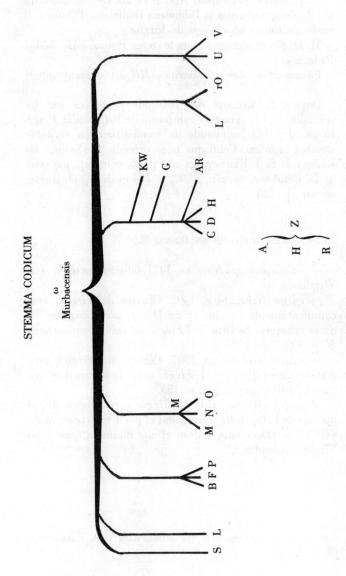

STEMMA CODICUM

PRINCIPALES ÉDITIONS MODERNES

— JOSEPHUS SCALIGER, *Publii Vergilii Maronis Appendix*, Lyon, 1573 ; « incerti auctoris in Maecenatis obitum elegia », p. 94-100.

— P. PITHOEUS, *Epigrammata et poemata uetera*, 4 Paris, 1590.

— J. H. MEIBOMIUS, *Maecenas siue de C. Cilnii Maecenatis uita, moribus et rebus gestis. Accessit C. Pedonis Albinouani Maecenatis scriptum Epicedium*, Lyon, 1653. La présentation est celle de deux élégies distinctes.

— T. GORALLUS, *C. Pedonis Albinouani elegiae* III, Amsterdam, 1703, voir *sup. Cons. ad Liu.* p. 53. L'édition a été reprise en anglais par J. PLUMTIE, *The elegies of C. Pedo Albinovanus with an English version*, Kidderminster, 1807, et en allemand par J. H. F. MEINEKE, *Drei dem C. P. do Albinovanus zugerschriebene Elegien ... mit einer metrischen Uebersetzung*, Quedlinburg, 1819.

— P. BURMAN, *Anthologia ueterum latinorum epigrammatum et poematum*, Amsterdam, 1759. Les deux élégies, 1, p. 251-282 et 282-287, sont attribuées à un auteur indéterminé.

— I.C. WERNSDORF, *Poetae latini minores*, 3, Altenburg, 1782. Les *Élégies* sont attribuées à Albinovanus Pedo.

— N. LEMAIRE, *Poetae latini minores*, 2, Paris, 1824. Les *Élégies*, p. 210-235 et 236-240, sont attribuées à Albinovanus Pedo.

— H. MEYER, *Anthologia ueterum latinorum epigrammatum et poematum*, I, Lipsiae, 1835. L'ouvrage se contente d'enrichir quelque peu l'édition de P. Burman.

— O. RIBBECK, *P. Vergilius Maro*, 4. *Appendix Vergiliana*, Leipzig, 1868, p. 193-204. L'édition s'inspire de celle de P. Burman.

— A. BAEHRENS, *Poetae latini minores*, Leipzig, 1879, I, p. 122-136.

— F. Buecheler, A. Riese, *Anthologia latina*, Leipzig, 1906, 1, 2, p. 235 sq. L'édition s'inspire de celle de A. Baehrens, mais avec plus de prudence dans les corrections.

— R. Ellis, *Appendix Vergiliana*, Oxford, 1907, rééd. 1957. L'édition comporte une étude des manuscrits, mais repose à peu près sur les mêmes bases que les éditions précédentes.

— F. Vollmer, *Poetae latini minores*, 1. *Appendix Vergiliana*, Leipzig, 1910, p. 143-155. L'édition repose sur la collation de plusieurs manuscrits et elle servira de base à tous les travaux de ses successeurs.

— J. Middendorf, *Elegiae in Maecenatem, commentario grammatico instructae adiuncta quaestione chronologica*, Marbourg, 1912. En dépit de son titre, l'étude consiste essentiellement en un abondant commentaire grammatical. Le texte suit celui de F. Vollmer [100].

— R. Sabbadini, *Catalepton, Maecenas, Priapeum* Milan, 1933, p. 16-23 et 55-61.

— J. Wight Duff, *Minor latin poets*, Cambridge, 1934, p. 115-120. Le texte, avec traduction anglaise, est très redevable à F. Vollmer.

— M. Rat, *Virgile, La fille d'auberge*, Paris, 1935, p. 232-381.

— A. M. Copray, *Consolatio ad Liuiam, Elegiae in Maecenatem*, Nimègue, 1940.

— M. C. Miller : *The Elegiae in Maecenatem*, Philadelphie, 1941.

— R. Giomini, *Appendix Vergiliana*, Florence, 1953.

— H. Schoonhoven, *Elegiae in Maecenatem prolegomena, text and commentary*, Groningue, 1980.

— P. Guido, *Encyclopedia Virgiliana*, 5, 2, Roma, 1991.

---

100. J. Middendorf, *op. cit.*, p. 19.

PRINCIPES DE CETTE ÉDITION

La tradition manuscrite des *Élégies à Mécène* recoupe celle de l'*Appendix Vergiliana*. On a généralement réparti les manuscrits en deux groupes au moins, *B F P* ont été attribués à une origine commune. *A H R* forment un second groupe, lui-même proche des manuscrits *M* et généralement appelé *Z* ; ceux-ci pourraient cependant avoir leur propre archétype [101]. Dans l'impossibilité de nous procurer l'ensemble des manuscrits, nous avons pourtant réuni plusieurs *codices* de chaque groupe. Malgré les travaux de M.D. Reeve, H. Schoonhoven et E. Courtney, le schéma de F. Vollmer paraît encore valable.

Il est donc indispensable de tenir compte de l'édition de F. Vollmer. Une nouvelle édition se doit aussi d'être redevable à la publication des *Élégies* dans l'*Appendix Vergiliana*, par E.J. Kenney ; celui-ci clarifie le *stemma codicum*, même si l'édition ne repose pas sur l'ensemble des manuscrits. Nous avons adopté les sigles de E.J. Kenney, comme étant les plus rationnels, comme le fait d'ailleurs H. Schoonhoven [102]. Pour les quelques manuscrits qui n'avaient été mentionnés ni par F. Vollmer, ni par E.J. Kenney, nous avons préféré renoncer aux sigles de A. M. Copray, peu commodes, et donner une table de concordance.

Les passages obscurs n'ont été établis que par une confrontation précise des manuscrits, essentiellement *B L m n P U X*. Une lecture attentive des *codices* du xve siècle nous a paru démontrer que gaucheries et obscurités étaient souvent méconnues par le copiste et corrigées au profit de leçons plus claires, mais plus plates. Un souci prédo-

101. *M* est également proche du *Redhigeranus 135* (*R'*), qui fut vraisemblablement écrit à Vérone ; M.D. Reeve, *The textual tradition of the Appendix Vergiliana*, dans *Maia*, 28, (1976), p. 241, estime que *M* est une copie de *H*.

102. H. Schoonhoven, *op. cit.* et *The Elegiae in Maecenatem*, dans *A N R W* 2,30, 3 (1981), p. 1788-1809.

minant de clarté apparaît, par exemple, dans le *Vaticanus Urbinas*. Les leçons difficiles, mais sans doute plus fidèles, se trouvent essentiellement dans le *Bruxellensis*, qui nous a semblé particulièrement proche de l'archétype. Le *Parisinus* (*P*) est malheureusement trop fragmentaire pour fournir son aide dans les passages les plus délicats. Nous avons toujours privilégié les leçons du *Bruxellensis* (*B*) à chaque fois que l'on n'aboutissait pas à un non-sens : nous avons même osé lui donner raison, contre l'ensemble des manuscrits [103]. Dans les rares cas où la leçon était manifestement corrompue, il a fallu avoir recours aux manuscrits de Munich (*M*) ou à l'*editio Aldina*. Nous avons utilisé avec précaution les manuscrits de la Bibliothèque Vaticane. Le *Vaticanus lat.* 3255 nous a paru jouir d'une réputation surfaite ; néanmoins les gloses dont il est surchargé ne sont pas toutes sans intérêt. Proche du *Vaticanus* 353, il lui est cependant supérieur. Nous avons également consulté le *Bodleianus* (X).

Grâce à ces diverses confrontations, il a été presque toujours été possible de se passer des corrections des éditeurs modernes, par trop hasardeuses. Il convenait en effet de rester fidèle à un auteur qui se complaît souvent dans la complexité et même l'obscurité, que ce soit ou non par souci d'imiter le style de Mécène.

---

103. Par exemple, en écartant la leçon *potiatur* au vers 93, qui n'est manifestement pas la leçon de *B*.

TABLE DE CONCORDANCE DES MANUSCRITS

Amat	Vollmer	Copray	Kenney	Manuscrits
A	*A*	*I*	*A*	Arundelianus 133.
B	*B*	*E*	*B*	Bruxellensis 10676.
C	—	*M*	—	Basiliensis F III 3.
F	*F*	*B*	*F*	Fiechtianus Mellicensis.
G	—	*N*	—	Gothensis A 236.
H	*H*	*H*	*H*	Helmstadiensis 332.
K	—	*O*	—	Koehlerianus S 116.
L	*L*	*T*	—	Vaticanus lat. 3255.
M				
m	*m*	*C*	*m*	Monacensis 305.
n	*n*	*D*	*n*	Monacensis 18059.
o	—	*K*	—	Monacensis 21562.
N	—	*Q*	—	Neapolitanus 207.
P	*P*	*A*	*P*	Parisinus 16236.
R	*R*	*G*	*R*	Redhigeranus 125.
R'	—	*L*	—	Redhigeranus 135.
S	*S*	*W*	*S*	Manuscrit de Scaliger.
U	—	*S*	—	Vaticanus Urbinas 353.
U'	—	*U*	—	Vaticanus lat. 3269.
V	*V*	*F*	—	Vossianus lat. 81.
V'	—	*V*	—	Vossianus lat. 78.
W	—	*P*	—	Vossianus lat. 96.
X	—	*R*	—	Bodleianus Auct F IV 28.

SIGLA

Codices

codd. = *consensus codicum*
A = *Arundelianus* 133, saec. XV.
B = *Bruxellensis* 10676, saec. XII.
C = *Basiliensis F III 3*, saec. XV.
F = *Fiechtianus*, saec. X.
H = *Helmstadiensis* 332, an. 1470.
H[1] = *prima manus.*
H[2] = *secundae manus correctio.*
K = *Koehlerianus S* 116, saec. XV.
L = *Vaticanus lat.* 3255, saec. XV.
M = *consensus Monacensium.*
m = *Monacensis* 305, saec XI/XII.
m[1] = *prima manus.*
m[2] = *secundae manus correctio.*
n = *Monacensis* 18059, saec. XI.
N = *Neapolitanus* 207, saec. XV.
P = *Parisinus lat.* 162 36, saec X/XI.
R = *Redhigeranus* 125, saec. XIV.
S = manuscrit de Scaliger.
U = *Vaticanus Urbinas* 353, circ. an. 1474.
V = *Vossianus lat.* 81, saec. XIV.
W = *Vossianus lat.* 96, saec. XV.
X = *Bodleianus Auct F* IV 28, saec. XV.

Editiones et uaria

edd. = editiones uariae
ed. ald. = *editio Aldina* de 1517.
ed. asc. = *editio Ascensiana* de 1507.

Baehr = Baehrens, *Poetae latini minores*, Leipzig, 1879.
Bick. = Bickel.

Buech. = Buecheler.
Burm. = Burman, *Anthologia uet. lat. epig. et poem.*, Amsterdam, 1759.
Ell. = Ellis.
Gor. = Gorallus.
Heins. = Heinsius.
Ken. = Kenney, *Appendix Vergiliana*, Oxford, 1966.
Lib. = Liberman.
Maeh. = Maehly.
Mey. = Meyer.
Ouden = Oudendorp.
Ries. = Riese, *Anthologia latina*, 1, 2, Leipzig, 1906.
Rich. = Richmond.
Salm. = Salmasius.
Scal. = Scaliger, *Appendix Vergiliana*, Lyon, 1573.
Schoon. = Schoonhoven, *Elegiae in Mecenatem...*, Groningen, 1980.
Voll. = Vollmer, *Poetae latini minores*, Leipzig, 1910.
Wern. = Wernsdorf.

I

J'avais pleuré naguère par un chant de tristesse le destin
d'un jeune homme[1] ; il me faut aussi consacrer à un
homme d'âge les chants qu'il mérite[2] : comme on doit
pleurer un homme jeune, on doit aussi pleurer une âme si
limpide, digne de vivre plus longtemps qu'un aïeul chargé
5 d'années[3]. La barque sans amarres, carène qui ne se lasse
jamais, va et revient, toujours chargée, vers les lacs
immenses[4] ; elle ravit les jeunes gens dans la première
fleur de leur jeunesse, mais pourtant, sans les oublier, elle
10 vient aussi chercher les hommes d'âge[5]. Je n'ai pas eu avec
toi, Mécène, de liens d'amitié : ce fut donc Lollius qui me
commanda cette œuvre[6]. En effet il y avait entre vous une
alliance due aux armes de César et à votre égale loyauté
envers les armes de César[7].

Tu étais, Étrusque, de race royale[8] : toi la main droite
de notre père nourricier, César, tu étais le gardien de la cité
15 romaine[9]. Alors que tu étais tout-puissant, toi si cher à un
si puissant ami, personne pourtant n'a éprouvé que tu avais

---

1. *Defleram* : le terme qualifie une *laudatio funebris* ou un
epicedion, voir Ovide, *pont.*, 1, 7, 28-29 : « et lacrimas ... et dedimus
medio scripta canenda foro ». La leçon *et iam*, pour *etiam*, soutenue
par certains éditeurs (Vollmer, Schoonhoven) met l'accent sur un
étroit rapport temporel entre les deux chants. Celui-ci suggère
l'identification du *tristi carmine* avec la *Consolatio ad Liuiam*,
appelée au vers 3 *miserabile carmen*. Voir Introduction, p. 85.
Effectivement, Mécène mourut un an après Drusus, en 8 ap. J.C. Il
avait environ 75 ans. Le *iuuenis* se situe entre 30 et 45 ans. Drusus
est aussi appelé *iuuenis* dans la *Consolatio*, v. 249, 301, 335. Le *senex*
a, en principe, au moins la soixantaine.

I

Defleram iuuenis tristi modo carmine fata ;
    sunt etiam merito carmina danda seni :
ut iuuenis deflendus enim tam candidus etiam,
    longius annoso uiuere dignus auo.
5 Inreligata ratis, numquam defessa carina,
    it, redit in uastos semper onusta lacus ;
illa rapit iuuenes prima florente iuuenta,
    non oblita tamen sed repetitque senes.
Nec mihi, Maecenas, tecum fuit usus amici :
10   Lollius hoc ergo conciliauit opus.
Fidus erat uobis nam propter Caesaris arma,
    Caesaris et similem propter in arma fidem.
Regis eras, Etrusce, genus : tu Caesaris almi
    dextera, Romanae tu uigil Vrbis eras.
15 Omnia cum posses tanto tam carus amico,
    te sensit nemo posse nocere tamen.

Titulus : *om. B* ad Maecenatem *H* Publii Virgilii Maronis Mecaenas
L incipit Mecenas *m* Publii Virgilii Maronis Mecenas incipit *n* P.
Virgili Maron. Moretum finit item Maecenas eiusdem incipit *P* P. V.
Maronis elegia in Moecenatis obitum quae dicitur Virgilii cum non sit
U Publii Virgilii Maronis elegia incipit *A R*.
   3 enim : *B H M P* : erat *R V* ‖ etiam *B P R* : et tam *L U edd.* utque
Heins. ‖ **6** it *ed. asc.* : et *codd.* ‖ **8** sed repetitque *codd.* : sed rapit illa
ed. ald. sed petit ecce *Baehr.* sera petitque *Burm.* sera petisse
Goodyear ‖ **10** ergo *codd.* : aegro *Heins.* ‖ **11** fidus *codd.* : foedus
Heins. ‖ **13** almi *codd.* : alti *Heins.* ‖ **15** carus *A H² M* : clarus
B F H¹ P R.

le pouvoir de nuire [10]. Phoebus avec la docte Pallas
t'avaient fait le don des arts [11] : tu étais l'honneur et la
gloire de l'un comme de l'autre ; il l'emporte, oui il
20 l'emporte sur les sables communs le coquillage de Berytos
que la vague roule avec eux au bord du rivage [12]. Qu'il y
avait du laisser aller dans tes ceintures, comme dans ton
esprit, c'est le seul reproche qu'on puisse retenir [13] : il
s'efface devant ton extrême simplicité [14]. Ils vécurent ainsi
ceux qui eurent pour compagne la Vierge d'or [15] ; chassée
25 peu après, elle a fui des gens à la ceinture serrée [16].
Envieux, quel mal t'ont fait les tuniques flottantes, quel
mal t'ont fait les plis de toge livrés au vent [17] ? En était-il
moins le gardien de la Cité et le gage laissé par César [18] ?
Ne t'a-t-il pas rendu les rues sûres dans la Cité ? Dans la
nuit obscure, qui t'a dépouillé quand tu étais amoureux, ou
qui, plus dur lui-même que son fer, te l'a enfoncé dans le
30 flanc [19] ? Il était plus grand d'avoir pu obtenir des
triomphes et pourtant de n'en pas vouloir ; sa plus grande
qualité fut de s'être abstenu de la grandeur [20]. Il a préféré
l'ombre du chêne et les fontaines jaillissantes et les
quelques arpents sûrs d'un sol fruitier [21] : cultivant les
35 Muses et Phoebus dans le délassement de ses jardins il
restait assis en murmurant au milieu des oiseaux aux cris

10. *Omnia cum posses... nocere* : sur cette toute puissance, voir *sup.*
n. 9 et A. Fougnies, *Mécène ministre d'Auguste, protecteur des
lettres*, Bruxelles, 1947. En fait, c'est un *topos* de la *laudatio* : on
trouve le même éloge de Livie dans *cons. ad Liu.*, v. 47 et chez Ovide,
fast., 4, 992. La reprise *posses posse* constitue une « pointe ». Il est vrai
que la douceur de Mécène était bien connue. Sénèque lui-même en
convient : *ep.*, 114-117, « maxima laus illi tribuitur mansuetudinis :
pepercit gladio, sanguine abstinuit nec ulla alia re quid posset quam
licentia ostendit ».
11. Les dons littéraires appartiennent aussi au *topos* de l'éloge :
voir *laud. Pis.*, v. 168, « te credibile est Phoebo didicisse magistro ».
Pallas est définie comme déesse de la poésie chez Ovide, *fast.*, 3, 833 :
« certe dea carminis illa est » ; mais elle est surtout la déesse guerrière
par excellence. L'épithète *docta* suggère cependant une référence aux
talents d'écrivain de Mécène, talents fort discutés. Ceci explique
peut-être le vague et la banalité de l'éloge.

Pallade cum docta Phoebus donauerat artes :
    tu decus et laudes huius et huius eras ;
uincit uulgares, uincit beritus harenas
20   litore in extremo quas simul unda mouet.
Quod discinctus eras animo quoque carpitur unum :
    diluis hoc nimia simplicitate tua.
Sic illi uixere quibus fuit aurea Virgo,
    quae bene praecinctos postmodo pulsa fugit.
25 Liuide, quid tandem tunicae nocuere solutae
    aut tibi uentosi quid nocuere sinus ?
Num minus Vrbis erat custos et Caesaris opses ?
    Num tibi non tutas fecit in Vrbe uias ?
Nocte sub obscura quis te spoliauit amantem,
30   quis tetigit ferro durior ipse latus ?
Maius erat potuisse tamen nec uelle triumphos,
    maior res magnis abstinuisse fuit.
Maluit umbrosam quercum nymphasque cadentes
    paucaque pomosi iugera certa soli :
35 Pieridas Phoebumque colens in mollibus hortis
    sederat argutas garrulus inter aues.

   19 uincit *prim. codd.* : sicut *Ries.* ‖ uincit *sec.codd.* : sicut *Baehr.*
ueluti *Schoon.* uiridis *Buech.* ‖ beritus *codd.* : berillus *ed. ald.*
beryllus *edd.* ‖ **20** mouet *codd.* : uomit *Baehr.* ‖ **21** discinctus
A H L R : discunc- *P* distinc- *B U* disiunc- *M R* ‖ animo quoque
codd. : nimio quod *Ries.* habitu quod *Baehr.* namque id prope *Heins.*
‖ **22** diluis hoc *Ouden. edd.* : -luuii (aut luuis) hoc *codd.* : diluitur *ed.*
ald. ‖ nimia *codd.* : animi *Ries.* uitae *Heins.* ‖ **25** liuide *edd.* : -da
codd. ‖ **27** caesaris *F H M P V* : careris *B* ‖ opses *B* obses *F H M P V* :
hospes *A U* ‖ **28** num tibi : *M R V* : nunc *B P S* ‖ **29** amantem *codd.* :
euntem *S Heins.* ‖ **31** potuisse *codd.* : petiisse *Schoon.* ‖ **33**
nymphasque *codd.* : lym- *Wern. Baehr.* ‖ cadentes *B P* : canen-
A H L M U R -tis *V* ‖ **34** certa *codd.* : culta *ed. ald. Baehr.* laeta *Bick.*
saepta *Rich.* ‖ **36** sederat *F H L M R U* : se super *B P* .

aigus [22]. Les monuments de son livre méonien vivront plus
longtemps que le marbre [23] : on vit par le génie, tout le
reste appartiendra à la mort [24]. Que pouvait-il faire
40 encore ? Il s'était acquitté de son rôle de compagnon
intègre, à la fois soldat et courageusement dévoué jusqu'au
bout à Auguste [25] : les rochers du Pélore poissonneux l'ont
vu livrer aux flammes les navires ennemis comme bois à
brûler [26] ; Philippes vit sa bravoure dans la poussière
émathienne [27] ; autant il est sensible à présent, autant il
45 était un ennemi redoutable [28]. Lorsque les vaisseaux du Nil
couvrirent la vaste mer, il montrait son courage alentour,
il montrait aussi son courage devant son général, poursui-
vant les soldats de l'Orient qui tournaient le dos dans la
fuite, tandis qu'ils s'enfuyaient épouvantés jusqu'à l'em-
bouchure du Nil [29]. Ce fut la paix ; ces loisirs avaient libéré
50 la pratique de ces arts [30] : quand Mars reste assis, tout
convient aux vainqueurs [31]. Le dieu d'Actium lui-même se
mit à battre sa lyre de son plectre d'ivoire, lorsque les
trompettes victorieuses se furent tues [32]. Lui naguère se
faisait soldat pour empêcher une femme de recevoir Rome
55 comme dot de sa honteuse débauche [33]. Il lança ses traits
contre les fugitifs — tant il avait bandé son arc —
jusqu'aux confins où se lèvent les chevaux du soleil [34].

Bacchus, après que nous eûmes vaincu les Indiens
bronzés [35], tu as bu du vin doux à l'aide d'un casque, et tu
60 as laissé tes tuniques flotter librement — je crois que
tu portais alors deux tuniques de pourpre [36]. J'ai de la

36. *Potasti merum* : l'image de Bacchus guerrier célébrant sa
victoire dans le vin, mais le buvant dans un casque, est une
justification de l'attitude de Mécène. Comme lui, *sup.* v. 25, Bacchus
vainqueur laissait flotter sa tunique comme on le faisait chez soi pour
se détendre, dans la sécurité retrouvée. Les deux tuniques n'ont rien
que de courant, mais la pourpre symbolise la victoire ; c'est aussi une
couleur favorite de Mécène ; Iuu., 12, 38-39, « uestem/purpuream
teneris quoque Maecenatibus aptam ».

Marmora Maeonii uincent monumenta libelli :
    uiuitur ingenio, cetera mortis erunt.
Quid faceret ? Defunctus erat comes integer, idem
40   miles et Augusti fortiter usque pius :
illum piscosi uiderunt saxa Pelori
    ignibus hostilis reddere ligna ratis ;
puluere in Emathio fortem uidere Philippi ;
    tam nunc ille tener, tam grauis hostis erat.
45 Cum freta Niliacae texerunt lata carinae,
    fortis erat circa, fortis et ante ducem,
militis Eoi fugientis terga secutus,
    territus ad Nili dum fugit ille caput.
Pax erat ; haec illos laxarant otia cultus :
50   omnia uictores Marte sedente decent.
Actius ipse lyram plectro percussit eburno,
    postquam uictrices conticuere tubae.
Hic modo miles erat, ne posset femina Romam
    dotalem stupri turpis habere sui ;
55 hic tela in profugos — tantum curuauerat arcum —
    misit ad extremos exorientis equos.
Bacche, coloratos postquam deuicimus Indos,
    potasti galea dulce iuuante merum,
et tibi securo tunicae fluxere solutae —
60   te puto purpureas tunc habuisse duas.

---

37 marmora *codd.* : -rea *Scal.* ‖ m(a)eonii *A L R M U V* : minei
H P S timnei *aut* tunnei *B* temnentur *Ries.* aonii *Scal.* ‖ uincent
B F H M P : -cunt *A L R U* ‖ **39** defunctus *codd.* : discinctus *Birt* ‖
integer *codd.* : impiger *V Baehr.* ‖ **40** fortiter *coàd.* : fortis et *ed. asc.*
ald. ‖ **44** tam *primo B* : iam *S* quam *A H L M R U* ‖ nunc *B H S* :
tunc *A M R* tener (ille fuit) *L U* ‖ tam *sec. B H L M U* : tum *S* quam
A R ‖ **45** lata *F H L M P U* : l(a)eta *A B H R* ‖ **47** fugientis *codd.* :
-gientia *Heins.* fulgentis *Baehr.* ‖ **48** fugit *codd.* : ruit *Burm. Ken.* ‖
49 illos *A F L R U* illo *B H M* ‖ laxarant *A B R* : -runt *H L M U* ‖
50 omnia *codd.* : som- *Baehr. Ries.* ‖ decent *edd.* : -cet *codd.* ‖
56 exorientis *codd.* : mox orientis *Heins.* ‖ **58** potasti *A B F H L R U* :
port- *m.*

mémoire — et je m'en souviens bien [37], c'est ainsi que tu menais les thyrses de tes bras rendus plus blancs que neige par la tunique de pourpre [38] ; ton thyrse était orné de pierres précieuses et d'or, le lierre rampant y trouvait à peine sa place [39] ; d'argent étaient aussi les sandales lacées 65 autour de tes chevilles, j'en suis sûr et je ne crois pas, Bacchus, que tu le nies [40]. Avec plus de douceur que d'habitude, tu tins alors avec moi de nombreux propos et, à dessein, tu prononças des paroles inhabituelles [41].

Infatigable Alcide, après t'être acquitté de bien des 70 travaux, à ce qu'on raconte, c'est ainsi que tu as mis de côté tes soucis, c'est ainsi que tu as joué à bien des jeux avec une tendre jeune fille, désormais oublieux de Némée et de toi, Erymanthe [42]. Pouvait-on aller plus loin ? Tu as fait tourner les fuseaux de ton pouce, tu as aplani en les 75 mordant les fils trop peu lisses [43]. La Lydienne t'a battu pour avoir fait souvent des nœuds et pour avoir brisé les fils de ta rude main. La Lydienne malicieuse t'a maintes fois ordonné de filer de chaudes tuniques au milieu de ses fileuses de laine [44]. Ta massue noueuse gisait à terre en compagnie de ta peau (de lion), que l'Amour frappait en 80 cadence de la pointe du pied [45]. Qui aurait cru cela possible, lorsque, déjà infatigable, l'enfant étrangle les énormes serpents que sa main peut à peine saisir, ou alors

42. *Alcide* : « descendant d'Alcée », épithète habituelle d'Hercule. La leçon *multo* doit être conservée parce qu'elle fait allusion aux douze travaux et parce qu'elle établit un parallélisme avec *multum* au vers 71. Le poète choisit dans la légende d'Hercule l'épisode fameux qui le montre au repos, sous un jour efféminé. Après avoir tué Iphitus, Hercule fut châtié et vendu comme esclave à Omphale, reine de Lydie. Vêtu en femme, il filait parmi ses suivantes, abandonnant à la reine sa peau de lion. Les « jeux » ont un sens érotique, comme chez Ovide, *ars am.*, 2, 389 : « ludite, sed ... celetur culpa » ; ce sens est soutenu par l'adjectif *tener* : *cop.*, 33, « tenerae decerpens ora puellae ». Parmi les douze travaux d'Hercule, l'auteur choisit par contraste deux exploits de chasseur, la victoire sur le lion de Némée et sur le sanglier d'Erymanthe.

43. *Torsisti ... lenisti* : tous ces gestes sont décrits par Catulle, 64, 315-317. Ils sont typiquement féminins.

Sum memor — et certe memini — sic ducere thyrsos
    bracchia purpurea candidiora niue,
et tibi thyrsus erat gemmis ornatus et auro ;
    serpentes hederae uix habuere locum ;
65 argentata tuos etiam talaria talos
    uinxerunt certe nec puto, Bacche, negas.
Mollius es solito mecum tum multa locutus
    et tibi consulto uerba fuere noua.
Impiger Alcide, multo defuncte labore,
70   sic memorant curas te posuisse tuas,
sic te cum tenera multum lusisse puella
    oblitum Nemeae, iamque, Erymanthe, tui.
Ultra numquid erat ? Torsisti pollice fusos,
    lenisti morsu leuia fila parum.
75 Percussit crebros te propter Lydia nodos,
    te propter dura stamina rupta manu.
Lydia te tunicas iussit lasciua fouentes
    inter lanificas ducere saepe suas.
Claua torosa tua pariter cum pelle iacebat
80   quam pede suspenso percutiebat Amor.
Quis fore credebat, cum iam premit impiger infans
    hydros ingentes uix capiente manu,

61 memini sic *codd.* : memini tua *Mey.* meministi *Buech.* ‖ thyrsos *codd.* : tigres *Burm.* uestem *Baehr.* ‖ **62** bracchia *L ed. ald.* : bacchea *A H M R* bache *B* bacchieba *U* ‖ purpurea *codd.* : -ream *Baehr.* hyperborea *Voll.* uel pura *Burm.* ‖ **65** talaria *A B F H L M U* : sandalia *S V* plantaria *Burm.* ‖ **69** multo *codd.* : duro *Baehr.* ‖ **71** multum *B H M* : laetum *L U ed. asc. Ken.* ‖ **72** nemeae *A F L M U* : -mea *B H* ‖ **73** ultra *A H L R U* : -tro *B M* ‖ **74** lenisti *A H L R U* : leuisti *B M* laeuasti *Heins.* ‖ **77** fouentes *A B F H M R* : fluentes *L S U V edd.* ‖ **78** ducere *codd.* : sumere *Wakker* ‖ **79** tua *B H M* : tibi *L R U V* ‖ **81** cum iam premit *L M S U* : cum iam premet *A B H R* premeret cum iam *ed. ald.* cum rumperet *Scal.*

qu'il coupait vivement les têtes renaissantes de l'hydre, ou
85 alors qu'il domptait les chevaux sauvages de Diomède, ou
le tronc commun aux trois frères qui lui faisaient face et
face à lui six mains qu'il était seul à combattre [46] ? Lorsque
le maître de l'Olympe eut renversé les Aloïdes [47], il
s'étendit, dit-on, jusqu'à ce que le jour brillât et envoya son
aigle pour chercher s'il pourrait rapporter promptement à
90 Jupiter quelque objet digne de lui [48] ; jusqu'au moment
où, dans le vallon de l'Ida, il te découvrit, bel échanson
sacré, et t'enleva en pressant doucement ses serres [49].

Il en va ainsi : au vainqueur d'aimer, au vainqueur de
faire des vers à l'ombre, au vainqueur de dormir sur des
roses parfumées [50] ; au vaincu de labourer, au vaincu de
95 moissonner ; que la crainte le domine et qu'il apprenne à
étendre ses membres sur un sol nu [51]. Les moments règlent
les usages, les moments règlent les façons de vivre : ils
dirigent hommes, bêtes et oiseaux. Il fait jour, le taureau
laboure ; il fait nuit, le laboureur se repose et libère
100 l'encolure brûlante du bœuf qui l'a bien mérité [52]. Les
eaux gèlent ; l'hirondelle se cache dans les rochers ; au
printemps elle fouette en gazouillant les lacs tiédis [53].

César était son ami : il pouvait vivre sans entraves, du
moment que César était déjà ce qu'il désirait qu'il fût [54]. Il

46. *Quis credebat* : contrairement au sentiment de H. Schoonhoven, l'indicatif imparfait au sens de potentiel n'est pas surprenant ; il
est, au plus, familier ; cet emploi est classique avec les verbes de type
debere ou *posse*. L'auteur évoque ici le premier exploit d'Hercule au
berceau, lorsqu'il étrangla les serpents envoyés par Junon : Verg.,
aen., 8, 288-289. L'exploit suivant est la victoire sur l'hydre de Lerne,
aux multiples têtes qui renaissaient sans cesse : *uelociter* peut qualifier
à la fois *meteret* et *renascentem*. Le domptage des cavales de Diomède
est simplement mentionné, puis la victoire sur Géryon, le monstre aux
trois têtes, qui est décrit de façon un peu confuse. *Solus in arma* est
elliptique : Hercule est « seul contre les armes » multiples brandies par
les six mains du monstre. C'est une fin de vers ovidienne : *am.*, 3, 8,
48 ; *her.*, 8, 74. La reprise *aduersis aduersas* est dans la manière de
l'auteur.

cumue renascentem meteret uelociter hydram,
  frangeret immanes uel Diomedis equos,
85 uel tribus aduersis communem fratribus aluum
  et sex aduersas solus in arma manus ?
Fudit Aloidas postquam dominator Olympi,
  dicitur in nitidum percubuisse diem,
atque aquilam misisse suam, quae quaereret ecquid
90   posset maturo digna referre Ioui ;
ualle sub Idaea dum te, formose sacerdos,
  inuenit et presso molliter ungue rapit.
Sic est : uictor amet, uictor poetetur in umbra,
  uictor odorata dormiat inque rosa ;
95 uictus aret, uictus metat, metus imperet illi,
  membra nec in strata sternere discat humo.
Tempora dispensant usus et tempora cultus :
  haec homines, pecudes, haec moderantur aues.
Lux est, taurus arat ; nox est, requiescit arator,
100   liberat et merito feruida colla boui.
Conglaciantur aquae ; scopulis se condit hirundo ;
  uerberat egelidos garrula uere lacus.
Caesar amicus erat : poterat uixisse solute,
  cum iam Caesar idem quod cupiebat erat.

---

83 meteret *Struchtmeyer Ken.* : teret aut terret *B M* terreret *L U ed.
ald.* torreret *Maeh.* (uelociter) ureret *Gor.* || **86** aduersas *codd.* ad
uersas *Baehr.* || **87** aloidas *L edd.* : et aloidas *A R* et eolidas *U* et
oenidas *B M* || **89** ecquid *A B R Ken.* : et quid *H M* ecquis *L U* ||
90 maturo *A B H¹ M* : am- *H² L U edd.* || digna *Heins.* : signa
A B H M : uina *L U* || **91** dum *codd.* : tum *Heins.* || sacerdos *codd.* :
satellis *Ell.* iacentem *Heins.* || **93** poetetur (*aut* poetatur) *B* : potiatur
cod cet. edd. || **96** in strata *codd.* : instrata *M Burm. Schoon.* || sternere
codd. : ponere *Heins.* || **99** nox *A H L R U V* : non *B H M* || **100** et
merito *B M U* (*om.* et) emerito *A H L R V* || **101** conglaciantur
A B F H M : -glutinantur *L U* cum glaciant- *Heins.* || **102** egelidos
Scal. : et gel- *codd.* || *post uers.* 102 *lacunam coni. Baehr.*

105 lui accordait son indulgence à juste titre : ce prince n'est
pas irréfléchi ; nous avons été vainqueurs : au jugement
d'Auguste, il était digne de vivre ainsi [55]. Après qu'Argo
eut longé avec crainte les rochers de Scylla et les
redoutables Cyanées [56], il fallut désormais amarrer le
110 navire, la fille d'Aeetès, habile en tout grâce à ses philtres,
avait changé les entrailles du bélier qu'elle avait découpé
en un agneau [57]. Tu méritais, Mécène, d'être rajeuni par
ces philtres ; ah ! Si nous avions eu cette herbe de
Colchide [58] ! L'été en fleurs est rendu aux arbres qui
reverdissent [59] : pour l'homme ce qui est passé ne revient-il
donc pas [60] ? Les cerfs timides méritent-ils mieux de vivre
longtemps, si certains portent sur leur front menaçant de
115 raides andouillers [61] ? Les corneilles, dit-on, vivent de
nombreuses années [62] ; pourquoi notre existence nous
est-elle si étroitement mesurée ? Tithon, l'époux de l'Aurore, se nourrit de nectar et ainsi, quoiqu'il tremble déjà,
120 la vieillesse ne lui nuit aucunement [63] : pour que ta vie
dure toujours grâce à une drogue sacrée, je souhaiterais
que tu aies plu à l'Aurore comme mari. Tu étais fait pour
t'étendre sur son lit safrané [64] et, au moment où la rosée
125 vient de laver sa couche de pourpre [65], tu étais fait pour
atteler son bige couleur de rose, c'est toi qui aurais dû
donner les rênes à guider d'une main empourprée, c'est toi

55. La suite des idées a paru quelque peu incohérente ; en fait, elle
est elliptique, mais claire : on ne saurait être plus exigeant qu'Auguste. L'auteur reprend ensuite le thème précédent : la victoire
autorise le relâchement. *Vicimus* se réfère à nouveau à la bataille
d'Actium, *sup.* v. 45 sq. et l'auteur suggère encore une active
participation de Mécène. La fin du vers 106 se retrouve dans *cons. ad
Liu.*, v. 62.
56. *Scylleia ... Cyaneosque* : le rocher sicilien de Scylla est
généralement associé à celui de Charybde. Les Cyanées sont des îles
du Pont Euxin où deux écueils, situés à l'entrée, passaient pour
s'écarter et se rapprocher en brisant les navires ; on les appelait aussi
Symplégades. Mais, assez curieusement, les Cyanées ont été parfois
localisées dans la mer de Sicile. D'ailleurs, l'auteur ne se soucie
nullement de la vraisemblance géographique du voyage de retour des
Argonautes vers la Colchide.

105 Indulsit merito : non est temerarius ille ;
   uicimus : Augusto iudice dignus erat.
Argo saxa pauens postquam Scylleia legit
   Cyaneosque metus iam religanda ratis,
uiscera disiecti mutauerat arietis agno
110   Aeetis sucis omne perita suis :
his te, Maecenas, iuuenescere posse decebat,
   haec utinam nobis Colchidos herba foret !
Redditur arboribus florens reuirentibus aestas :
   ergo non homini quod fuit ante redit ?
115 Viuacesque magis ceruos decet esse pauentes
   si quorum in torua cornua fronte rigent ?
Viuere cornices multos dicuntur in annos ;
   cur nos angusta condicione sumus ?
Pascitur Aurorae Tithonus nectare coniunx
120   atque ita iam tremulo nulla senecta nocet :
ut tibi uita foret semper medicamine sacro,
   te uellem Aurorae complacuisse uirum.
Illius aptus eras croceo recubare cubili
   et modo poeniceum rore lauante torum,
125 illius aptus eras roseas adiungere bigas,
   tu dare purpurea lora regenda manu,

---

107 scylleia *A B H L U* : -legia *M* -laea *Salm.* scylaceia *Heins.* ||
legit *codd.* : rel- *Salm. Ken.* || **108** religanda *codd.* : -gata *Maeh.*
Baehr. || **109** disiecti *A B M R* : dissecti *L U* directi *H S* || mutauerat
A H R S : -uerit *B M* -uit *L U* -tatura *Baehr.* || agno *ed. ald.* : -ni *codd.*
|| **110** omne perita *codd.* : omniperita *Salm. edd.* || **111** decebat
H L M R U : dic- *B V* lic- *Baehr.* || **113** florens *L M U* : flores
A B H R || reuirentibus *B L M U* : -uocantibus *A H R* || aestas
codd. : aetas *ed. ald.* || **114** ergo *codd.* : et uer *Baehr.* || uers. 124-125
om. *L U secl. Ell.* || **124** et modo *codd.* sancto *coni. Ries.* linquere
Baehr. || poeniceum *S* : -ceo *B* puniceo *A H M R* || lauante *B M* : leu-
A H R || **126** tu *codd.* : tum *Baehr.* || purpurea *codd.* : -reae *Baehr.*

qui aurais dû, après qu'elle a déjà tourné bride à l'avancée
130 du jour, caresser la crinière du cheval qui regarde en
arrière [66]. Ainsi les troupes de jeunes gens ont cherché le
bel Hespéros que Vénus qui se l'était attaché fit disparaître
au milieu des flammes [67], c'est lui à présent que l'on voit
luire à l'orée d'une nuit paisible sur ses noirs chevaux et
135 sous le nom de Lucifer courir en sens inverse [68]. L'un
t'offre le safran corycien, l'autre le cannelier parfumé,
l'autre les baumes venus des collines couvertes de pal-
miers [69]. À présent tu touches le prix de ta vertu, à présent
que tu as été rendu aux ombres [70]. Nous avons oublié que
140 tu t'es couché vieillard. Son peuple a pleuré trois fois le roi
de Pylos, Nestor qui blanchit trois fois, et on disait
pourtant qu'il n'était pas assez vieux [71] : tu aurais vécu les
siècles de Nestor couvert d'années, si j'avais été le fileur
chargé de répartir les fils de ta destinée [72]. À présent, je ne
peux que dire : « Terre, sois légère pour garder ses os, de
toi-même suspens ton poids en équilibre [73]. Toujours nous
te donnerons des guirlandes, nous te donnerons toujours
des parfums, sans avoir jamais soif, tu seras toujours en
fleurs [74] ».

II

145 Ainsi parla Mécène, à l'approche de sa dernière heure,
déjà froid et sur le point de mourir à tout moment ; « Que

---

70. *Pretium candoris* : éclaire quelque peu l'allusion à Hespéros-
Lucifer. Comme l'astre qui vient d'être évoqué, Mécène brille après sa
disparition et rajeunit. *Redditus umbris* est une formule de funérailles : CIL 1219 ; Ou., *her.*, 1, 711, « redde fatis » ; *anth. lat.*, 667, 6,
« caelo reddimus ».
71. *Ter Pylium* : sur la *conclamatio* rituelle voir *cons. ad Liu.*, v.
219 ; Verg., *aen.* 6, 504-506, « ter uoce uocaui ». Nestor, le roi de
Pylos, était avec Tithon, l'image de la vieillesse, mais aussi de la
sagesse. Il vécut trois générations.

tu mulcere iubam, cum iam torsisset habenas
    procedente die respicientis equi.
Quaesiuere chori iuuenum sic Hesperon illum,
130   quem nexum medio soluit in igne Venus,
quem nunc in fuscis placida sub nocte nitentem
    Luciferum contra currere cernis equis.
Hic tibi Corycium, casias hic donat olentis,
    hic et palmiferis balsama missa iugis.
135 Nunc pretium candoris habes, nunc redditus umbris :
    te sumus obliti decubuisse senem.
Ter Pylium fleuere sui, ter Nestora canum,
    dicebantque tamen non satis esse senem :
Nestoris annosi uixisses saecula, si me
140   dispensata tibi stamina nente forent.
Nunc ego quod possum : « Tellus, leuis ossa teneto,
    pendula librato pondus et ipsa tuum.
Semper serta tibi dabimus, tibi semper odores,
    non umquam sitiens, florida semper eris ».

II

145 Sic est Maecenas fato ueniente locutus,
    frigidus et iamiam cum moriturus erat :

127 tu *B m² R V* : tum *H m¹ Baehr.* || post uers. **128** *lacunam coni.*
Baehr. || **129** chori *A B H M S* : thori *V* tori *L* toti *U* cari *R* || iuuenum
Scal. : -nem *codd.* || **130** nexum *codd.* necdum *Scal.* uixdum *Ribbeck*
|| soluit *codd.* : fouit *Heins.* || **131** in fuscis *B L M U* (in fusci *B M*)
infusi *A H R* infuscis *Ries.* -fusca *Baehr.* || **134** et *codd.* : e *ed. ald.*
Baehr. Ries. || **135** nunc *A H L M R U* : hunc *B V* || redditus
A B L R U : -tur *H M* || **137** ter *prim. A H L M R U V* : te *B* et *Heins.*
|| **139** annosi *ed. asc.* : -sa *codd.* || uixisses *H²* : uixissem *A B H¹ M*
uicissem *S U* - isses *ed. asc.* || **140** nente *ed. ald.* : nempe *codd.* ||
141 quod *A B H R* : quid *L M U edd.* || **143** odores *A H L M R U V* :
honores *B.*

n'est-ce moi », dit-il, Jupiter, qui ai disparu avant la courte
journée du jeune Drusus au début de sa vie [75] ! Il avait été
150 un adolescent au jugement mûr, pur des atteintes du temps
et l'œuvre grandiose du grand César [76]. J'aurais voulu que
ce fût avant notre séparation [77] ». Il n'acheva pas et la
pudeur retrancha ce que l'affection disait presque. Mais il
était clair. En mourant, il cherchait les embrassements de
sa femme bien-aimée, ses baisers, ses mots, ses mains.
155 « Mais pourtant, en voilà assez : j'ai vécu, César, et je meurs
dans ton amitié, dit-il, et tant que je meurs ainsi, c'est
assez [78]. Une larme tombera de tes yeux attendris, quand
on te dira subitement que je ne suis plus [79]. Que tel soit
160 mon sort : que je gise sous la terre égale pour tous [80].
Pourtant je ne voudrais pas que ce sort te cause un chagrin
excessif [81]. Mais je voudrais que tu te souviennes : je vivrai
là-bas dans tes conversations, j'existerai toujours, si tu
veux toujours te souvenir de moi [82]. C'est ce qui convient
et du moins je vivrai toujours à toi dans ton affection, celui
165 qui meurt ton ami ne cesse pas de t'appartenir [83]. Pour
moi, quoi que je devienne parmi les cendres et les braises,
même alors je ne pourrai pas t'oublier [84]. Grâce à toi ma
vie heureuse a été un exemple de mollesse, et grâce à toi
j'étais Mécène l'unique [85]. Je fus mon propre maître, j'ai
voulu être ce que je fus ; j'étais vraiment moi-même le
170 cœur de ton cœur [86]. Vis longtemps, mon très cher, ne
gagne les astres que devenu vieux, bien tard [87]. Le monde

75. *Iamiam* : le redoublement est expliqué par J. Middendorf, *op.
cit.* p. 68, comme soulignant l'imminence. Le vers 148 a été
généralement corrigé en adoptant la conjecture d'Heinsius *diem*, en
lieu et place du *consensus* des manuscrits *fidem*, leçon gardée par
Scaliger et Middendorf ; *angustam fidem* n'offre pas un sens très
heureux, mais il importe surtout de constater que, comme dans la
Consolatio ad Liuiam, la disparition de Drusus est considérée comme
une *mors immatura (primaeui)*. Une corruption similaire de Drusus
en Brutus se trouve chez Velleius Paterculus, 2, 125, 4. La
conservation de cette dernière leçon ne peut se soutenir, en raison du
vers 6.

« mene, inquit, iuuenis primaeui, Iuppiter, ante
    angustum Drusi non cecidisse diem !
Pectore maturo fuerat puer, integer aeuo
150   et magnum magni Caesaris illud opus.
Discidio uellemque prius ». Non omnia dixit
    inciditque pudor quae prope dixit amor,
Sed manifestus erat. Moriens quaerebat amatae
    coniugis amplexus oscula uerba manus.
155 « Sed tamen hoc satis est : uixi te, Caesar, amico
    et morior, dixit, dum moriorque, satis.
Mollibus ex oculis aliquis tibi procidet humor,
    cum dicar subita uoce fuisse tibi.
Hoc mihi contingat : iaceam tellure sub aequa.
160   Nec tamen hoc ultra te doluisse uelim.
Sed meminisse uelim : uiuam sermonibus illic ;
    semper ero, semper si meminisse uoles.
Et decet et certe uiuam tibi semper amore
    nec tibi qui moritur desinit esse tuus.
165 Ipse ego, quicquid ero cineres interque fauillas,
    tunc quoque non potero non memor esse tui.
Exemplum uixi te propter molle beate,
    unus Maecenas teque ego propter eram.
Arbiter ipse fui, uolui quod contigit esse ;
170   pectus eram uere pectoris ipse tui.

---

148 angustum *B* : -tam *H L M U V* augustam *A R* ‖ drusi *Francius* : bruti *codd.* ‖ diem : *Heins. edd.* : fidem *codd.* ‖ **149** aeuo *codd.* : -ui *Heins.* ‖ **156** moriorque *codd.* : -riarque *Gor.* ‖ satis *A B L M R U* : satis est *H* ‖ **159** mihi *A B H M R* : tibi *L U V* ‖ **160** doluisse *Heins.* : potu- *codd.* ‖ **161** sermonibus illic *nouae edd.* : sermonibus ; illic semper *punxerunt ueteres edd.* ‖ **163** et *codd.* : sic *Baehr.* hoc *Ribbeck* ‖ amore *L U* : amare *A B M V* amicus *H R* amate *Baehr.* ‖ **164** tibi *codd.* : sibi *Barth Baehr.* ‖ **167** beate *codd.* : -ti *Salm.* ‖ **168** unus *codd.* : unctus *Maeh.* ‖ **169** uolui *ed ald.* : -luit *codd.* ‖ esse *codd.* : ecce *Baehr.*

en a besoin, il convient que tu le veuilles aussi [88]. Et que
grandissent pour te succéder des jeunes gens deux fois
dignes de César et qu'ils prolongent loin dans l'avenir la
175 race de César [89]. Que bien vite ton épouse Livie retrouve la
sérénité, que le gendre remplisse les charges interrompues
de celui qui a disparu [90]. Lorsqu'en dieu que tu es tu
prendras une place de choix parmi tes ancêtres divins, c'est
Vénus elle-même qui te déposera dans les bras de ton
père [91] ».

88. H. Schoonhoven rapproche judicieusement cette phrase du
découragement qui saisit Auguste après la mort de Drusus ; celui-ci
s'exprime dans *cons. ad Liu.*, v. 211-212.

89. *Iuuenes* : il s'agit des petits-fils d'Auguste, Gaius et Lucius
César, fils de Julie et d'Agrippa. Ils ont été adoptés par Auguste en
17 av. J.C. et ils moururent respectivement en 4 et en 2 ap. J.C. Ceci
paraît fournir une date limite pour la composition du poème. *Bis
digni* s'explique soit simplement parce qu'ils sont deux, soit parce
qu'ils sont à la fois enfants par le sang et par l'adoption (Scaliger). Le
début du vers 173 se retrouve, presque identique, chez Tibulle, 1, 7,
55. La répétition *Caesar Caesaris* est ambiguë. Le premier terme
semble désigner Auguste, mais le second pourrait représenter Jules
César ; la race elle-même est divine, puisqu'elle passe pour remonter
à Vénus.

90. *Secura* : Livie s'était mal consolée de la mort de Drusus : voir
cons. ad Liu., v. 417-426, où on lui soulignait qu'il lui restait un fils
et un époux. *Gener* : Tibère, qui est devenu le gendre d'Auguste, par
son mariage avec Julie en 11 av. J.C. ; Tibère avait été contraint par
Auguste de se séparer d'une femme qu'il aimait, pour épouser la
veuve d'Agrippa. Il est adopté par Auguste en 4 ap. J.C. Après la mort
de Drusus, il avait poursuivi sa campagne de Germanie en 8 av. J.C.

91. *Intereris* : cette correction de Vollmer est assez convaincante,
encore que la leçon des manuscrits *in terris* ne soit pas tout à fait
absurde, si l'on sous-entend le verbe *eris*. Cet accueil dans l'au-delà a
été décrit par Virgile et aussi promis à Drusus dans la *Consolatio ad
Liuiam*, v. 330. Les aïeux divins qui accueilleront Auguste sont Enée,
Romulus et Jules César. Auguste est dieu à la fois par filiation et par
fonction. Sur la divinisation du prince, voir *cons. ad Liu.*, n. 26.
Vénus est la mère divine de cette race. L'apothéose a été annoncée par
Virgile, *buc.*, 1, 498, « caeli te regia/inuidet ». *Sinu patrio* : représente
Jules César, père adoptif d'Auguste. Gorallus a vu dans cette image
une représentation du banquet de l'au-delà. Il est décrit par F.
CUMONT, *After-life in Roman paganism*, New-York, réed. 1959,
p. 201 sq, d'après la *Vulgate, Iohan.*, 13, 23 : « erat ergo recumbens
in sinu Iesu ».

Viue diu, mi care, senex pete sidera sero :
    est opus hoc terris, te quoque uelle decet.
Et tibi succrescant iuuenes bis Caesare digni
    et tradant porro Caesaris usque genus.
175 Sit secura tibi quam primum Liuia coniunx,
    expleat amissi munera rupta gener.
Cum deus intereris diuis insignis auitis,
    te Venus in patrio collocet ipsa sinu ».

171 care, senex interpunxerunt *Mueller Ries. Schoon. Ken.* : care
senex *nonnuli Duff* ‖ *uers.* 175 *ante* 173 *transposuerunt Ribbeck
Baehr.* ‖ **175** quam *B H² M* : quod *L U V* qui *H¹* cum *A R* ‖
177 intereris *Voll.* : in terris *codd.* ‖ **178** patrio *codd.* : proprio
Ribbeck Baehr. ‖ ipsa *B H L M U* : alma *A R.*

BUCOLIQUES D'EINSIEDELN

INTRODUCTION

CALPURNIUS SICULUS ET LES *CARMINA EINSIDLENSIA*

Les deux poèmes, apparemment fragmentaires qui constituent les *Carmina Einsidlensia* ont été découverts par Hagen, en 1869. La parenté de ces *Bucoliques* avec celles de Calpurnius Siculus a frappé les commentateurs [1]. Cependant, des différences notables entre les deux œuvres ont vite démenti leur attribution au seul Calpurnius. Il restait à savoir lequel les deux poètes s'était inspiré de l'autre.

En fait, la ressemblance entre les deux œuvres reposait essentiellement sur quelques parallélismes verbaux et des recoupements thématiques. La liste des termes communs a été dressée par W. Theiler [2]. Voici les principaux :

1. Le point de la question a été fait par L. HERRMANN *Sur les Bucoliques d'Einsiedeln*, dans *Mélanges P. Thomas*, Bruges, 1930, p. 432-439, et R. VERDIÈRE, *Calpurnius Siculus et Carmina Einsidlensia*, dans *A N R W*, 1985, p. 1846-1877.

2. W. THEILER, *Zu den Einsiedlern Hirtengedichten*, dans *S I F C*, 27-28 (1968), p. 363-377. On peut compléter ces similitudes de vocabulaire : alumnus, *buc.*, 5, 1, 3 et *carm.* 2, 42 ; chelys, *buc.*, 4, 66 et *carm.* 1, 18 ; chorea, *buc.*, 4, 139 et *carm.*, 2, 19 ; consumere, *buc.*, 6, 27 et *carm.* 1, 13 ; cortex, *buc.*, 1, 34 ; 2, 81 ; 3, 43 et *carm.* 16 ; damnare, *buc.* 4, 127 et *carm.*, 1, 12 ; distinguere, *buc.*, 1, 39 ; 2, 25 ; 6, 45 et *carm.* 1, 48 ; fauere, *buc.* 4, 58 ; 73 ; 175 et *carm.* 2, 39 ; fetus, *buc.* 4, 109 ; 5, 36 et *carm.* 2, 36 ; filum, *buc.*, 4, 145 et *carm.*, 1, 23 ; fistula, *buc.*, 1, 24 ; 2, 31 ; 92 ; 4, 26 ; 60 ; 74 ; 7, 8 et *carm.* 1, 9 ; 12 ; frenus, *buc.*, 6, 35 et *carm.* 2, 18 ; furere, *buc.*, 6, 88 et *carm.*, 1, 25 ; gremium, *buc.*, 3, 78 et *carm.*, 1, 14 ; hircus, *buc.* 5, 23 ; 68 et *carm.*, 2, 20 ; imbuere, *buc.*, 2, 67 ; 5, 28 et *carm.* 2, 17 ; incumbere, *buc.*, 1, 11 et *carm.*, 2, 3. insanus, *buc.*, 1, 68 et *carm.*, 1, 13 ; iugum, *buc.*, 1, 42 ; 4, 126 ; 6, 126 ; 6, 35 et *carm.*, 2, 38 ; *buc.*, 2, 74 ; 3, 82 et *carm.*,

Carm. Eins. I	Calp.	*Carm. Eins.* II	Calp
1, requirunt iurgia	6, 79	1, qui tacitus	4, 1
4, uacuam aurem	4, 47	gaudia ... inter	1, 90
8, bullis	6, 41	15, cernis ut	1, 4
9, pignore	6, 47	16, imbuat aras	2, 67
11, perdas	6, 46	22, negat	1, 14
12, damnato	6, 30	aurea	4, 6
13, lucem consumere	6, 27	regna Saturni	1, 64
18, chelyn...canendo	4, 66	25, aristas	4, 122
20, incipe	2, 27	27, metimus nec	2, 74
21, tu prior	4, 81		
38, tu quoque	4, 142		
41, gaudete	1, 36		

Malgré le nombre de ces rappels, principalement issus
de la sixième bucolique de Calpurnius, il s'agit, la plupart
du temps, de termes ou d'expressions du langage courant
ou du vocabulaire bucolique. Le recoupement qui est
apparu comme le plus probant est le « Quid tacitus,
Mystes », qui ouvre le second poème, à la manière du
« Quid tacitus, Corydon ? » de la quatrième bucolique de

2, 28 ; miscere, *buc.* 3, 30 ; 4, 134 et *carm.* 2, 31 ; miscere, *buc.*, 1, 90 ;
5, 106 et *carm.*, 1, 31 ; morari, *buc.*, 7, 7 et *carm.* 1 ; 3 ; murus, *buc.*,
7, 49 et *carm.* 2, 28 ; nudus, *buc.* 3, 30 ; 4, 134 et *carm.* 2, 31 ; omen,
buc., 3, 97 et *carm.*, 1, 11 (?) ; partus, *buc.*, 5, 40 et *carm.* 2, 29 ;
pendere, *buc.* 6, 38 et *carm.* 2, 20 ; 32 ; pignus, *buc.*, 2, 7 ; 22 ; 6, 3 ;
46 ; 47 et *carm.* 1, 12 ; pingere, *buc.*, 2, 32 et *carm.* 1, 7 ; platanus,
buc., 4, 2 et *carm.*, 2, 12 ; pratum, *buc.* 3, 14 ; 5, 15 et *carm.* 2, 14 ;
radiare, *buc.*, 1, 87 ; 7, 48 et *carm.*, 1, 4 ; ramus, *buc.*, 1, 21 ; 4, 104 ;
5, 106 ; 6, 2 et *carm.* 2, 13 ; resonare, *buc.*, 2, 95 ; 4, 9 ; 75 ; 120 et
carm. 2, 18 ; sidus, *buc.*, 1, 88 ; 2, 53 ; 3, 42 et *carm.* 1, 39 ; spargere,
buc., 1, 90 ; 4, 68 et *carm.* 2, 13 ; subire, *buc.* 1, 90 et *carm.* 2, 38 ;
tempora, *buc.* 2, 29 ; 6, 42 et *carm.* 1, 47 ; tremulus, *buc.*, 2, 16 ; 58 ;
5, 4 ; 42 ; 65 ; 65 ; 101 ; 7, 43 et *carm.* 2, 13 ; uacuus, *buc.*, 1, 79 ; 4,
48 ; 5, 72 et *carm.*, 1, 2 ; uariare, *buc.*, 5, 50 et *carm.* 2, 36 ; umbra,
buc., 1, 15 ; 21 ; 28 ; 2, 21, 3, 16 ; 4, 37, 133, 176 ; 5, 20 ; 59 ; 101 et
carm. 2, 13 ; unda, *buc.*, 2, 57 ; 6, 62 ; 7, 68 et *carm.* 2, 37 ; uotum,
buc., 2, 56 ; 4, 48 et *carm.*, 2, 17. Tous ces termes relèvent du
vocabulaire courant.

Calpurnius [3]. Mais encore s'agit-il, comme l'a fait remarquer M.L. Paladini, d'une formule orale, proche du style
des Comiques, où le vers débute souvent par « Quid
taces ? » [4]. Par ailleurs, le « formose Mida » qui a paru à
plusieurs commentateurs l'image même de Néron, pourrait
n'être qu'un souvenir littéraire du « formosus Alexis » de
Virgile [5]. L'emprunt virgilien du dernier vers du second
chant est incontestable. En dehors de ces consonances, ou
de ces emprunts, il n'y a aucune similitude de termes rares
entre Calpurnius Siculus et les *Carmina Einsidlensia*. En
revanche, il y a d'indéniables ressemblances thématiques.

Le bois où se situe le concours de chant du *carmen* I
paraît résumer brièvement le cadre forestier de la première
bucolique de Calpurnius ; dans le *carmen* II, le repos à
l'ombre « tremblante » de l'orme évoque aussi l'entrelac de
« rameaux errants » du hêtre de Calpurnius [6]. Si la description des enjeux destinés aux concurrents remonte à
Théocrite, le choix de ces présents rappelle encore Calpurnius : la flûte offerte est un présent de Faunus, auteur de
l'inscription de la première bucolique calpurniene ; Cal-

---

3. *Carm. eins.*, 2, 1 et Calp., *buc.*, 4, 1. À partir de cette
exclamation, SKUTSCH, *R.E. Einsidlensia carmina*, c. 2115-2116,
pense que l'imitateur serait Calpurnius, qui serait un « débutant », face
à un poète chevronné, affirmation fort contestable. A MOMIGLIANO,
Litterary chronology of the Neronian Age dans *C Q* 38 (1944),
p. 96-100, se rallie à la même opinion, mais estime que le *carmen* II
appartient au tout début du règne de Néron, le *carmen* I étant plus
tardif. Au contraire, à la suite de F. BUECHELER, *Zur höfischen Poesie
unter Nero*, dans *Rh M*, 26 (1871), p. 235 sq., on admet généralement
que le *carmen* II est antérieur à la quatrième bucolique de Calpurnius.
Le point de la discussion sur le *quid tacitus* est fait par B. SCHRÖDER,
*Carmina quae non nemorale resultent. Ein kommentar zur 4 Ekloge
des Calpurnius Siculus*, Francfort 1991, p. 69-71.
4. M.L. PALADINI, *Osservazioni a Calpurnio Siculo*, dans *Latomus*,
15 (1956), p. 330-346.
5. Verg., *buc.*, 2, 1 ; 2, 45 et *carm. eins.* 1, 1.
6. *Carm. eins.*, 2, 12 : « quae spargit ramos, tremula nos uestiet
umbra ». L'adjectif *tremula* paraît résumer l'expression plus imagée
de Calpurnius, *buc.*, 1, 12 ; « fagus ... protegit et ramis errantibus
implicat umbras ».

purnius évoque aussi la flûte de Corydon, présent de
Tityre qui plaît à Faunus [7]. Cette flûte comporte des
« boules » ornementales, comme les « boules » qui forment
la parure baroque du cerf apprivoisé de Calpurnius [8]. En
revanche, il est plus difficile de reconnaître si le bouc, orné
d'une tache blanche, doit cette image au poitrail du cerf de
Calpurnius, ou à un détail analogue chez Ovide [9]. Enfin,
l'allusion au loup qui guette le troupeau dans le *carmen* II,
suggère l'allusion au « prédateur » de bétail de la première
bucolique de Calpurnius [10].

Ces parentés peuvent s'expliquer en un sens ou en
l'autre : ou c'est Calpurnius qui s'inspire des *Carmina*, ou
c'est leur auteur qui se souvient de Calpurnius. Cette
dernière hypothèse est de loin la plus vraisemblable. En
effet, la « manière » de Calpurnius est beaucoup plus
fouillée que celle de l'Anonyme. Là où Calpurnius peint
avec une recherche sensuelle ou développe une *ekphrasis*,
les *Carmina* se contentent d'une esquisse, comme dans
l'évocation des enjeux. Si le couplet de Ladas à la louange
de Phoebus rappelle le *uaticinium* de Faunus, il est plus
obscur et plus prétentieux dans ses réminiscences philosophiques [11]. On trouve aussi des citations ornementales de
Virgile, comme si l'Anonyme tenait à rendre hommage aux
deux maîtres latins de la *Bucolique*, Virgile et Calpurnius,
l'un et l'autre représentant des souvenirs de lecture. De
plus, le style, souvent abrupt, donne une impression
d'incohérence, qui a fait penser à des lacunes. On a même

7. *Carm. eins.*, 1, 9 et Calp. *buc.*, I, 33-38 ; 4, 60 : « nostroque sonat
dulcissima Fauno. / Tityrus hanc habuit ».

8. *Carm. eins.*, 1, 8 : « nobilibus... bullis » ; sur cette leçon, voir
apparat critique et note 7. Calp. *buc.*, 6, 41 : « uitreas ... bullas », sans
doute d'après Ovide, *met.*, 10, 114.

9. *Carm. eins.*, 1, 7 : « nota frontem qui pingitur alba » ; Calp., *buc.*,
6, 39 ; 45 : « nuiea distinguit pectora luna » ; Ou., *met.*, 10, 114 :
« bulla super frontem ... argentea ».

10. *Carm. eins.* 2, 5 et Calp., 1, 40 : « non ... insidias praedator ...
afferet », ressemblance également notée par Hofmann-Ricottelli.

11. *Carm. eins.* 1, 22-35 et Calp. *buc.*, 1, 33-76.

parlé d'« extraits », en suggérant que les deux poèmes étaient inachevés, ce qui est loin d'être certain [12].

Enfin, la métrique présente quelques différences avec celle de Calpurnius ; davantage de césures hephthémimères, plus d'élisions, moins de particules -*que* [13]. Les divergences sont particulièrement sensibles dans le second poème : jamais Calpurnius ne coupe son vers entre deux interlocuteurs, à la manière de Théocrite [14]. Le rythme expressif, mais chaotique, du vers 1, 36 : « Huc, huc, Pierides, uolucri concedite saltu » est sans exemple chez Calpurnius [15].

Il est donc clair que les *Carmina Einsidlensia* ne sauraient être l'œuvre de Calpurnius. Mais l'auteur connaissait bien ses *Bucoliques* et les imitait, au même titre que celles de Virgile, pour servir de cadre à sa *laudatio*. L'imitateur paraît d'ailleurs moins talentueux que son modèle, du moins dans le cadre de la *Bucolique*. J. Hubaux exprimait cette impression, lorsqu'il suggérait que l'auteur des *Carmina Einsidlensia* pouvait être le jeune frère Amyntas de Corydon, qui songeait à suivre ses traces [16].

12. Voir R. Verdière, *op. cit.*, n. 1.
13. Sur 50 vers, on trouve 3 césures hephthémimères chez Calpurnius Siculus, 7 dans *carm. eins.* ; 2 élisions chez Calpurnius Siculus, 7 dans le *carmen* I, dont 3 sur *est* en fin de vers, et l'élision rude *ergo ut*, 2 dans le second poème, dont 1 sur *est* ; il y a 9 copules -*que* chez Calpurnius, 5 dans le *carmen* I, 6 dans le *carmen* II ; le nombre de vers spondaïques est sensiblement équivalent. Sur la métrique de Calpurnius, voir R. Verdière, *Études prosodiques et métriques du De Laude Pisonis et des Bucolica de Calpurnius Siculus*, dans *Quaderni R C C M*, 2, Rome, 1971. Celui-ci note la relative rareté des élisions et de la coupe trihémimère.
14. Theoc., *syr.*, 15.
15. En revanche, on trouve chez Virgile un rythme analogue, *buc.*, 2, 45 ; « huc ades, o formose puer : tibi lilia plenis ».
16. J. Hubaux, *Les thèmes bucoliques dans la poésie latine*, Bruxelles 1930, p. 224, d'après Calpurnius, *buc.*, 4, 17-18.

Les *Carmina Einsidlensia* et Lucain

Le premier, A. Maciejczyk crut reconnaître dans les *Carmina Einsidlensia* les *Laudes Neronis* de Lucain, poèmes perdus, mais qui furent couronnés aux jeux néroniens de 60 [17]. S. Lösch attribua également à Lucain les deux poèmes, mais en estimant que seul le premier était issu des *Laudes Neronis*, le second pouvant provenir des *Silves* [18]. L. Herrmann développa cette identification des *Carmina* et des *Laudes Neronis* de façon assez séduisante pour convaincre R. Verdière. Celui-ci intitula son édition des *Carmina Einsidlensia* le *De Laude Caesaris* [19]. Cependant, partisan pour un temps de la thèse lucanienne, R. Verdière y a désormais renoncé [20].

L'attribution à Lucain de ces *Bucoliques* reposait sur la découverte de quelques tours semblables dans la *Pharsale* et sur une prétendue allusion aux *Carmina* dans une lettre de Sénèque [21]. L'expression soulignée était la mention « infelix gloria Sullae », qui s'apparente à des tours plusieurs fois répétés dans la *Pharsale* [22]. Mais les allusions à

---

17. A. Maciejczyk, *De Carminum Einsidlensium tempore et auctore*, Greifswald, 1907, p. 30.

18. S. Lösch, *Die Einsiedler Gedichte*, Tübingen, 1909.

19. L. Herrmann, *Sur les Bucoliques d'Einsiedeln*, dans *Mélanges Thomas*, Bruges, 1930, p. 434-439 ; R. Verdière, *T. Calpurnii Siculi De laude Pisonis et Bucolica*, Bruxelles, 1954, p. 43-44.

20. L'abandon de cette thèse nous a été confirmé par R. Verdière lui-même.

21. L. Herrmann, *op. cit. sup.* n. 19, mentionne en ce sens la lettre 115, 3 de Sénèque : « nonne uelut numinis occursu obstupefactus resistat » et « ut fas sit uidere tacitus precatur », qui seraient proches de *carm. eins.*, 2, 1 et 1, 26-27 : « fas mihi sit ». Les « ressemblances » entre les *Carmina* et Lucain avaient déjà été signalées par E. Knickenberg, *Zur Anth. Latina* dans *Hermes*, 27 (1892), p. 144 ; voir aussi S. Lösch, *op. cit. sup.* n. 18, p. 59.

22. *Carm. eins.*, 2, 33. De fait, dans la *Pharsale*, Sylla est toujours appelé par son surnom de *felix* : 1, 581 ; 2, 221 ; 2, 232 ; 2, 465 ; 2, 582 ; 6, 787. Mais l'auteur du *carmen* II ironise sur une appellation courante. On a encore rapproché *carm. eins.*, 1, 25-26 et *phars.*, 5,

Sylla étaient monnaie courante et l'on voit, de la même
façon, Calpurnius exprimer sa joie devant la disparition des
guerres civiles [23]. Certes la vierge en délire du *Carmen* I
évoque la Pythie de Lucain, mais dans une description
toute pleine des souvenirs de la Sibylle virgilienne [24]. Là
encore, l'auteur du *Carmen* ne reprend pas, mais résume,
comme un souvenir de lecture, un passage beaucoup plus
prestigieux chez Lucain. Les autres ressemblances thématiques ne sont pas plus probantes [25].

À l'appui de la thèse lucanienne, L. Herrmann signalait
aussi des réminiscences de Sénèque, Lucain, comme l'on
sait, ayant souvent pillé son oncle. Plusieurs de ces
rapprochements sont discutables [26]. Mais il est vrai que le
début du *Carmen II*, son évocation des festins, des coupes,
dans une atmosphère de « satiété » et d'« inquiétude », peut
faire songer à un passage de la tragédie de Sénèque,
Thyeste [27]. La parodie n'est pas exclue. Mais la seule

115-120 ; 167-172 ; *carm. eins.* 1, 38 et *phars.*, 1,33 ; 37-38 ; 44-45. L.
Herrmann, *op. cit. sup.* n. 19 note aussi *carm. eins.*, 2, 27 et *phars.* 1,
239 ; 449. Mais dans aucun de ces passages il n'y a de véritables
parallélismes d'expression. Le style de Lucain est bien différent de
celui des *Carmina Einsidlensia*, même dans le panégyrique, qui
aurait pu donner lieu dans les *Carmina* à un style d'allure épique.

23. Calp., *buc.*, 1, 50 : « nullos iam Roma Philippos deflebit ».

24. *Carm. eins.*, 1, 25 et Luc. 5, 169-180 ; 190-195, d'après Verg.,
aen., 6, 45-51 ; 77-82.

25. Voir *sup.* n. 22.

26. Par exemple, *carm. eins.*, 1, 58 et *troad.*, 388-389 ; *carm. eins.*
2, 25 et *troad.*, 76-77.

27. *Carm. eins.*, 2, 2 : « cura mea gaudia turbant/cura dapes
sequitur » ; 2, 9 : « satias mea gaudia uexat » et Sen., *Thy.*, 973 :
« Satias dapis me nec minus Bacchi tenet ». Voir aussi 955-956. La
parenté la plus évidente est celle de *Carm. eins.*, *2, 8 :* « turbari sine
uento non solet aequor » et *Thy.*, 960 : « cum sine uento tranquilla
tument ? ». Il peut s'agir d'une expression proverbiale. Cependant,
l'auteur des *Carmina* semble connaître *Thyeste*. Il y a encore un
rapport possible entre *carm.* 1, 38-39 : « Tu quoque Troia ... ad sidera
tolle/atque Agamemnonis opus hoc ostende Mycenis » et Sen., *Agam.*,
870-871 : « Bene est resurgit Troia, traxisti, iacens, parens, Mycenas »,
carm. 2, 29 : « condit securas tota spe messor aristas » et Sen., *troad.*,
75-76 : « trepidus ... decumas secuit messor aristas ».

conclusion qu'on puisse en tirer, c'est que l'auteur semble
connaître Lucain et les tragédies de Sénèque. Aux références attendues de Virgile se joignent aussi des souvenirs de
Lucrèce [28]. Une telle composition, riche de réminiscences,
n'est pas sans évoquer la méthode de Calpurnius ; mais
celle-ci n'est pas exceptionnelle. De plus, la thématique
diffère clairement de celle de Calpurnius, comme de celle
de Lucain.

LA THÉMATIQUE

On ne peut saisir globalement la structure des deux
Carmina, puisqu'ils sont probablement fragmentaires. G.
Binder y voit l'illustration d'un type de bucolique néronienne, où les chants de bergers se trouvent associés à un
panégyrique [29]. C'est en effet le schéma de la première
bucolique de Calpurnius. À vrai dire, pareille association
se trouvait déjà dans la quatrième bucolique de Virgile,
dont le *Carmen* II se réclame ouvertement, par la reprise
quasi textuelle de deux vers de Virgile [30].

Le cadre bucolique est hérité de Virgile, à travers
Calpurnius, mais de façon allusive, assez conventionnelle :
pas de contraste d'ombre et de chaleur, pas de bruissement
de ruisseau, pas de véritable peinture de paysages cham-
pêtres. Le bois du premier poème, intellectualisé par la
« volupté secrète » qu'il dégage, représente un raccourci de
la forêt ombreuse de la première bucolique de Calpurnius.
Les enjeux sont pareillement privés des recherches artisti-

28. W. SCHMID, *Panegyrik und Bukolik in der neronischen Epoche. Ein Beitrag zur Erklärung der Carmina Einsidlensia*, dans *B J*,
153 (1953), p. 63, établit un parallélisme entre la mélancolie de Mystes
et l'amertume des plaisirs chez Lucrèce, 4, 1131-1134.

29. G. BINDER, *Hirtenlied und Herrscherlob*, dans *Gymnasium*, 96
(1989), p. 363-365.

30. *Carm. eins.*, 2, 23 et Verg., *buc.* 4, 6 : « Iam redit et Virgo,
redeunt Saturnia regna » ; *carm. eins.*, 2, 38 et Verg., *buc.*, 4, 10 :
« casta faue, Lucina : tuus iam regnat Apollo ».

ques de Calpurnius. L'Anonyme ne cède pas à l'*ekphrasis* : une seule touche suffit, celle de la tache blanche au front du bouc, celle des boules qui « signalent » la flûte. Mais un humour léger semble passer dans la mention du « présent mémorable de Faunus »[31]. Il y a loin de ce cadre de convention aux descriptions somptueuses de Lucain.

L'atmosphère du *Carmen* II s'inspire encore de Virgile et de Calpurnius, à travers l'évocation de l'« ombre tremblante » de l'orme et des dangers qui guettent les troupeaux[32]. Mais la véritable originalité du poème réside dans la mystérieuse mélancolie de Mystes. W. Schmid y reconnaît un thème lucrétien, mais, assez étrangement, y décèle une ironie légère[33]. Ainsi que le fait remarquer R. Verdière, le terme d'*anxietas* ne prête guère à l'ironie. Le parallèle, suggéré par L. Herrmann, avec la tragédie de *Thyeste* est plus significatif[34] : la tristesse de Thyeste était un pressentiment.

De fait, la mélancolie de Mystes s'exprime par des réflexions générales, d'allure horatienne et donc épicurienne : l'ennui naît de la satiété et l'inquiétude ronge un bonheur toujours fugace ; on trouverait des notes analogues chez Sénèque, sans que l'étiquette philosophique soit bien définie[35]. Aux yeux de Glyceranus, Mystes est un esprit chagrin[36]. Le secret de son inquiétude réside peut-

31. La flûte de Pan a dû céder devant la lyre d'Apollon ; cependant Ladas se présente comme l'héritier de Faunus, de la même façon que Corydon était l'héritier de Tityre-Virgile : Calp., *buc.*, 4, 62-64.

32. *Carm. eins.* 2, 13 et Calp., *buc.*, 1, 37-41. Sur l'adjectif *tremula*, voir *sup.* n. 6.

33. Voir *sup.* n. 28. Il est vrai que le terme *satias* est souvent employé par Lucrèce : 2, 1038 ; 4, 1391 ; 5, 39.

34. Voir *sup.* n. 27. On trouve chez les deux auteurs le terme *satias*, l'allusion aux festins, *dapes* et au vin, *pocula* chez l'un, *Bacchi* chez l'autre.

35. Par exemple, le dégoût qui suit l'excès des plaisirs : Sen., *quaest. nat.*, 3, 18, 3.

36. *Carm. eins.*, 2, 6. Le couple s'oppose comme Iollas et Lycidas, dans la troisième bucolique de Calpurnius. Mais la passion de Lycidas ne ressemble pas au désenchantement de Mystes.

être dans son nom de Mystes ou l'« initié », celui qui ne doit
pas « tout dire » [37]. Son chant célèbre les fêtes en l'honneur
de Bacchus, ou les rites des mystères dionysiaques [38]. Son
pessimisme colore paradoxalement sa peinture de l'âge
d'or. Désormais toutes les heures sont pareilles et les
festins sans attrait. Y-a-t-il une allusion aux festivités de
Néron ou au malaise qu'engendre son règne doré ? Toute
référence plus précise était impossible.

LES PSEUDONYMES

Ainsi donc, il semble que les noms des bergers du
second poème ne soient pas totalement indifférents, sans
qu'il faille pour autant chercher une identification précise.
Comme pour les bergers de Calpurnius, on a cherché à y
déchiffrer des personnages réels. C. Wendel n'y croit
pas [39]. Mais L. Herrmann est convaincu que Mystes incarne
Sénèque ; Glyceranus serait un de ses amis, Plautus
Lateranus, dont le surnom est l'équivalent prosodique [40].
Pour Hagen, Glyceranus serait Burrhus et pour Lösch
Lucain. Dans le premier chant, le « beau Midas » désigne-
rait évidemment Néron, le nom faisant allusion à la
richesse de la *domus aurea*, et qui sait ? — de façon voilée
— aux oreilles d'âne du roi Midas ; Thamyras serait
Calpurnius Siculus et Ladas Lucain [41].

---

37. *Carm. eins.*, 2, 4 : « nec me iuuat omnia fari ».
38. *Carm. eins.* 2, 16-21.
39. C. WENDEL, *De nomininibus bucolicis*, dans *Jahrbücher für
klassische Philologie*, 26 (1901), p. 64-68.
40. L. HERRMANN, *op. cit. sup.* n. 19, suggère aussi que Mystes,
« l'initié », pourrait être un chrétien.
41. L. HERRMANN, *L'empereur Néron et le roi Midas*, dans *R E L*
(1928), p. 317-319, soutient que Perse et Pétrone ont également
désigné le prince sous le nom de Midas. R. Verdière fonde cette
identification de Thamyras avec Calpurnius sur le fait que le vers 1,
1 des *Carmina* serait un pastiche de *laud. pis.*, 56 et de *buc.*, 1, 15.
Pour A. MACIEJCZYK, *op.cit.*, n. 17, c'est l'inverse : Thamyras serait

Si l'on se réfère à l'étymologie, Glyceranus, dérivé de Glycera, signifie « le doux »: son optimisme s'oppose en effet à l'amertume de Mystes. Les deux bergers forment un couple bien différent des couples de bergers chez Calpurnius ; il s'apparente plutôt au Philinte et à l'Arnolphe de Molière. L'explication étymologique ne s'applique pas au premier chant, dont les noms, Thamyras et Ladas, paraissent relever simplement de la tradition bucolique, bien qu'ils n'aient pas été utilisés par Virgile ni par Calpurnius. Tout au plus peut-on remarquer que le présomptueux Thamyras porte le nom d'un poète qui osa affronter les Muses, fut vaincu et châtié par elles [42]. Quant à Ladas, son nom peut correspondre à son choix apollinien : le Ladon était un fleuve d'Arcadie consacré à Apollon [43].

Le panégyrique

La seconde partie des deux poèmes consiste en un panégyrique. Dans le premier chant, Thamyras annonce, sur un ton ambigu, l'éloge de César, à qui toute victoire est due. On y a souvent vu une allusion aux concours des *Neronia*. Ladas se place, lui, sous le patronage de Phoebus-Apollon et évoque, de façon parfois obscure et pédante, une cosmographie, d'origine posidonienne, qui illustre déjà la théologie du *Sol Inuictus* [44]. On y reconnaît un reflet de l'harmonie des sphères platoniciennes, présidée par l'« âme

Lucain et Ladas Calpurnius. Midas représente aussi Néron pour J.M. Stowasser, W. Schmid et R. Verdière.

42. Ou., *am.*, 3, 762.

43. Ou., *met.* 1, 702.

44. Le culte de Mithra- *Sol inuictus* avait été officiellement introduit sous Néron, initié par Tiridate d'Arménie : Dio. Cas., 62, 1, 7 ; Suet., *Ner.*, 13 ; Plin. *nat. hist.*, 30, 16. Mais le culte apollinien avait déjà été privilégié par Auguste : voir P. Lambrechts, *La politique « apollinienne » d'Auguste et le culte impérial*, dans *la Nouvelle Clio*, 1953, p. 65-82. Cette théologie solaire a été étudiée par F. Cumont, *La théologie solaire du paganisme romain*, Paris, 1913. Voir l'hymne à Hélios-Roi de l'empereur Julien.

du monde », identifiée avec Phoebus [45]. Si l'on considère
que Néron était adepte du culte solaire et représentait
lui-même l'image d'Apollon, le panégyrique de Ladas
consiste en une *laus* indirecte de Néron, plus habile que
celle de Thamyras.

Le couplet de Ladas paraît brutalement interrompu par
son rival, pressé de prendre la parole [46]. Il n'y a pas lieu de
supposer une lacune. L'éloge de l'Apollon terrestre devient
alors clairement celui du César Néron, artiste et favori du
dieu, identifié à lui par les thuriféraires [47]. Les Muses sont
invoquées pour servir d'escorte au poète qui a célébré
Troie, avec peut-être un souvenir de l'*Agamemnon* de
Sénèque [48]. Homère ôte lui-même sa bandelette pour en
couronner le prince et Virgile déchire son œuvre. La
lourdeur même de l'hommage et son caractère excessif le
rend suspect. Ou il s'agit d'une adulation grossière ou
d'une ironie déguisée [49].

Dans le second poème, l'éloge du prince s'exprime à
travers le thème rebattu de l'âge d'or. La résonance de la
quatrième bucolique de Virgile est latente : moissons,
vendanges, troupeaux, sécurité générale ; mais la peinture
est moins mythique que celle de Virgile : on laboure et on

---

45. Voir le *Songe de Scipion* du *De republica* de Cicéron et J.
MOREAU, *L'âme du monde de Platon aux stoïciens*, Paris, 1939. Ce
passage a été étudié plus précisément par G. SCHEDA, *Planeten und
Sphärenmusik in der Neronischen Kaiseriderologie*, dans *Hermes*, 94
(1960), p. 381-390.

46. *Carm. eins.*, 1, 37.

47. Calp., *buc.*, 33, 84 ; Luc. *phars.*, 1, 68 ... Voir P. GRIMAL, *Le
De clementia et la royauté solaire de Néron* dans *R E L* 49 (1972),
p. 205-217.

48. Sen. *Agam.*, 870-1011 : « resurgit Troia ; traxisti, iacens,
/parens Mycenas ». On trouve aussi une allusion à Lucine, au vers 369.

49. Cet éloge, que l'on peut expliquer par l'art oratoire, fait
paraître léger celui de Calpurnius, *buc.*, 1, 33-76 et même celui de
Lucain, *Phars.*, 1, 33-66 : « tu satis ad uires Romana in carmina
dandas ». Pour D. KORZENIEWSKI, *Die panegyrische Tendenz ... op.
cit.*, le vers 48 est ironique. Il n'est sans doute pas le seul.

voyage [50]. Elle s'illustre par l'atmosphère tibullienne d'une
fête champêtre, celle de Bacchus. On n'y perçoit pas le
scepticisme religieux du premier poème [51]. Ce retour aux
mœurs antiques revêt aussi des tonalités lucrétiennes et
horatiennes [52]. Le poème s'achève par une invocation
virgilienne, sans doute de circonstance : c'est une façon
élégante de souhaiter au prince une descendance [53].

PROBLÈMES CHRONOLOGIQUES

Dès leur première publication, la critique reconnaissait
qu'il y avait dans les *Carmina Einsidlensia*, plus encore
que dans les *Bucoliques* de Calpurnius Siculus, des
allusions indéniables à l'époque de Néron [54]. L'étude des
panégyriques dans les deux poèmes confirme cette
hypothèse, l'identité du ou des auteurs avec Calpurnius
Siculus ne paraît plus soutenable, pas plus que l'attribution
de ces poèmes à Lucain, dont ils seraient les *laudes*

50. Pour *Virgile, buc.*, 4, 3-47, labours et voyages constituent des
« traces de l'ancienne malice ». Le *carmen* II présente un échantillonnage de thèmes connus : retour des mœurs antiques, contrepoint à
Tib., 1, 25 sq ; 1, 35-51 ; Calp. ; *buc.*, 1, 33-84 ; scène de moisson,
comme dans Verg., *buc.*, 4, 28 ; abondance du vin, comme dans Verg.,
buc., 4, 29 ; troupeaux en sécurité, comme dans Tib., 10, 10 et Calp.,
buc., 1, 36-37 ; silence des guerres, comme dans Calp. *buc.*, 1, 52-54 ;
étonnement devant l'épée, comme dans Tib., 10, 1 ; 10, 4 ; terre
inculte fleurissant, comme dans Verg., *buc.*, 4, 18 ; navigation sûre,
comme dans Verg., *buc.*, 4, 32 ; bêtes fauves domptées, comme dans
Verg., *buc.*, 4, 22.
51. *Carm. eins.*, 1, 34 : « caelestes ulli si sunt », souvent rapproché
de Lucain, 7, 445 : « Sunt nobis nulla profecto/numina ». Mais
l'incrédulité n'est par l'apanage du seul Lucain. Elle apparaît aussi
dans la *Consolatio ad Liuiam*.
52. Lucr., 1, 173 sq. ; 255-260 ; Hor., *carm.*, 1, 4.
53. Voir *inf.*, p. 144.
54. R. PEIPER, *Praefationes in Senecae tragoedias nuper editas,
suppl.*, Breslau, 1870, p. 27, affirmait que les *Carmina Einsidlensia*
ne pouvaient dater que du règne de Néron. A. GERCKE est du même
avis, *op. cit.*, dans *Fleckeisens Jahrbuch*, 1895, p. 257, n. 1.

Neronis [55]. Une autre hypothèse a fait des *Carmina* l'œuvre poétique de Calpurnius Pison [56]. Il est alors étonnant que la *Laus Pisonis* ne mentionne aucun poème bucolique [57]. Se fondant sur l'allusion aux festins où abondent les coupes, W. Schmid conclut, de façon plus large, que l'auteur appartenait à la cour de Néron [58]. Telle est bien l'impression que l'on éprouve à la lecture du second poème. On n'imagine guère un *rusticus*, comme Calpurnius, lassé des festins. Voir en l'auteur un homme de cour paraît donc vraisemblable. Néanmoins, dans l'état actuel des recherches et compte-tenu d'une mutilation possible de cette œuvre, il semble sage d'admettre que le ou les auteurs des *Carmina Einsidlensia* sont des inconnus.

J. Hubaux et M. Hicter pensaient que les deux poèmes avaient été composés pour les *Neronia* de 65 [59]. C'est une hypothèse possible. À vrai dire, la seule allusion historique

55. Attribution soutenue par MACIEJZYK et LÖSCH, *op. cit.* et, un temps, par R. VERDIÈRE, *À l'ombre des charmes d'Einsiedeln*, dans *R B Ph*, 30 (1952), p. 788-802. Voir *sup.*, p. 185.

56. E. GROAG., art. *Calpurnius*, dans *R E*, 1377. E. BICKEL, *Politische Sibylleneklogen. Die Sibylleneklogue des Consulars Piso an Nero und der politische Sinn der Erwähnung des Achilles in der Sibyllen-ekloge Vergils*, dans *Rh M*, 97 (1954), p. 193.

57. Il est fait simplement allusion, de façon assez vague à des « vers plaisants » : *laud. Pis.*, 163-164, « Si carmina forte/nectere ludenti iuuit fluitantia uersu ». On ne saurait guère qualifier de « facili pagina » (v. 165) aucun des deux *Carmina*, souvent obscurs.

58. W. SCHMID, *Panegyrik und Bukolik, op. cit.*, p. 70.

59. J. HUBAUX-M. HICTER, *Le fouilleur et le trésor*, dans *Mélanges F. de Vischer*, 2 (1949), p. 425-437. E. LOEW, *Über die beiden bukolischen Gedichte des codex Einsidlensis*, Vienne, 1896, plaçait le *carmen* I en 67, le *carmen* II en 58. A. GERCKE, *Senecastudien*, dans *Jahrbücher für klass. Philol.* 22 (1896), p. 257, situait le *carmen* I en 64, le *carmen* II en 53-54 ou 56-57 ; MORELLI : le *carmen* I en 60, le *carmen* II au début du règne de Néron. Pour A. MACIEJCZYK, *De Carminum Einsidlensium tempore et auctore*, Greifswald, 1907, les deux poèmes dateraient de 60, en tant que *Neroniae laudes*. Plus récemment, D. ROMANO, *op. cit.*, et C. MANDOLFO *op. cit.*, datent les poèmes de 65, en tant qu'œuvres de propagande à l'approche des *Neronia*.

est celle que nous fournit le premier poème [60]. Néron est
communément identifié à Apollon [61]. Mais ici, il est loué
de porter aux astres les ruines sacrées de Troie, dont il est
l'«alumnus». Calpurnius Siculus vante lui aussi l'ascendance troyenne de Néron ; mais ici, ruines et incendies
sont appelés à se réjouir [62]. L'allusion paraît claire. Elle se
réfère manifestement à l'Ἅλωσις 'Ιλίου de Néron. Le
poème faisait partie des Τρωϊκά, mentionnés par Tacite et
Dion Cassius [63]. Si l'on ajoute foi aux témoignages de ce
dernier et de Suétone, le poème fut chanté par Néron
devant l'incendie de Rome et lu en public en 65 [64]. Dans
cette évocation des ruines « exaltées », ou « relevées » —
l'expression est ambiguë — comment ne pas voir une
allusion à l'incendie et à la reconstruction de Rome [65] ? Or,
l'incendie eut lieu en 64. La date de 65, proposée par D.
Korzeniewski et R. Verdière paraît donc tout à fait
vraisemblable. G. Scheda a suggéré que le poème fut

60. *Carm. eins.*, 1, 38-41.
61. Voir *sup.* p. 139 et n. 44.
62. *Carm. eins.*, 1, 41 : « gaudete ruinae/et laudate rogos ; uester
tollit alumnus ». Voir Calp. *buc.*, 1, 45. Ce peut être un indice que le
carmen I est postérieur à la première bucolique de Calpurnius.
63. Tac., *ann.*, 16, 4, 2 : « lustrali carmine ... primo carmen in
scaena recitat » ; Dio. Cas. 62, 29, 1 ; « ἀνέγνω τρωϊκά τινα ἑαυτοῦ
ποιήματα ». E. KOESTERMANN, *Cornelius Tacitus annalen, Band 4,
Buch 14-16*, Heidelberg, 1968, p. 341, souligne le parallélisme des
deux témoignages.
64. Suet. *Ner.*, 38, 2 : « hoc incendium prospectans ... Halosin Ilii
in illo scaenico habitu decantauit ». Dio. Cas. 62, 18, 1 : « ἀνῆλθε καὶ
τὴν σκευὴν τὴν κιθαρῳδικὴν λαβὼν ᾖσεν ἅλωσιν ὡς μὲν αὐτὸς ἔλεγεν
'Ιλίου ὡς δὲ ἑωρᾶτο 'Ρώμης ».
65. Comme l'a bien vu E. CIZEK, *L'époque de Néron et ses
controverses idéologiques*, Leyde, 1972, p. 52. Voir en effet Dio. Cas.,
62, 9, 1 et 62, 18, 1, *sup.*, n. 64 ; Tac., *ann*, 15, 39 : « cecinisse
Troianum excidium praesentia mala uetustis cladibus adsimulantes ».
J. BEAUJEU, *L'incendie de Rome en 64 et les chrétiens*, Bruxelles, 1960
et W. HARTKE, *Néronia*, dans *R E*, 17, 1, c. 44-54, situent la
récitation des Τρωϊκά en 65. Même si Néron ne fut pas lui-même
l'incendiaire, la reconstruction d'une ville nouvelle comblait ses
désirs.

composé dès 63, ou au début de 64, ce qui est possible, si l'on admet que l'œuvre dut rester quelque temps en chantier [66].

Le second poème est plus difficile à dater : son éloge de l'âge d'or pourrait se situer au début du règne de Néron, après la première bucolique de Calpurnius Siculus. Cependant, la « satiété » se fait déjà sentir et les réminiscences du théâtre de Sénèque suggèrent une date plus tardive [67]. D. Korzeniewski propose de placer le second poème après la quatrième bucolique de Calpurnius, écrite, selon lui, vers 55-56. Mais cette chronologie repose sur l'indentification de Lucine et d'Agrippine et se fonde sur les succès militaires en Orient, deux hypothèses discutables [68]. Comme W. Theiler, W.S. Schmid propose 55 [69]. R. Verdière estime, avec raison, que la date peut être mieux précisée. La reprise au dernier vers de l'invocation de Virgile, « casta faue Lucina », ne saurait être un hasard. Le poème a dû être composé dans les mêmes circonstances que celui de Virgile, c'est à dire au cours d'une des deux

66. G. Scheda, *Nero und der Brand Roms*, dans *Historia*, 16 (1967), p. 111-115, et *Zur Datierung der « Ilias Latina »*, dans *Gymnasium*, 72 (1965), p. 303-310. D. Korzeniewski, *Die panegyrische Tendenz... op. cit.*, décèle dans les vers 41-42 une ironie latente. R. Verdière, *Le genre bucolique à l'époque de Néron, op. cit.*, p. 911-912 démontre, à partir de l'initiation de Néron au culte de Mithra en 65-66 et à partir de l'allusion à la reconstruction de Rome, que le premier poème date, au plus tôt, du début de l'année 65.

67. Voir *sup.*, n. 27.

68. D. Korzeniewski, *Die panegyrische Tendenz... op. cit.*, p. 350. E. Loew, *Über die beiden bukolischen Gedichte des Codex Einsidlensis*, Vienne, 1896, plaçait le *carmen* I en 67, le *carmen* II en 58. A. Gercke, *op. cit.*, n. 59 plaçait le *carmen* II en 53-54 ou 56-57. Voir aussi F. Buecheler *sup.* n. 3 et Morelli et Maciejczyk, *sup.* n. 59. Ces datations au tout début du règne de Néron ne tiennent pas compte du caractère désabusé de Mystes.

69. W. Theiler, *Zu den Einsidler Hirtengedichten*, dans *Hommages à G. Pascali, S I F C*, 27-28 (1956), p. 565 sq. W. Schmid, *Il gregge stolido e il suo giudizione politico*, dans *Studi in onore di G. Funaioli*, Rome, 1955, p. 418.

grossesses de Poppée, en 63 ou en 66 [70]. Ainsi donc, les
deux poèmes auraient été composés sensiblement à la
même date. Celle-ci correspond d'ailleurs à l'inquiétude
qui baigne le chant de Mystes et qui a dû se manifester à
Rome autour des années 60, après l'assassinat d'Agrippine.
La mélancolie de Mystes reflèterait alors le désenchantement du peuple romain, après les espoirs suscités au début
du règne.

L'ESTHÉTIQUE DES *CARMINA EINSIDLENSIA*

Les deux poèmes relèvent-ils de la même esthétique ? D.
Korzeniewski a soutenu qu'ils pouvaient être de deux
auteurs différents [71]. À vrai dire, ils sont trop courts pour
qu'on puisse prétendre à une quelconque certitude. Pourtant, ils présentent de grandes similitudes de structure et
de détail : un vocabulaire courant, sans recherches poétiques particulières, un goût commun pour les anaphores,
enjambements et rejets [72]. La métrique varie, mais sans
différences notables [73]. En outre, ce qui est plus original,

70. R. VERDIÈRE, *Le genre bucolique à l'époque de Néron, op. cit.,*
p. 890.
71. D. KORZENIEWSKI, *Die panegyrische Tendenz... op.cit.,* p. 344-
360, se fonde essentiellement sur des différences de métrique.
72. Quelques reprises de termes : *carm.* 1, 9, 12, fistula ; *carm.* 2,
1, 11, curae, cura, curarum ; *carm.* 2, 6, uigilans, uigiles. Les rejets et
enjambements se trouvent plutôt en début de vers pour le premier
poème, en fin de vers pour le second. Rejets : *carm.,* 1, 1, 1, 9 ; 1, 12,
fistula ; 1, 11, elige, 1, 12, et me ; *carm.* 2, 7, erras ; 2, 13, ulmus.
Enjambements : *carms.* 1, 2, requirunt / iurgia ; 1, 15-16, dicere
laudes / mens iubet ; 1, 28-29, clarus et auro / intonuitque manu ;
carm. 2, 5-6, haud timet hostes / turba canum uigilans ; 2, 12-13,
uestiet umbra / ulmus ; 2, 13-14, summittere prato / herba iubet.
73. Le *carmen I* se plaît à commencer un vers par un groupe de
trois syllabes, ce qui est un peu plus rare dans le *carmen* II.
Exemples : *carm.,* 1, 2, iurgia ; 1, 3, haud moror ; 1, 4, inuitat ; 1, 5,
praemia ; 1, 7, uel caper ; 1, 8, uel leuis ; 1, 9, fistula ; 1, 11, elige ;
1, 12, fistula ; 1, 13, quid iuuat ; 1, 14, iudicis (27 exemples, soit
environ un vers sur deux). *carm.* 2, 3, et grauis ; 2, 4, non satis ; 2, 5,

ils se caractérisent l'un et l'autre par un style allusif,
souvent abrupt, qui a parfois dérouté l'ingéniosité de la
critique [74].

Leur structure est identique : un cadre bucolique qui
inspire un panégyrique. Différent en cela de ceux de
Virgile et de Calpurnius, ce cadre n'est plus qu'un
prétexte ; l'auteur a recours à tout l'arsenal bucolique, sous
forme de réminiscences, sans véritable dessein de peinture
champêtre. L'esquisse remplace le tableau : on songe au
compendiaria de Pétrone [75]. Une seule description vaut
par sa vivacité et son réalisme, celle des fêtes de Bacchus,
qui se réfère sans doute à une mystique dionysiaque. Dans
une atmosphère de fête des Ambarvales, l'auteur évoque
les *uota*, probablement gravés sur l'écorce d'un arbre
sacré, le ruissellement du vin et le bouc qui pend le ventre
ouvert [76]. En revanche, les fauves domptés de l'âge d'or,
tigres qui rongent leur frein et lions attelés, ne sont que des
images, assez conventionnelles, des cortèges de Bacchus et
de Cybèle [77]. Le piment habituel de la bucolique, l'amour,

forsitan 2, 8, altius ; 2, 11, ergo si ; 2, 12, qui spargit ; 2, 13... (14
exemples, soit environ un vers sur trois). La métrique du *carmen* I est
plus variée, avec un penchant pour les césures trihémimères ou après
le premier dactyle : 1, 1 césure au premier demi-pied + penthémimère ; 1, 2, trihémimère ; 1, 3, premier dactyle ; 1, 4, penthémimère ;
1, 7, troisième demi-pied et demi ; 1, 9 trihémimère ; 1, 15,
trihémimère ; 1, 16, trihémimère ; 1, 19, premier dactyle ; 1, 21,
premier dactyle ; 1, 23, trihémimère ; 1, 36, après premier pied
spondaïque. Le *carmen* II est plus régulier : la coupure du vers entre
deux interlocuteurs correspond généralement à une césure classique,
mais la métrique témoigne aussi parfois d'une certaine fantaisie :
carm. 2, 1, penthémimère ; 2, 4, penthémimère ; 2, 5 césure
bucolique ; 2, 6, penthémimère ; 2, 7, trihémimère + hephthémimère ; 2, 14 trihémimère ; 2, 26, hephthémimère ... On peut en déduire
simplement que le *carmen* II paraît témoigner de plus de métier.

74. Par exemple *carm. eins.*, 1,11-12 ; 1, 25-26 ; 1, 28 ; 2, 7 ; 2,
15-16 ; 2, 33-34.

75. Un art pictural « abrégé » est critiqué par Pétrone, *sat.*, 2,
comme étant dû à une influence égyptienne.

76. *Carm. eins.*, 2, 15-20.

77. *Carm. eins.*, 2, 37.

est totalement absent, car rien ne nous autorise à interpréter en ce sens la mélancolie de Mystes.

Un trait rattache cependant ces poèmes au genre bucolique et particulièrement aux *Idylles* de Théocrite, c'est l'humour — ou l'ironie —, car le sourire est ambigu. L'apologie excessive tourne à la dérision. Ce trait n'est jamais sensible chez Calpurnius, à qui on a tant reproché sa flagornerie. Ici, l'éloge de César, « à qui est toujours due la palme », ressemble fort au sarcasme d'un homme de cour [78]. Une ironie insaisissable semble affleurer également, de façon grinçante, dans l'exclamation « louez vos bûchers », qui pourrait être tristement d'actualité [79]. Un humour mordant apparaît aussi dans le second poème, avec le dialogue de sourds entre Glyceranus et Mystes, le premier assénant une série de maximes qui tombent à plat, le second ne se laissant nullement distraire de son humeur noire.

Plus ambitieux que Calpurnius, le poète, à travers Ladas, se présente, non sans prétention, comme un *uates*, à l'image de la prophétesse qui « révèle le monde [80] ». L'incohérence du couplet coïncide avec l'égarement prophétique. La bucolique verse alors dans la poésie didactique, à la manière de Lucrèce. Cependant, le scepticisme à l'égard des dieux traditionnels n'est pas libre pensée, mais louange du dieu universel qui réunit en lui les attributs de Jupiter et ceux d'Apollon et dont le prince est l'image terrestre. La cosmographie platonisante des sept sphères musicales, vulgarisée par des ouvrages comme le *Songe de Scipion* du *De republica*, ne dépasse pas les compétences d'un homme cultivé ; mais il s'y mêle un mysticisme quelque peu visionnaire ; le poète devient le chantre de la

---

78. *Carm. eins.*, 1, 16.
79. Voir *sup.*, n. 62, 65.
80. *Carm. eins.*, 1, 26.

religion nouvelle, celle du *Sol Inuictus*, dont Néron était à la fois l'adepte et le représentant terrestre [81].

Le mysticisme n'est pas non plus absent du second poème, mais c'est celui des mystères dionysiaques, en accord avec le nom de Mystes. Une certaine obscurité règne dans la peinture de l'âge d'or, plus allusive, mais plus réaliste que celle de Virgile [82]. L'ironie n'en est sans doute pas absente. Le sens dernier du poème est mal défini. Cette surabondance signifie pour Mystes lassitude et dégoût. Son modèle serait-il Mécène ? En tout cas, l'éloge paraît se teinter de cynisme. Cette note ambiguë et mystérieuse est sans exemple dans la poésie bucolique, en dehors de la quatrième bucolique de Virgile : celle-ci inspire l'apologie du règne, comme l'annonce d'une descendance. Cette parenté suggère aussi, à travers le jeu littéraire, un déguisement politique et une critique voilée. Devant les questions de Glyceranus, Mystes se dérobe et il paraît peu probable qu'une possible lacune ait expliqué ce silence et ce pessimisme.

Les deux poèmes relèvent donc d'un même type allusif, souvent mystérieux et, semble-t-il, à double entente. En forçant l'esthétique de la quatrième bucolique de Virgile et de la première bucolique de Calpurnius, le poète ne se sert plus du cadre bucolique que comme prétexte ornemental à la louange du prince et de son règne. À la peinture réaliste des campagnes de Calpurnius, peu sensible aux accents religieux, se substitue un mysticisme apollinien ou dionysiaque qui n'est pas sans mérite littéraire. Mais il ne semble pas exclure une ironie assez habilement dissimulée sous l'éloge pour que le prince ne puisse s'en offusquer.

81. À l'ironie se mêle en effet un mysticisme apollinien, quelque peu visionnaire. Le poète se fait le chantre de la religion nouvelle : L. JANSSENS, *Abrasax, le dieu de Néron*, dans *Neronia*, Clermont-Ferrand, 1977, p. 191-222.
82. Voir *sup.* n. 50.

La tradition manuscrite

La tradition manuscrite des *Carmina Einsidlensia* est
fort réduite : elle se limite actuellement au seul manuscrit
E, le *codex Einsidlensis 266*, qui se trouve à la Bibliothèque de l'Abbaye bénédictine d'Einsiedeln. Il fut découvert
par H. Hagen, en 1869. Il l'attribua au xe siècle, datation
suivie par R. Verdière.

Les *Carmina* se trouvent aux pages 206 et 207. L'écriture en est claire, mais la disposition confuse, le copiste
parvenant rarement à faire tenir deux vers sur une seule
ligne. Il y a peu de corrections. De plus, le haut des pages
206 et 207 a été maladroitement rogné par le relieur,
rendant toute restitution impossible. Le manuscrit semble
avoir toujours appartenu à l'Abbaye d'Einsiedeln.

Les éditions

L'*editio princeps* des *Carmina Einsidlensia* fut celle de
H. Hagen, dans *Philologus*, 28 (1869), p. 338-341. On
adjoignit ensuite les *Carmina* à d'autres poèmes mineurs.
A. Riese les publia dans son *Anthologia latina*, 2, Leipzig,
1870 et 1906. H. Baehrens les ajouta à son tour à ses
Poetae latini minores, 3, Leipzig, 1880. Ils sont ensuite
édités successivement par :

S. Loesch, *Die Einsiedler Gedichte*, Tübingen, 1909.

G. Giarratano, *Calpurnii et Nemesiani Bucolica*, Turin,
1924, p. 103 sq., plusieurs fois réédités.

J.W. Duff et A.M. Duff, *Minor latin poets*, Cambridge, 1935.

R. Verdière, *Calpurnii Siculi de laude Pisonis, Bucolica
et M. Aenei Lucani De laude Caesaris Einsidlensis
quae dicuntur carmina*, Bruxelles 1951, édition, traduction et commentaire.

D. Korzeniewski, *Hirtengedichte aus neronischer Zeit.
Calpurnius Siculus und die Einsiedeln Gedichte*,
Darmstadt, 1971, p. 76-84, édition, traduction et
commentaire.

A.J. Vaccaro, *Eglogas del manuscritto de Einsiedeln*,
dans *Canto y contrapunto pastoril*, Buenos Aires, 1974,
p. 127-132., traduction et notes.

Principes de cette édition

La présente édition des *Bucoliques d'Einsiedeln* repose
directement sur le manuscrit *E*. Le Bibliothécaire de
l'Abbaye a eu l'extrême obligeance de nous adresser une
excellente photographie agrandie des *Carmina* et une
description détaillée du manuscrit. Qu'il trouve ici l'expression de notre gratitude. Toutes les éditions mentionnées ont été consultées et en particulier celles de G.
Giarratano, R. Verdière et D. Korzeniewski. Les corrections se limitent aux passages manifestement fautifs et
adoptent toujours la leçon paléographiquement la plus
proche de celle du manuscrit. Déjà, D. Korzeniewski était
revenu sur bien des corrections de ses prédécesseurs ; à
quelques passages près, notre texte diffère assez peu du
sien.

La traduction s'efforce de respecter le style énigmatique,
les obscurités ou les platitudes d'une poésie inégale, parfois
ambiguë, dont le sens dernier prêtera toujours à discussion.

La consultation de la bibliographie allemande nous a été
grandement facilitée par l'amabilité de M. R. Verdière qui
a eu la bonté de nous communiquer le dossier qu'il avait
réuni sur un sujet qui lui est familier. Sans cette obligeance, nos recherches auraient été beaucoup plus difficiles
et plus lentes. M. R. Verdière ne saurait en être trop
remercié.

BIBLIOGRAPHIE SÉLECTIVE

Études critiques

Les éditions ont été mentionnées *sup*. p. 149.

BALZERT M., *Hirtensorgen im Goldenen Zeitalter. Eine Interpretation des carmen Einsidlense* 2, dans *Der Altsprachliche Unterricht*, 14, 3 (1971), p. 24-42.

BARTALUCCI A., *Persio e i poeti di eta neroniana*, dans *R C C M*, 18 (1978), p. 49-70.

BICKEL E., *Politische Sibylleneklogen. Die Sibyllenekloge des Consulars Piso an Nero und der politische Sinn der Erwähnung des Achilles in der Sibyllenekloge Vergils*, dans *Rh M*, 97 (1954), p. 193-210.

BINDER G., *Hirtenlied und Herrscherlob*, dans *Gymnasium*, 96 (1989), p. 363-365.

— *Die antike Bukolik*, Munich, 1989.

BUECHELER F., *Zur höfischen Poesie unter Nero*, dans *Rh M*, 26 (1871), p. 235-247.

CIZEK E., *L'époque de Néron et ses controverses idéologiques*, Leyde, 1972.

CRUSIUS O., *Zu den Einsiedler Bucolica*, dans *Philologus*, 54 (1895), p. 380-392.

DOEFF S., *Hic uester Apollo est. Zum ersten Einsiedler*, dans *Hermes*, 121 (1993), p. 252-254.

FUCHS H., *Der Friede als Gefahr. Zum zweiten Einsiedler Hirtengedichte*, dans *H S Ph*, 63 (1958), p. 363-365.

— *Zu den Hirtengedichten des Calpurnius Siculus und zu den Carmina Einsidlensia*, dans *MH*, 30 (1973), p. 228-233.

GERCKE A., *Senecastudien*, dans *Jahrbücker für Klassische Philologie, Supplement*, 22 (1896), p. 257-262.

GROAG E., art. *Calpurnius*, dans *R E* (1899), c. 1377.

HAGEN H., *Zur Erklärung und Kritik der beiden bukolischen Nouitäten aus Einsiedeln*, dans *Jahrbücher für Klassische Philologie*, 103 (1871), p. 139-152.

HERRMANN L., *L'empereur Néron et le roi Midas*, dans *R E L*, 6 (1928), p. 313-317.

— *Sur les Bucoliques d'Einsiedeln*, dans *Mélanges Paul Thomas*, Bruges, 1930, p. 432-450.

HUBAUX J., *Les thèmes bucoliques dans la poésie latine*, *Mémoires Académie royale de Belgique*, 29, Bruxelles, 1930.

JANSSENS L., *Abrasax, le dieu de Néron*, dans *Actes du deuxième colloque international d'études néroniennes*, *Neronia*, 1977, p. 191-222.

KNICKENBERG F., *Zur Anthologia Latina*, dans *Hermes*, 27 (1892), p. 144-160.

KORZENIEWSKI D., *Die panegyrische Tendenz in den Carmina Einsidlensia*, dans *Hermes*, 94 (1966), p. 344-360.

— *Zwei bukolische probleme*, dans *Hermes* 10, 4 (1973), p. 501.

— *Néron et la Sibylle*, dans *Latomus*, 1974 p. 921-925.

LANA I. L., *La poesia nell'eta di Nerone*, Turin, 1965.

LEACH E., *Neronian pastoral and the world of power*, dans *Ramus*, 4 (1973), p. 204-230.

LOEW E., *Uber die beiden bukolischen Gedichte des Codex Einsidlensis*, Vienne, 1896.

LUISELLI B., *Studi nella poesia bucolica*, Cagliari, 1967.

MACIEJCZYK A., *De Carminum Einsidlensium tempore et auctore*, Greifswald, 1907.

MANDOLFO C., *Sulla datazione dei Carmina Einsidlensia*, dans *Orpheus* 7 (1986), p. 1-20.

— *Carmen Einsiedlense 2, 23 Korzeniewski*, dans *Orpheus*, 11, 1990, p. 317-319.

MOMIGLIANO A., *Litterary chronology of the Neronian age*, dans *C Q*, 38 (1944), p. 96-100.

PALADINI M.L., *Osservazioni a Calpurnio Siculo*, dans *Latomus*, 15 (1956), p. 340-346.

PARATORE E., *La Letteratura latina dell'eta imperiale*, Florence, 1970.

PEIPER R., *Praefationis in Senecae tragoediae supplement*, Breslau, 1870.

RIBBECK O., *Zur lateinischen Anthologie* dans *Rh M* 26 (1871), p. 406-420.

ROMANO D., *Il verso finale della secunda ecloga einsidlense*, dans *Orpheus*, 2 (1981), p. 124-130.

SCHEDA G., *Zur Datierung der « Ilias Latina »*, dans *Gymnasium*, 72 (1965), p. 303.

— *Eine übersehene Recusatio-Form in Carmen Einsidlense I*, dans *Museum Helveticum*, 24 (1967), p. 52-56.

— *Nero und der Brand Roms*, dans *Historia* 16 (1961), p. 111.

— *Studien zur bukolischen Dichtung der neronischen Epoche*, Bonn, 1969.

SCHMID W., *Panegyrik und Bukolik in der neronischen Epoche. Ein Beitrag zur Erklärung der Carmina Einsidlensia*, dans *B J*, 153 (1953) ; p. 63-70.

— *Il gregge stolido e il suo giudizio politico*, dans *Studi in onore di G. Funaioli* Rome, 1955.

— *Nochmals über das zweite Einsiedler Gedicht*, dans *Hermes*, 83 (1955), p. 124-128.

— *Planeten und Sphärenmusik in der Neronischen Kaiserideologie*, dans *Hermes*, 94 (1960), p. 381-390.

SCHMIDT E., *Bukolische Leidenschaft oder Über antike Hirtenpoesie*, dans *Studien zur klassischer Philologie*, 22 (1907), p. 37-55.

SKUTSCH F., art. *Einsidlensia carmina*, dans *R E* (1905), c. 2115.

STOWASSER J., *Controverses aus den Idyllien von Maria-Einsiedeln*, dans *Zeitschrift für die österreichischen Gymnasien*, 47 (1896) p. 201-220.

Theiler W., *Zu den Einsiedlern Hirtengedichten*, dans *S I F C*, 27-28 (1968), p. 363-377.

Verdière R., *À l'ombre des charmes d'Einsiedeln*, dans *R B Ph*, 30 (1952), p. 788-802.

— *La bucolique post-virgilienne*, dans *Eos* 56 (1966), p. 161-185.

— *Le genre bucolique à l'époque de Néron ; Calpurnius Siculus et Carmina Einsidlensia*, dans *A N R W*, 1985, p. 1845-1924.

Wendel. C., *De nominibus bucolicis*, dans *Jahrbücher für klassischen Philologie*, 26 (1901), p. 64-68.

Zlatuska Z., *Kritische Textbemerkung zu Carmen Eins. I*, dans *Sbornik Praci Filosoficke Fakulty Brenske University*, Brno, 1968, p. 175-177.

SIGLA

codex

E = Einsidlensis 266, saec. X.

Editiones et uaria

edd. = *editiones.*
Baehr. = Baehrens, *Poetae latini minores*, 3, Leipzig 1880.
Bick. = Bickel.
Buech. = Buecheler.
Cast. = Castiglioni.
Giar. = Giarratano, *Calpurnii ... Bucolica*, Turin, 1924.
Hag. = Hagen, ed. 1869.
Herrm. = Herrmann.
Jans. = Janssens.
Korz. = Korzeniewski, *Hirtengedichte ...* Darmstadt, 1971.
Peip. = Peiper.
Rib. = Ribbeck.
Ries. = Riese, *Anthologia latina*, 2, Leipzig, 1870.
Verd. = Verdière, *Calpurnii ... et... De laude Caesaris*, Bruxelles, 1954.

Thamyras, Ladas, Midas

Thamyras

C'est toi, charmant Midas, que nos querelles réclament depuis longtemps [1] : prête une oreille attentive aux jeunes gens qui s'affrontent [2].

Midas

Je ne me fais pas attendre ; il se trouve d'ailleurs que le charme secret de ce bois invite à jouer du chalumeau [3] : mettez tout votre talent dans votre jeu.

Thamyras

5 Si les récompenses font défaut, l'assurance en son talent reste muette [4].

Ladas

Mais deux enjeux forceront notre confiance à s'affermir [5] : par exemple ce bouc, dont le front s'orne d'une tache blanche [6], ou bien cette flûte légère entourée de boules bien connues, présent mémorable de Faunus habitant des forêts [7].

---

5. *Fiducia* est repris par *fidem*. Les deux mots sont souvent associés, avec une nuance assez légère : Pl., *trin.*, 117, « qui tuae mandatur fidei et fiduciae » ; *ibid.*, 141-142 ; Cic., *amic.*, 15, 52.

I

Thamyras, Ladas, Midas

Thamyras

Te, formose Mida, iam dudum nostra requirunt
iurgia : da uacuam pueris certantibus aurem.

Midas

Haud moror ; et casu nemoris secreta uoluptas
inuitat calamos : imponite lusibus artem.

Thamyras

5 Praemia si cessant, artis fiducia muta est.

Ladas

Sed nostram durare fidem duo pignora cogent :
uel caper ille, nota frontem qui pingitur alba,
uel leuis haec et nobilibus circumdata bullis
fistula, siluicolae munus memorabile Fauni.

Titulus : Thamyras ... Midas *edd.* : Thamira ... Mida *E, quae uerba
secata sunt cum summa pagina.* **1** formose *Hag. edd.* : -sa *E* ‖ **2** iurgia
Hag. : iuria *E* ‖ **3** casu *ego* : cusu *E* lusu *Hag.* casti *Baehr. Giar. Verd.
Korz.* clusi *Cast.* ‖ **5** muta *E* : nulla *Hag. Rib.* ‖ **7** nota ... alba *Hag.
edd.* : notam ... albam *E* ‖ **8** nobilibus *E Giar.* : mobil- *Hag. Verd.
Korz.* ‖ **9** munus *Schmitz edd.* : munus et *E* ‖ memorabile *E* : uenera-
Baehr.

Thamyras

10 Que tu préfères mettre en jeu le bouc ou le présent de
Faunus, choisis celui des deux que tu vas perdre [8] ; ce sera,
je pense, une prédiction assez certaine [9] : la flûte est d'ores
et déjà perdue, c'est un enjeu condamné [10].

Ladas

A quoi sert d'user le jour en des propos insensés [11] ? Que
de l'attention du juge jaillisse la gloire du vainqueur.

Thamyras

15 Le butin est à moi, parce que mon esprit me suggère de
chanter les louanges de César [12] : c'est à cette tâche qu'est
toujours due la palme.

Ladas

Et moi, le dieu du Cynthe m'ébranle de sa bouche céleste
et il m'a enjoint de moduler des chants sur la lyre
fameuse [13].

Midas

20 Poursuivez, allons, mes enfants, livrez le poème promis [14].
Et que le dieu vous aide en vos chants [15] ! Commence
Ladas, toi, le premier, à son tour Thamyras rendra son
hommage [16].

14. *Reddere carmen* : expression consacrée ; voir Hor. *carm.* 4, 6,
43-44 « reddidi carmen docilis modorum/uates Horati ».
15. *Deus adiuuet* : tour de style familier ; voir Pl., *capt.*, 859 ;
asin., 15 ; *men.* 551 ; *merc.* 402.
16. Souvenir de Calpurnius, *buc.*, 4, 81 : « tuque prior, Corydon, tu
proximus ibis, Amyntas ».

Thamyras

10 Siue caprum mauis uel Fauni ponere munus,
elige utrum perdas ; et erit, puto, certius omen :
fistula damnato iam nunc pro pignore dempta est.

Ladas

Quid iuuat insanis lucem consumere uerbis ?
Iudicis e gremio uictoris gloria surgat.

Thamyras

15 Praeda mea est, quia Caesareas me dicere laudes
mens iubet : huic semper debetur palma labori.

Ladas

Et me sidereo corrumpit Cynthius ore
laudatamque chelyn iussit uariare canendo.

Midas

Pergite, io pueri, promissum reddere carmen ;
20 sic uos cantantes deus adiuuet ! Incipe, Lada,
tu prior ; alternus Thamyras imponet honorem.

---

11 et *E* : sed *Baehr.* ‖ omen *Hag. edd.* : omne *E* ‖ 12 (omne) ;
fistula *E* : fistula : *interp. Hag. Giar. Verd. Korz.* ‖ dempta *Schmitz*
Verd. Korz. : empta *E* prompta *Peip. Giar.* certas *Ries.* ‖
17 corrumpit *Korz.* (corrūpit *E*) : corrupit *Giar. Verd.* (mi) cor mouit
Baehr. cor rupit *Jans.* percussit *Hag.* ‖ cynthius *Hag.* : tincius *E*
cintius *E.s.l* ‖ 21 imponet *Baehr.* : -ponit *E*.

Ladas

Puissance éternelle, la plus haute parmi les dieux et dans
le ciel, qu'il te plaise, Phoebus, de toucher les cordes
sonores [17] et d'unir les principes du monde aux mélodies
25 de la cithare [18] : en ses incantations la vierge cède au délire
et chante d'une bouche contrainte [19] : « fasse le ciel que
j'aie vu les dieux, fasse le ciel que je révèle le monde [20] ».
Que cette intelligence fût celle du ciel ou l'image du soleil,
digne des deux principes, le dieu s'est dressé brillant de
pourpre et d'or et sa main a déclenché le tonnerre [21]. Telle
30 était la puissance divine qui engendra le monde, qui a
disposé en sept régions les zones de l'Artisan et les mêle de
tout son amour [22]. Tel était Phoebus, lorsque, heureux de
la mort du dragon [23], il inventa des chants savants avec des
battements de plectre [24] ; s'il existe des êtres célestes, ils
parlent par cette voix [25] !
35   La troupe des doctes sœurs était venue écouter ces
mélodies [26].

Thamyras

Ici, ici, Piérides, approchez en des bonds ailés [27]. Ici les
richesses de l'Hélicon s'épanouissent, ici se trouve votre
Apollon [28] ! Toi aussi, Troie, élève jusqu'aux astres tes
cendres sacrées et montre cette œuvre à la Mycènes
d'Agamemnon [29]. Déjà votre chute a été d'un si grand

---

17. La correction de Peiper, *temptare* se justifie par Ovide, *met.*, 5,
117-118 : « digitis mouentibus ille retemptat fila lyrae ».
18. Ladas annonce un type de poésie didactique, d'allure lucré-
tienne : *nat. rer.*, 1, 7, 712 « adde etiam qui conduplicant primordia
rerum ». L'expression *primordia rerum* apparaît aussi chez Ovide, *met.*
15, 67-68. Sur l'image de l'heptacorde, voir Introduction, p. 147.

Ladas

Maxime diuorum caelique aeterna potestas,
seu tibi, Phoebe, placet *t*emptare loquentia fila
et citharae modulis primordia iungere mundi :
25 carminibus uirgo furit et canit ore coacto :
« fas mihi sit uidisse deos, fas prodere mundum ».
Seu caeli mens illa fuit seu solis imago,
dignus utroque < deus > stetit ostro clarus et auro
intonuitque manu. Talis diuina potestas
30 quae genuit mundum septemque intexuit oris
artificis zonas et toto miscet amore.
Talis Phoebus erat, cum laetus caede draconis
docta repercusso generauit carmina plectro.
Caelestes ulli si sunt, hac uoce loquuntur !
35 Venerat ad modulos doctarum turba sororum.

Thamyras

Huc, huc, Pierides, uolucri concedite saltu :
hic Heliconis opes florent, hic uester Apollo est.
Tu quoque Troia sacros cineres ad sidera tolle
atque Agamemnon*ii*s opus hoc ostende Mycenis.

---

22 caelique *Hag.* : ceterique *E* ‖ **23** Th *E* : *del. Hag.* ‖ temptare *Peip.* : emp- *E* ‖ *uers.* 25 *post* 18 *traiecit Ries.* ‖ **25** carminibus *E. Korz.* : -mine seu *Rib. Giar. Verd.* ‖ **26** La *E* : *del. Hag.* ‖ **26** mundum *E* : -do *Hag. Giar. Verd. Korz.* diuum *Ries.* numen *Maguinness* ‖ **28** utroque *E* : utraque *Peip.* ‖ deus *om. E suppl. Ries.* : deo *Knickenberg Giar. Verd. Korz.* Nero *Buech.* ‖ **30** oris *E* : orbis *Hag. Giar. Verd. Korz.* ‖ **31** toto *E* : totum *Ries.* totas *Baehr.* ‖ *uers.* 35 *post* 41 *traiecit Baehr.* ‖ **35** sororum *Hag. edd.* : sonarum *E* ‖ **39** agamemnoniis *Hag. edd.* : -memnonis *E*.

40 prix ! Réjouissez-vous, ruines, et louez vos bûchers : votre
descendant vous redresse [30] !

....

[31] .... la barbe abondante et la chevelure blanche
45 rayonnaient d'un éclat sans tache [32]. Ainsi donc, après
avoir empli nos oreilles d'accents divins, il détacha de ses
tempes brillantes de blancheur la bandelette jaune et
couvrit la tête de César d'un ornement mérité [33]. Non loin
se tenait le poète à la bouche aussi puissante que celle qui
jadis chanta Ilion [34] et Mantoue d'elle-même déchirait ses
propres écrits [35].

II

Glyceranus, Mystes

Glyceranus

Pourquoi ce silence, Mystes [36] ?

Mystes

Les soucis troublent mes joies [37] : le souci
accompagne les festins, il apparaît davantage au milieu des
coupes et une lourde anxiété se plaît à peser sur les jours
de bonheur [38].

Glyceranus

Je ne saisis pas bien.

37. *Gaudia turbant* : voir Claud., *carm. min.* 22, 31-32 : « secuit
nascentia uota liquor et ... turbauit gaudia laeta ». Le thème apparaissait déjà chez Pindare, *fragm.*, ed. Puech 100 : « ὁπόταν θεὸς ἄνδρι
χάρμα πέμψῃ πάρος μέλαιναν καρδίαν ἐστυφέλιξεν ».

40 Iam tanti cecidisse fuit ! Gaudete, ruinae,
    et laudate rogos : uester uos tollit alumnus !
    ....
    .... plurima barba
    albaque caesaries pleno radiabat honore.
45 Ergo ut diuinis impleuit uocibus aures,
    candida flauenti distinxit tempora uitta
    Caesareumque caput merito celauit amictu.
    Haud procul Iliaco quondam non segnior ore
    stabat et ipsa suas delebat Mantua cartas.

II

Glyceranus, Mystes

Glyceranus

Quid tacitus Mystes ?

Mystes

            Curae mea gaudia turbant :
cura dapes sequitur, magis inter pocula surgit,
et grauis anxietas laetis incumbere gaudet.

Glyceranus

Non satis accipio.

42 *summa pagina erasa deesse uidetur maior pars uers.* 42 *et* 43 ;
suppl. Baehr. uenerat en et Maeonides cui plurima barba ‖ **45** aures
E Korz. : auras *Hag. Ries. Giar. Verd.* aurae *Baehr.* ‖ **46** distinxit *E.
Giar. Verd.* : discin- *Hag. Korz.* ‖ **47** celauit *ego* : celabit *E* uelauit
Peip. Giar. Verd. Korz.

Mystes

Je n'aime pas tout dire.

Glyceranus

5 Un loup peut-être a abusé ton bétail [39] ?

Mystes

Troupe de chiens vigilants ne craint pas
l'ennemi [40].

Glyceranus

Même sur des chiens vigilants, le sommeil
étend son ombre [41].

Mystes

C'est quelque chose de plus profond, Glyceranus, c'est
bien clair : tu te trompes [42].

Glyceranus

Pourtant la mer n'a pas coutume de se troubler sans vents.

Mystes

Tu peux ne pas le croire, c'est la satiété qui gâche mes
plaisirs [43].

Glyceranus

10 Les délices et le sommeil font souvent bon ménage avec les
plaintes.

---

39. Le verbe *imponere* construit avec le datif signifie « donner le
change » : Plin. *ep.* 3, 15, 3 : « si modo mihi non imposuit recitatio
tua ». C'est une supposition classique : Verg., *buc.*, 5, 60, « nec lupus
insidias pecori... » ; Calp., *buc.*, 1, 40-41, « non tamen insidias
praedator ouilibus ullas afferet ».

Mystes

Nec me iuuat omnia fari.

Glyceranus

5 Forsitan imposuit pecori lupus ?

Mystes

Haud timet hostes
turba canum uigilans.

Glyceranus

Vigiles quoque somnus adumbrat.

Mystes

Altius est, Glycerane, aliquid, nec non patet : erras.

Glyceranus

Atquin turbari sine uentis non solet aequor.

Mystes

Quod minime reris, satias mea gaudia uexat.

Glyceranus

10 Deliciae somnusque solent adamare querellas.

7 nec non patet *E* (n̄ n̄ pāt) *Verd.* : quod non patet *Herrm. Korz* nec

Mystes

Donc, si tu cherches à savoir la cause de mes soucis [44]...

Glyceranus

L'arbre qui étend ses branches nous couvrira de son ombre tremblante [45] ; nous y voilà et l'herbe nous invite à nous allonger sur la tendre prairie [46]. Toi, parle, pour quelle raison te tais-tu [47] ?

Mystes

15 Tu vois comme Bacchus répandu sur l'écorce usée porte des vœux annuels et imprègne les autels comme chaque année [48]. Les temples exhalent le vin pur, les tambourins creux résonnent sous les paumes [49]. Les nymphes du Ménale mènent leurs rondes charmantes à travers les cérémonies sacrées [50], la flûte joyeuse chante [51], le bouc sacré pend à l'orme et, le cou déjà dépouillé, montre ses
20 entrailles [52]. Est-ce donc que nos fils combattent dans une situation périlleuse et incertaine et le bétail obtus nie-t-il que cette époque soit l'âge d'or [53] ? Les jours de Saturne sont revenus, Astrea revient, c'est sûr [54], et les siècles sont totalement revenus aux mœurs antiques. Le moissonneur
25 engrange en sûreté ses épis avec une totale confiance [55], l'âge donne à Bacchus sa langueur, les troupeaux errent dans les herbages [56], nous ne moissonnons plus par le

---

45. C'est le cadre habituel de la joute poétique : Verg., *buc.*, 1, 1 ; 5, 4-6 ; Calp. *buc.*, 9-11 ; 6, 65. Plusieurs éditeurs, après Baehrens, ont relié cette phrase à la suivante, en corrigeant *uetimus* en *ulmus*, qui devient l'antécédent de la relative « quae spargit ramos ». Séduisante, cette correction paraît graphiquement peu probable. L'expression *spargit frondes* est horatienne : *carm.*, 3, 8, 14 ; *uestiet umbra* appartient à l'arsenal poétique : Cic., *fragm. poet.*, 52, 205, « atque aram tenui caligans uestiet umbra ». L'image de la *tremula umbra* se souvient peut-être de celle, plus complexe, de Calpurnius, 1, 12 : « et ramis errantibus implicat umbra ».

Mystes

Ergo si causas curarum scire laboras.

Glyceranus

Quae spargit ramos, tremula nos uestiet umbra.
Venimus, et tenero corpus summittere prato
herba iubet : tu dic quae causa tacendi.

Mystes

15 Cernis ut attrito diffusus cortice Bacchus
annua uota ferat solemnisque imbuat aras.
Spirant templa mero, resonant caua tympana palmis,
Maenalides teneras ducunt per sacra choreas,
tibia laeta canit, pendet sacer hircus ab ulmo
20 et iam nudatis ceruicibus exuit exta.
Ergo num dubio pugnant discrimine nati
et negat huic aeuo stolidum pecus aurea regna ?
Saturni rediere dies redit Astraea certo
totaque in antiquos redierunt saecula mores.
25 Condit securas tota spe messor aristas,
languescit senio Bacchus, pecus errat in herba,
nec gladio metimus nec clausis oppida muris

enim patet *Giar.* non hoc, pater *Ries.* ‖ **11** laboras *Hag. edd.* : -res *E*
‖ *post uers. 11 lac. susp. Hag.* ‖ **13** uenimus (uetimus) et *E. Verd.*
Korz. : ulmus et en *Duff* ulmus et in *Buech.* ‖ **15** cortice *E Giar.*
Verd. : caespite *Baehr. Bick. Schmid. Korz.* ‖ bacchus *Giar. Verd.* :
fagus *E* pagus *Baehr. Bick. Schmid Korz.* ‖ **16** imbuat *Hag. Verd.* :
buet *E.* inchoet *Baehr.* ‖ **21** num *E Giar. Verd. Korz.* non *Hag.* ‖
22 stolidum *Hag. edd.* : soli- *E* ‖ **23** redit astrea *E* : redit et Rhea *Verd.*
astreaque *Hag. Giar. Korz* ‖ certo *ego* : certos *E* cretis *Verd.* uirgo
Hag. Giar. Korz. ‖ **24** totaque *E* : tuta- *Baehr.* ‖ **25** securas *E*
Korz. : -rus *Ries. Verd.* -ra *Duff.*

glaive et les places fortes, enfermées dans leurs murailles,
ne se préparent plus à des guerres qu'il vaut mieux
30 taire [57] ; plus d'accouchement où, quelle qu'elle soit, une
femme funeste met au monde un ennemi [58]. Nue, la
jeunesse creuse les labours et l'enfant, subjugué par la
lente charrue, s'étonne de l'épée suspendue dans la
demeure paternelle [59]. Mais elle est loin de nous la gloire
malheureuse de Sylla [60] et la triple tempête, lorsque Rome
désespéra de ses dernières ressources et vendit les armes de
Mars [61]. À présent, sans qu'on la cultive, la terre tire de son
35 sein de nouvelles productions [62], à présent les flots sauvages ne se déchaînent plus contre les navires qui sont
sûrs [63], les tigres rongent leur frein, les lions sont soumis
au joug impitoyable [64]. Chaste Lucine, accorde nous ta
faveur, voici que règne ton cher Apollon [65] !

56. *Gladio metimus* est une expression virgilienne : *aen.*, 10, 513,
« proxima quaeque metit gladio ». Cette façon de s'enrichir constitue
chez les poètes augustéens une « moisson » immorale, qui remplace
fâcheusement l'agriculture. L'âge des guerres est l'*aetas ferrea*. *Bella
tacenda* exprime le même dégoût de la guerre, et surtout de la guerre
civile, que chez Horace, Tibulle et Properce.

58. *Femina* peut avoir le sens générique d'« être féminin », mais
s'emploie aussi au sens de *mulier* : Ou., *fast.*, 3, 124 ; Plin. *pan.*, 22,
3, particulièrement en association avec le verbe *pario*. Aucun ennemi
ne peut plus naître, puisque les guerres n'existent plus et que les
animaux mêmes vivent en paix.

59. La jeunesse est *nuda* et non pas couverte d'une cuirasse et d'un
bouclier. L'homme creuse le sillon et l'enfant guide les bœufs : Verg.
georg. 1, 163-164 « graue robur aratri tardaque uoluentia plaustra ». Le
paysan, sans doute revêtu d'un simple sayon, travaille *nudus : georg.*,
1, 229 « nudus ara, sere nudus » ; Plin. 18, 20. C'est une scène
bucolique, mais réaliste. Pour Virgile et d'autres poètes, la culture
était inutile à l'âge d'or : *georg.*, 1, 126, « Ante Iouem nulli subigebant
arua coloni ». Au retour des guerres, on avait coutume de suspendre
l'épée dans la demeure. *Miratur... ensem* représente peut-être un
souvenir de Tibulle, 1, 10, 49-50 : « Pace bidens uomerque nitent, at
tristia duri/militis in tenebris occupat arma situs ».

bella tacenda parant ; nullo iam noxia partu
femina, quaecumque est, hostem parit. Arua iuuentus
30 nuda fodit tardoque puer domifactus aratro
miratur patriis pendentem sedibus ensem.
Sed procul a nobis infelix gloria Sullae
trinaque tempestas, moriens cum Roma supremas
desperauit < opes > et Martia uendidit arma.
35 Nunc tellus inculta nouos parit ubere fetus,
nunc ratibus tutis fera non irascitur unda ;
mordent frena tigres, subeunt iuga saeua leones.
Casta faue, Lucina, tuus iam regnat Apollo !

34 desperauit *Hag. Giar. Verd.* : -rabit *E* sperauit *Korz.* ||
opes : *suppl. Peip.* : sortes *Korz.* || **37** subeunt *Schmitz* : -bient *E* ||
38 Apollo ; Finit *add. E.*

NOTES COMPLÉMENTAIRES

I. CONSOLATION À LIVIE

Page 60.

4. L'expression *ponere nomen* « donner » ou « proposer un nom »,
est familière : voir Ter., *hec.*, 918 ; Cic., *tusc.*, 14, 8.

5. Le ton est plus exclamatif qu'interrogatif, bien que *quisquam*
s'emploie généralement dans un tour interrogatif ou négatif. La
répétition *et quisquam* reprend la répétition *nec nec* ; cette imitation
rhétorique du style familier correspond à l'expression *dicere leges*,
plus simple qu'*imponere leges*. L'excuse est traditionnelle dans les
consolations. Voir Stace, 5, 6, 60 : « qui dicere legem fletibus aut
finem audet censere dolendi ». Mais le passage (v. 9) ne manque pas
d'émotion.

6. J. H. Mozley comprend « retenir les larmes sur ton visage ». Le
mot *ore* paraît plutôt garder son sens de « bouche », qui reprend *dicis*
et *dicere* aux vers 6 et 7.

7. La construction de *quamuis* avec l'indicatif, en un sens conces-
sif, représente une licence poétique ou tardive, mais qui n'est pas sans
exemples chez Ovide ou Virgile, *buc.*, 3, 84, et Horace, *sat.*, 1, 3, 129.

8. Après Heinsius, Lenz rattache *scilicet* au vers précédent, ce qui
supprime le parallélisme avec *hei* au vers 9. La ponctuation ici
adoptée a été défendue particulièrement par N. Tezaghi, *Minutiores
curae*, dans *B P E C*, 1 (1942), p. 183-191. Les vers 11 et 12 sont
généralement compris comme la citation d'une formule classique de
consolation, d'allure stoïcienne, appliquée au deuil d'autrui. Mais en
la reprenant, l'auteur la charge d'une ironie amère, en même temps
qu'il suggère la grandeur d'âme que l'on reconnaît à Livie.

9. Le rejet asyndétique *occidit* ouvre souvent la *laudatio* chez les
élégiaques : Ou., *am.*, 2, 6, 2 ; Prop., 3, 18, 15. Mais il convient
particulièrement à la mort brutale de Drusus. Ici commence l'éloge,
en forme de *deploratio*, qui porte traditionnellement sur deux thèmes,
les *mores* et les *uirtutes*, *toga... armis* : voir Introduction, p. 34 et 35,
Ovide, *pont.*, 2, 161 : « iuuenum belloque toga maxime ». Le double

thème se retrouve encore dans le *De laude Pisonis*, v. 35-36. Le terme
d'*exemplum* se retrouve dans *in Maec.*, 2, 23 ; mais il est aussi usité
dans les inscriptions funéraires. L'éloge des *mores* recouvre non
seulement la personnalité sans reproche de Drusus mais aussi ses
services civils : il avait exercé la questure à quinze ans, puis avait été
préteur urbain : Suet., *Claud*, 12 ; Dio. Cass., 54, 22, 4.

Page 61.

10. *Latebrosas Alpes* : les Alpes sont souvent mentionnées comme
des forteresses inexpugnables : Liu., 21, 5, 4 ; Amm., 15, 4, 3. Ici,
c'est une allusion poétique aux campagnes de Germanie, menées par
Drusus et Tibère de 15 av. J.-C. à 12 ap. J.-C. La victoire sur les Rètes
a été commémorée par l'inscription suivante : Dessau, *Inscriptiones
selectae*, 208 : « Drusus pater Alpibus bello patefactis ». On avait
dressé le trophée de la Turbie et Drusus paraît sur une frise de l'*Ara
Pacis*. Le terme *titulum* peut désigner l'inscription officielle qui
récompense les généraux, ou simplement l'honneur d'avoir achevé la
guerre, comme dans Tite-Live, 28, 41, 3.

11. Les Suèves, peuple germain situé entre le Rhin et le Mein,
avaient déjà été soumis par César : *bell. gall.*, 1, 5, 3, 4 ; 4, 1, 3. Ce
dernier mentionne également les Sicambres, un peu plus au nord, 4,
6, 2. Voir aussi Horace, *carm.*, 4, 2, 34 : « Sygambros feroces ». Après
avoir infligé une sanglante défaite à M. Lollius en 16 av. J.-C., les
Sicambres venaient de faire leur soumission à Auguste, en lui livrant
des otages : Hor., *carm.*, 4, 14. Le triomphe n'est plus accordé qu'aux
membres de la famille impériale. En réalité, il s'agit plutôt ici de
l'*ouatio*, célébrée en 11 av. J.-C., où Drusus entra à Rome en tenue
de triomphateur. De fait, les peuples du Rhin n'étaient nullement
vaincus. L'orgueil d'avoir étendu les frontières de l'Empire à des
terres insoumises est constant chez les poètes augustéens Hor., *carm.*,
1, 13, 52-56 ; 1, 30, 29-32 ; voir aussi Sen., *ad Marc.*, 3, 1 : « ibi signa
romana fixerat ubi uix ullos esse Romanos notum erat ». Auguste
donna pour sujet à Horace les victoires de Drusus et Tibère sur les
Vindélices : *uit. Hor.*, 9.

12. *Soluere uota*, comme chez Ovide, *trist.*, 4, 2, 7. Il s'agit de
prières ou de sacrifices propitiatoires adressés aux divinités guerrières,
et particulièrement à Jupiter Capitolin, sous sa forme de Jupiter
Férétrien, à qui l'on consacrait les dépouilles opimes. C'était un des
cultes les plus anciens de Rome. Auguste s'était placé sous la
protection de Jupiter, dont il se voulait l'image. À Jupiter est
normalement associée la déesse *armifera*, Minerve, qui appartient à la
triade capitoline. L'épithète est ovidienne : *am.*, voir Introduction,
p. 20. *Gradiuus* est l'épithète de Mars chez Virgile, *aen.*, 10, 542,
Ovide, *met.*, 6, 427, et surtout *fast.*, 3, 169, où elle est, comme ici,
associée à *Mauors*, v. 171. Les Saliens étaient consacrés à Mars

Gradiuus. L'étymologie « dieu de la marche » est donnée par Seruius, *ad Verg. aen.*, 3, 35. Il est aussi le dieu de la jeunessse. Le terme *pater* lui attribue un rôle protecteur. L'accent porté sur tous ces cultes nationaux et anciens répond à la politique religieuse d'Auguste, qui exclut les cultes étrangers. L'expression *iusque piumque* paraît exprimer le scrupule religieux de Livie, mais ce peut être aussi une formule rituelle, qui se retrouve chez Ovide, *her.*, 8, 4 ; *ars am.*, 1, 200.

13. *Sacros triumphos* : les triomphes s'accompagnaient de cérémonies religieuses et surtout de la montée au Capitole en manteau de pourpre. Ici, il s'agirait plutôt de l'*ouatio*, cf. *sup.*, n. 11. Une même peinture de l'accueil du triomphateur est faite dans *pont.*, 3, 4, 95 : « Quid cessas currum pompamque parare triumphis ? ». Le char triomphal était souvent recouvert d'ivoire. Par ailleurs, la mode était aux chars brillamment ciselés, à la façon bretonne, mode lancée, semble-t-il par Mécène : *Prop.*, 2, 1, 76.

14. *Funera ducenda* : les proches menaient le cortège de funérailles qui suivait le corps. Devant marchaient les musiciens. J. H. Mozley comprend *pro Iouis arce* « devant le Capitole » ; mais Drusus fut enseveli au Champ de Mars et le parallélisme *pro sacris triumphis* et *pro arce* paraît patent : le sens est qu'il faut renoncer à la montée triomphale au Capitole, remplacée par un triste cortège de funérailles.

15. Le souci religieux prédomine en ce passage, voir n. 12. Le terme *reducem* fait sans doute allusion au culte de la *Fortuna redux*, institué par Auguste pour fêter son retour après son voyage en Orient, en 19 av. J.-C. Le jour de ce retour était un jour de fête annuel et l'on pouvait prier la Fortuna pour un retour heureux.

16. Le verbe *gratantem* est virgilien, au sens de « féliciter » : *aen.*, 4, 478 ; 5, 40. Gorallus et d'autres commentateurs y voient l'équivalent de l'expression *gratias agere (diis)*. Les *dona* sont effectivement les présents offerts aux dieux pour le salut de Drusus.

17. Le vers 34 a été diversement corrigé. La leçon du manuscrit *D*, que nous conservons, est peut-être une correction, mais elle n'est pas impossible, en dépit de la lourdeur des coordinations et des élisions successives. F. W. Lenz n'ose l'adopter. Cependant, la répétition *os ore* est un procédé expressif cher à l'auteur, qui se développe en onomatopées *oculos oscula*, jusqu'au vers suivant. Le passage pourrait se souvenir de Catulle, 9, 6-10 : « si quis me sinat usque applicans collum / iocundum os oculosque sauiabor ».

18. *Hoc narrabit* : évocation d'un monologue familier, scandé par les reprises de *sic*, inspirées peut-être de Virgile, *aen.*, 3, 490 : « sic oculos, sic ille manus, sic ora ferebat » ; *oscula iunget* comporte l'ellipse de *mihi*. L'expression est ovidienne : *am.*, 3, 9, 53 ; *her.*, 20, 141. Le tour *prior ipsa loquar* évoque plutôt le style familier de Virgile, dans *aen.*, 9, 319.

19. *Caesaris illud opus* : on trouve une expression identique dans

in Maec., 2, 6, mais aussi chez Ovide, *fast.*, 5, 459 ; *met.*, 15, 751 ;
Sénèque emploie un tour voisin dans *epist.*, 34, 2 : « meum opus est ».
Le sens est clair : l' « œuvre » de César est d'avoir adopté Drusus et
d'avoir pourvu à son éducation de prince. Au vers 39, la leçon *ueluti*
a été généralement corrigée en *uoti*, mais *ueluti* peut exprimer,
comme *quasi*, une atténuation de l'image *pars uestri*. Le vers pourrait
fort bien être ambigu et faire une allusion discrète à la mystérieuse
ascendance de Drusus. Le rejet *occidit* souligne le lamento du v. 13.
L'affection d'Auguste pour ses beaux-fils est soulignée par Horace,
carm., 4, 4, 27 : « Augusti paternus / in pueros animus Nerones ».

20. *Solue comas* : allusion à la coutume de deuil qui consistait pour
les femmes à dénouer leurs cheveux ; voir *pass. Perp.*, 21, où la
martyre rattache sa chevelure, pour ne pas passer pour une femme en
deuil. Même expression chez Ovide, *am.*, 3, 9, 3 : « indignos, Elegeia,
solue capillos ». *Indignas* a parfois été compris au sens premier, « qui
ne le méritent pas » (Mozley) ou « en désordre ». L'adjectif a plutôt un
sens consécutif, « devenus indignes » (de toi). La coiffure de Livie était
en effet simple, mais stricte.

21. La vie privée de Livie était sans reproche. *Tanto placuisse uiro*
est proche d'Ovide, *trist.*, 2, 140 : *tanto displicuisse uiro*. On sait que
Livie était d'une beauté remarquable, comme en témoignent ses
bustes, et qu'Auguste l'enleva à Tiberius Claudius Nero, alors qu'elle
était enceinte de six mois. La construction *quid prosunt* pourrait
s'inspirer de Properce, 4, 11, 11, mais c'est un lieu commun du deuil.
Elle gouverne ici un zeugma, *mores actumque aeuum* et *tanto
placuisse*. Cette figure de style est chère à Ovide, comme le note
J. M. Frécaut, *Une figure de style chère à Ovide, le zeugma ou
attelage*, dans *Latomus*, 28, 1 (1969), p. 28-41.

Page 62.

22. *Pudicitiā... inuiolatā* : passage fort contesté, mais où *pudicitia*
peut se comprendre comme un ablatif de point de vue. Le terme
inuiolatus est cicéronien, au sens de « hors de toute atteinte,
respecté » : *Sul.*, 140 ; *Cael.*, 11 ; voir aussi Horace, *carm.*, 3, 4, 36,
qui l'emploie au sens de « à l'abri de toute atteinte » : « uisam
Britannos hospitibus feros... inuiolatus ». Il ne paraît donc pas
nécessaire de remplacer ce mot par *cumulasse*, comme l'ont fait
Heinsius et Witlox. *Tantum bonorum* a également étonné. Le style est
familier. Tel quel, le passage développe sans élégance l'adverbe *pudice*
du vers 41. De fait, l'ordre des mots, et particulièrement celui du vers
44, est plus insolite que le vocabulaire.

23. La déploration des vices du siècle, et surtout des vices féminins,
est constante chez les poètes augustéens : Hor., *carm.*, 3, 6, 15 sq. Il
est vrai que peu de femmes de l'entourage d'Auguste avaient su
garder leur pudeur. Le portrait de Livie est conforme à celui de la

matrone traditionnelle qu'elle voulut être. Quoique toute puissante auprès d'Auguste, elle n'a pas eu d'influence néfaste. Ce lieu commun de l'éloge se retrouve dans *in Maec.*, 1, 15 : « omnia cum posses... te sensit nemo uelle nocere tamen ». Mais, dans les deux cas, ce trait de caractère est vérifié : Livie savait se cantonner aux tâches domestiques ; Auguste se plaisait à porter des tuniques filées par sa femme. L'expression *altius et uitiis exeruisse caput* se trouve aussi chez Ovide, *fast.*, 1, 299-300. Le terme *neruos*, souvent traduit par « pouvoir », a couramment le sens de « fers, cachot », dans la langue des Comiques et dans le style familier : voir *pass. Perp.*, 6, 1. Livie s'est également gardée d'empiéter sur le domaine masculin : la politique (*campo* : jusqu'à Tibère, les comices avaient lieu au Champ de Mars), ou la justice (*foro*), comme le fera plus tard Agrippine. L'éloge se poursuit par celui de la *sobrietas* qui a réglé le train de vie de la maison d'Auguste. Là encore, il s'agit d'une topique appliquée au souverain, d'Auguste à l'empereur Julien, et le portrait évoque la Cornélie de Properce. Mais à nouveau, la topique s'adapte au caractère de Livie. La relative simplicité de sa maison en porte témoignage. Cependant, la décoration picturale en était assez recherchée : voir G. CARETTONI, *La decorazione pittorica della Casa di Augusto sul Palatino* dans *M D A I* (R), 90 (1983), p. 373-419.

24. L'injustice de la Fortune et son règne universel constituent le lieu commun par excellence de toutes les consolations : voir Sen., *ad Pol.*, 2, 2. Le style abuse des répétitions antithétiques : *iniuria* suivi de l'oxymoron *iniustum ius*. L'image de la roue de la Fortune, empruntée à la Tyché grecque, n'appartient pas à la religion romaine archaïque, mais depuis Cicéron, *in Pis.*, 10, 22, elle est fréquente chez les poètes augustéens : Tib., 1, 5, 70 ; Prop., 2, 8, 8, où elle représente sans doute une image alexandrine. L'étude en a été faite par J. CHAMPEAUX, *Fortuna, Recherches sur le culte de la Fortune à Rome et dans le monde romain*, Paris, 1982, p. 345 sq. Le tour *ne quid non...* paraît être un renchérissement de style oral. Mais, contrairement à l'avis de G. Liberman, *op. cit.*, p. 1124, le sens final ne paraît pas « déplacé ».

26. *Vigil* : le prince est le « gardien » de la cité. Ce titre est aussi attribué à Mécène, dans *in Maec.*, 1, 14. L'expression *locatus in arce* fait allusion à la situation du palais impérial, et surtout à la divinisation du prince, qui est devenu l'image de Jupiter Capitolin. Cette représentation date d'Auguste, comme l'a montré R. TURCAN, *Le culte impérial*, dans *A N R W*, 16, 2 (1982), p. 997 sq. L'image apparaît déjà chez Virgile, *buc.*, 4, 48 : « magnum Iouis incrementum », et Horace, *ep.*, 1, 16, 27. L'assimilation d'Auguste à Jupiter est constante chez Ovide, particulièrement dans les *Tristes* et les *Pontiques*, où il se peint « foudroyé ». Auguste apparaît d'ailleurs en Jupiter sur le Grand Camée de Vienne.

27. Le vers 65 commence par une asyndète et un rejet, *uidimus*,
qui souligne le témoignage de l'auteur et la part prise par Auguste au
deuil de sa sœur Octavie : elle perdit le jeune Marcellus, fils de son
premier mari, M. Claudius Marcellus, en 23 av. J.-C. Cet enfant passe
pour être le héros de la quatrième églogue de Virgile. L'éloge funèbre
fut prononcé par Auguste. Le *publicus luctus* est une manifestation
officielle, décrétée par le sénat, qui comporte la fermeture des
temples, la vacance des tribunaux et des supplications publiques ; voir
inf., v. 185.
28. M. Vipsanius Agrippa, soldat et homme d'action, était d'origine roturière. Il fut, avec Mécène, le second et l'ami d'Auguste, pour
qui il répudia sa famille. Sur le conseil de Mécène, qui aurait dit « il
faut s'en débarrasser ou le prendre pour gendre », Auguste lui fit
épouser, à 41 ans, sa fille Julie, veuve de son neveu Marcellus. Elle en
eut deux fils, Caius et Lucius, qu'Auguste adopta. Agrippa fut tout
puissant en Orient ; il détenait l'anneau d'or d'Auguste. Son portrait
est fait par J. CARCOPINO, *Passion et politique chez les Césars*, Paris,
1958, p. 104 sq. Agrippa mourut en 12 av. J.-C. et fut enseveli avec
Marcellus dans le Mausolée d'Auguste. Cette construction monumen-
tale, bâtie au Champ de Mars, recouverte de marbre blanc, était une
pyramide de près de 100 mètres de base, divisée en trois étages par
des gradins plantés de cyprès. Au sommet se dressait la statue
d'Auguste, au-dessus d'un temple rond qui devait renfermer les
cendres impériales. Le terme *generos* représente donc les deux maris
successifs de Julie, Marcellus et Agrippa.
29. *Posito* : c'est le verbe consacré à la « déposition » funéraire. La
leçon des manuscrits *perficit* a été généralement refusée par les
éditeurs : Witlox propose *percipit*, Lenz *suscipit*. Cependant, *perficit*
s'accorde avec le style souvent familier du passage : voir v. 59, *adde* ;
il paraît avoir le sens de « parachever », « mettre le comble à » (ces
cérémonies funestes). L'affection qu'Auguste portait à sa sœur Octavie
est bien connue. Celle-ci meurt en 11 av. J.-C.

Page 63.

33. Plusieurs éditeurs rattachent l'adjectif *ultima* au vers précédent et ponctuent après lui ; mais l'enjambement paraît hardi et
surtout le vers 76 n'offre plus grand sens, à moins de donner à *summa*
le sens de *nouissima* (Witlox), ce qui est une redondancee avec
ultima. De fait, *summa* est ambigu : il peut signifier assez platement,
« très forte », « immense », sens développé au vers suivant ; mais
l'adjectif peut aussi désigner la tonalité aiguë de la voix qui
caractérisait les *neniae* : Cic., *or.*, 1, 261, « summa uoce ». Les antiques
lamentations des *neniae* étaient encore en usage. Selon Suétone, un
sénateur proposera qu'elles soient décrétées à la mort d'Auguste.

34. *Magni luctus* : cette platitude apparente correspond à une référence officielle : voir *sup.*, v. 66. D. R. Shakelton Bailey, *Notes on minor latin poets*, dans *Phœnix*, 32 (1978), p. 305-325, p. 306, propose de remplacer *et* par *nec*.

35. Baehrens comprend qu'Auguste n'était pas le seul à posséder toutes les vertus. Le contexte indique plutôt une référence au frère de Drusus, Tibère. L'expression apposée, *tot turba bonorum*, développe familièrement l'idée de qualités multiples réunies en un seul homme et sa conséquence rhétorique : la perte de Drusus équivaut à elle seule à celle d'une foule de gens.

36. Livie avait eu aussi d'Auguste un enfant qui mourut avant terme. Sur le *ius trium liberum*, voir *sup.*, n. 3 p. 60. Cette fécondité, qui n'est pas exceptionnelle, vaut par la qualité. L'opposition rhétorique *una duos* se trouve aussi chez Ovide, *her.*, 7, 136.

37. *Nec dubitatus amor* : cette affection de Tibère a souvent été mise en doute. Elle est confirmée par Valère Maxime, 5, 5, 3 et Dion Cassius, 5, 5, 2. Étant à Ticinum, auprès d'Auguste, Tibère avait tenu à courir au chevet de son frère mourant, puis à marcher à pied devant le corps, au retour. Par ailleurs, les campagnes menées conjointement par les deux frères témoignent d'une réelle entente.

38. *Vidimus* : voir *sup.*, v. 65 ; l'auteur se comporte en témoin oculaire. *Hei mihi*, voir *sup.*, v. 9. Le datif est purement éthique, mais il implique encore la participation de l'auteur. Les thèmes sont ceux de la *consolatio* et sont proches de Sénèque, *ad Pol.*, 15, 5 : « non solum maestum, sed etiam attonitum ». La leçon *pallida* a été corrigée par Heinsius en *squalida*, d'après Ovide, *trist.*, 4, 2, 34 : « squalida promissis qui tegit ora comis », assez proche stylistiquement ; mais il ne s'agit pas d'une manifestation de deuil, comme dans *met.*, 11, 273 : « dissimilisque sui fratrem lugebat ademptum ». *Pallida* correspond parfaitement à *attonitum*. L'expression *promissa coma* dépeint un rite de deuil : les hommes laissaient cheveux et barbes pousser sans soin ; pour les femmes, voir *sup.*, n. 20. *Per ora* paraît être en facteur commun à *flere* et à *promissa*.

39. La correction *ore* coïncide avec les manifestations de deuil sur le visage de Tibère, v. 86. Mais la leçon des manuscrits *orbe* n'est pas absurde : elle reprendrait les vers 77-78.

40. Ici commence une série de *topoi* de la consolation. Le style est celui d'une lamentation tragique. On s'est demandé si Tibère avait réellement assisté à la mort de Drusus. Suétone le dit, *Tib.*, 1, 1, 59, ainsi que Sénèque, *ad Pol.*, 15, 5 : « Drusum... in complexu et in oculis suis amisit ». La correction de *nutantia* en *natantia* est rendue probable par une image identique chez Ovide, *met.*, 5, 72 : « Iam moriens, oculis sub nocte natantibus atra ». Le verbe suggère le flottement du regard mourant. Cependant, *nutantia* pourrait exprimer une palpitation, comme chez Calpurnius, *buc*, 1, 79. L'adjectif *caerulea*, apposé à *mors*, plus couramment qualifiée d'*atra*, présente

une recherche virgilienne : *aen.*, 8, 622, « caerula nubes ». *Subitura* a son sens littéral, « se présenter sous » (les mains qui vont fermer les yeux). Après la mort, un proche fermait les yeux du défunt, ce rite étant habituellement réservé aux enfants.

Page 64.

42. *Absenti* : construction souvent critiquée, mais qui n'est pas sans exemple, surtout au datif. La mort de Drusus est constamment présentée comme un service rendu à la patrie. Selon Skutsch, il s'agit là d'un principe rhétorique courant dans la *laudatio* et consistant à relever les actions accomplies pour autrui. De fait, Drusus est bel et bien mort « en service commandé ».

43. Le participe *ictus* est fréquemment employé dans la *Consolation*, particulièrement pour évoquer la foudre, v. 112-114 ; il exprime la brutalité de la mort de Drusus. L'image de la fonte des neiges a de nombreux prédécesseurs, dont Homère et Virgile, *georg.*, 1, 43 : « liquitur et Zephyro... se glaeba resoluit ». On trouve la même fin d'hémistiche chez Ovide, *fast.*, 3, 236 : « et pereunt lapsae sole tepente niues ». Mais cette image bucolique est rarement employée pour exprimer la douleur et les allitérations en *u* et *t* sont plus heureuses ici que dans les *Fastes*.

44. Le vers 103 est corrompu. *Vota* constitue une restitution probable d'Heinsius. Au vers 104, on trouve la même fin d'hémistiche que dans les *Tristes*, 5, 5, 24 : « consumatque annos, sed diuturna, suos ». Après Bentley, G. Liberman juge indispensable de corriger aussi *irrisaque* en *atque irrita*.

45. *Ityn* : légende racontée par Ovide, *met.*, 6. Procné, fille de Pandion, a été changée en hirondelle ou en rossignol. Elle pleure son fils Itys, qu'elle a servi comme mets à son mari Térée, pour venger sa sœur Philomèle ; Itys a été changé après sa mort en chardonneret. L'expression *Daulias ales*, « oiseau de Daulis », qui se réfère à la ville de Phocide où régna Térée, se retrouve chez Ovide, *her.*, 15, 154, après Catulle, 65, 14. Térée était en effet roi de Thrace. La fin de vers est semblable dans les *Héroïdes* : « concinuit Ismarium Daulias ales Itys » ; mais le cadre diffère : dans les *Héroïdes* il s'agit d'un bois dépouillé de son feuillage, ici d'un bois ombreux. Autres allusions à Itys dans *am.*, 3, 12, 12 ; *fast.*, 4, 482 ; *trist.*, 2, 390.

46. D'abord oiseaux mythiques, les halcyons, « chers à Thétis », ont été particulièrement chantés par Virgile, *georg.*, 1, 398, après Théocrite, 7, 60. Les halcyons, identifiés aux mouettes ou aux pétrels, passaient pour « aplanir » les flots de la mer, parce qu'ils couvaient sept jours avant et sept jours après le solstice d'hiver, moment où la mer restait calme (*alcedonia*). La légende de Céyx, le naufragé, et de son épouse Halcyoné, tous deux changés en oiseaux de mer, a été racontée par Ovide, *met.*, 11, 725 sq. La version de la plainte

d'Halcyoné diffère cependant dans les *Métamorphoses* : « ora dedere sonum tenui crepitantia rostro ». L'expression *uentosa per aequora* est virgilienne : *aen.*, 5, 335. Le tour *ad surdas aquas* reprend avec bonheur une idée analogue chez Catulle, celle de l'indifférence de la brise : 64, 166 : « nec missas audire queunt nec reddere uoces ». On trouve aussi chez Properce, 4, 11, 6 : « litora surda ». Les pleurs des halcyons se sont transmis à la poésie française : A. Chénier, *La jeune captive*, v. 1, « pleurez, doux halcyons, pleurez ».

47. Le verbe *plangentes* évoque les pleureuses qui se frappaient la poitrine en signe de douleur. On trouve la même image sur une épitaphe romaine : BUECHELER, *carm. epig.*, 398, 4 : « plangit sua pectora palmis ». En dépit des savantes allitérations en *p*, ce déchiffrement des battements d'ailes n'est pas du meilleur effet tragique. Dans *nouis pennis*, l'adjectif se réfère à la métamorphose. *Œniden* : il s'agit du fils d'Œnée, Méléagre, dont l'histoire est racontée par Ovide, *met.*, 8, 413 sq. Méléagre meurt, consumé par le tison que sa mère a jeté au feu. Ses sœurs s'affligent : « liuentia pectora tundunt », et saisie de pitié, Diane les transforme toutes en oiseaux. La fin de vers « concinuistis aues » se retrouve chez Ovide, *am.*, 3, 12, 2.

48. Clymène est la mère de Phaéton, dont la légende célèbre est également racontée par Ovide, *met.*, 1, 751 sq. ; 2, 1 sq. Jupiter, *met.*, 2, 310, le foudroie dans sa course folle. Les sœurs de Phaéton, les Héliades, se frappent elles aussi la poitrine en signe de deuil, 2, 41 : « caesae pectora palmis » ; *ibid.*, 40-43 : « plangorem dederant ». Elles sont métamorphosées en arbres.

49. *Congelat, durat* : la description évoque Niobé, *met.*, 6, 306 sq. La leçon *ictus* a été corrigée en *intus*, par Heinsius, d'après Sénèque, *contr. exc.*, 3, 5 : « introrsus lacrimas ago ». De fait, le poète ne recule pas devant les répétitions. Celle du terme *ictus* établit d'ailleurs un parallèle avec le trait qui a brusquement foudroyé Phaéton, au vers 112, et évoque l'image de sanglots saccadés. L'essai de datation tardive de G. Liberman, à partir de ce vers, *op. cit.*, p. 1127, s'appuie sur une fausse interprétation de *interdum* et sur *intus*, qui est une correction.

50. La leçon *grauant* des manuscrits a été généralement corrigée en *lauant*, d'après Burman ; ceci amène à corriger aussi *gemitumque* en *gremiumque*, ce qui est fort plat. La leçon première exprime au contraire à travers les répétitions *grauant, grauidis* — comme *mora* aux vers 117 et 118 — les hoquets que provoquent les larmes et qui alourdissent la respiration, tandis que les yeux débordent, trop « fertiles » en larmes. On trouve chez Ovide, *her.*, 15, 174 : « nec grauidae lacrimas continuere genae », mais aussi chez Virgile, *aen.*, 6, 686 : « effusaeque genis lacrimae ».

Page 65.

51. *Singultu... sonos* : le vers se retrouve dans les *Tristes*, 1, 3, 42.

52. *Nate... nate* : peut-être souvenir de l'exhortation de Vénus, chez Virgile, *aen.*, 1, 664 : « nate... mea magna potentia / nate ». L'expression *sors altera partus* évoque Ovide, *pont.*, 2, 8, 48 : « pars fuerit partus sola caduca tui ! ». La leçon *conspect(a)e* de l'*editio princeps* a été souvent conservée. Le sens d' « en vue » est beaucoup plus plat que celui que fournissent les manuscrits : *confectae* souligne l'impuissance de Livie d'avoir à son âge de nouveaux enfants. L'auteur ne semble pas briller par le tact, mais le contexte est juridique. Sur le *ius trium liberum* voir *sup.*, n. 3, p. 60.

53. *Confectae* : reprise, voir *sup.*, n. 52.

54. *Ubi es* : répétition analogue chez Ovide, *ars am.*, 2, 94.

55. *Dignus... digna* : thème de l'injustice de la Fortune et révolte, développée au vers 130 sq. Le passage reprend les thèmes des vers 28 sq. Sur le culte de la *Fortuna redux*, voir *sup.*, n. 15.

56. Le vers 130 a attiré l'attention de toute la critique. Voir Introduction, p. 41. Il a même servi d'argument pour la datation de l'œuvre. De fait, il est moins athée qu'on ne l'a dit. Le scepticisme est courant dans les inscriptions funéraires. Voir *inf.*, n. 106. Ici, ce pourrait être un écho assourdi de Lucrèce, comme chez Properce, Varron ou Fronton et surtout Ovide, *am.*, 3, 9, 35-36 : « cum rapiunt mala fata bonos... sollicitor nullos esse putare deos ». Le scepticisme est corrigé par une référence au sens religieux d'Auguste. Enfin, la construction attributive de *magnos* n'est pas tout à fait exclue. *Magnus* s'emploie souvent au sens de « généreux ». Sur l'idée que la qualité divine est la miséricorde, quand l'homme mène une vie pure, voir M. Leglay, *La religion romaine*, Paris, 1971, p. 55.

57. *Numina... deos* : la distinction couvre l'ensemble des divinités anonymes et des *magni dei*, à l'égard desquelles Livie a manifesté sa *pietas*. Sur la récompense attendue, voir *sup.*, n. 56.

58. Hémistiche célèbre de Virgile, *aen.*, 1, 253.

59. Le vers 134 est contesté. Vollmer justifie la leçon *euocat* par « ex amplexu meo », d'après *amplector* au vers 133. La correction proposée par Heinsius *et uorat* peut paraître séduisante. En fin de vers, *suus* est assez plat, mais la leçon *sinus* de *C* et *D* ne vaut guère mieux, de même que la correction *suos, hos ipsos (artus)* désignant l'ensemble du corps.

60. *Positum* : verbe technique, *sup.*, n. 29 ; il s'agit de l'*expositio corporis* sur le lit funèbre. le corps est posé à terre (*deponere*), lavé à l'eau chaude et parfumé pour empêcher la décomposition, ainsi que pour parfumer le bûcher : Daremberg-Saglio-Pottier, *D A G L*, art. *funus*, c. 1387. *Scelerata* a été généralement compris au sens de « maudite » (ou « malheureuse ») ; cf. le nom donné par les soldats au

camp où mourut Drusus : *castra scelerata*. H. Schoonhouen rapproche cet emploi de *scelerata* de celui de *crudelis* dans les inscriptions,
Pseudo-Ovidian, op. cit., p. 220 : *CIL*, 1, 2, 521, « matri meae impiae
et sceleratae ». L'adjectif signifierait, « coupable » de survivre à son fils,
victime d'une *mors immatura*.

61. *Ungere* : à l'*expositio* succède la cérémonie de l'*unctio, sup.*,
n. 60.

62. *Tuor* est un archaïsme pour *tueor*. Ce rite des adieux est
traditionnel, il compense le dernier baiser que Livie n'a pu donner,
sup., v. 95. Heinsius a corrigé la leçon *affigo* en *effingo*, d'après
Ovide, *her.*, 19, 134 : « effingoque manus ».

63. *Consul* : Drusus avait été nommé consul en 9, en son absence :
Suet., *Claud.*, 1, 3. Ses victoires lui avaient valu aussi le surnom de
Germanicus.

Page 66.

65. *Materni aui* : mouvement de fierté de Livie. Son père était
M. Liuius Drusus Claudianus. Les éditeurs ont généralement estimé
que la phrase s'insérait dans le mouvement interrogatif du passage.
Mais elle s'ouvre par *iam* et non *iamne* : c'est un fait avéré, destiné
à contraster avec l'interrogation amère de la phrase précédente. Le
monologue de la mère partagée successivement entre l'orgueil et la
douleur est de type tragique, après Euripide, voir par exemple la
Médée de Sénèque, 925-965.

67. *Ius matris* : ce langage juridique n'étonne pas dans la bouche
d'une Romaine, surtout après les lois d'Auguste destinées à promou-
voir la natalité, dont la *lex Iulia de maritandis ordinibus*. La pire
humiliation pour une femme devient d'être réputée *orba*, « sans
enfants ». On peut mettre en regard l'éloge fait par Properce de
Cornélie, à la nombreuse descendance. Y a-t-il ici une allusion discrète
au *ius trium liberum, sup.*, n. 3, qu'Auguste va accorder à Livie, en
guise de consolation ?

68. Style tragique, comme chez Ovide, *her.*, 5, 37 : « gelidusque
cucurrit... per ossa tremor », mais aussi Virgile, *aen.*, 2, 120 :
« gelidusque per ima cucurrit ossa tremor ». Voir aussi Sen., *Med.*,
925 : « membra torpescunt gelu / pectusque tremuit ». Cette exclamation, très humaine, est arrachée à Livie à la fois par le terme *orba* et
la perte nouvelle qu'il suggère.

69. *Condas lumina et excipias* : sur ce rite plusieurs fois évoqué,
voir *sup.*, v. 93-96 et n. 41 p. 64. Ici, l'expressivité et la métrique sont
remarquables ; les vers 155 et 156 ont un rythme quadripartite, noté
par B. Axelson, *op. cit.*, p. 21. Au vers 157, on remarque une coupe
hephthémimère, à laquelle s'ajoute la césure du quatrième pied, dite
« coupe bucolique », les deux derniers pieds se rattachant pour le sens
au vers suivant.

70. *Formarent oculos* : cf. *sup.*, v. 94. La formule, inhabituelle, a été rapprochée d'Ovide, *her.*, 1, 102 : « ille meos oculos comprimat, ille tuos ».

71. *Tumulo in uno* : le thème appartient aux formules funéraires notées par R. LATTIMORE, *op. cit.*, p. 247. Mais ici, ce n'est pas un vain mot. Drusus sera enseveli avec Livie dans le Mausolée d'Auguste et non dans celui de la gens Claudia, à laquelle il appartient par son père. En témoignent Dio. Cass., 55, 2 ; Suet., *Claud.*, 1, 3 : « sepultum est in Campo Martio ». Sur ce Mausolée, construit entre la Voie Flaminienne et le Tibre, et entouré de jardins magnifiques ouverts au public, voir *sup.*, n. 28.

72. Livie sera effectivement ensevelie dans le Mausolée : Dio. Cass., 58, 2. On trouve des anaphores analogues chez Ovide, *met.*, 11, 705 : « non ossibus ossa meis, at non nomen nomine », mais aussi chez Properce, 4, 7, 93 : « mixtis ossibus ossa teram ». Ces anaphores correspondent à l'amour passionné de Livie pour ses enfants, passion soulignée par Suétone.

73. *Parca* : des trois Parques, Clotho passait pour filer les jours de la destinée humaine. La brachylogie *lucem neat* est fort claire.

74. Le second hémistiche du vers 165 se retrouve chez Ovide, *her.*, 14, 67. *Sua*, en syntaxe rigoureuse, renvoie au sujet *lacrimae*, mais l'auteur songe à Livie, sujet du verbe précédent. Cet emploi du possessif relève sans doute du style familier, comme *rogus suus*, au vers 134. La place de la préposition *per* est également hardie ; elle s'explique par la place en rejet d'*oraque*.

75. Le terme *exequiae* désigne précisément le cortège funèbre et solennel qui précède les funérailles proprement dites.

Page 67.

76. *Arsuris* : emploi poétique et tardif du participe futur épithète, avec valeur de but. Si le sens général est clair — l'armée souhaite célébrer elle-même les obsèques de son chef — le vers 170 est obscur. Les éditeurs ont généralement estimé que la leçon des manuscrits *inter quaeque ruit* ne fournissait pas de sens satisfaisant. Cependant, la correction *inter quae periit*, graphiquement peu probable, est fort plate. *Ruere* peut être transitif et signifier « renverser, abattre », comme chez Virgile, *georg.*, 1, 105. Nous conservons donc, avec Lenz, la leçon originale, en comprenant que les soldats souhaitent que des funérailles militaires aient lieu sur le théâtre des exploits de Drusus, le bûcher comportant, avec les armes, un certain nombre d'objets conquis. Ils élèveront un cénotaphe au bord du Rhin.

77. Sur la venue de Tibère de Ticinum, voir Suétone, *Tib.*, 7, 3 et *sup.*, n. 37. L'expression *quod licuitque* pourrait représenter une atténuation rhétorique : il ne peut rendre que le corps de Drusus.

78. *Romana per oppida* : Witlox voit dans ce vers un mélange d'Ovide, *met.*, 14, 746 : « funera ducebat… per urbem » et de Virgile, *georg.*, 2, 176 : « Romana per oppida ». Mais les termes sont trop courants pour que le souvenir soit patent. Par ailleurs, Sénèque rapporte des faits analogues : *ad Marc.*, 3, 2 « tot per omnem Italiam ardentibus rogis », comme Suet., *Claud.*, 1, 3. Les victoires de Drusus ont déjà été mentionnées v. 15-16. Les Rètes, habitant, au nord de l'Italie, la région située entre Rhin et Danube, avaient lancé une invasion en 16-15 av. J.-C. Tibère et Drusus avaient mené des campagnes combinées, à partir de la plaine du Pô, l'un avançant vers la Bavière et l'autre vers le Tyrol. Leurs succès avaient abouti à la création des provinces de Rhétie et de Vindélicie.

81. *Aduersis… precor* : formule d'*exsecratio*, dont on usait contre les ennemis ; voir *inf.*, v. 450 et Virgile, *georg.*, 3, 512. Suétone, *Claud.*, 1, 4, souligne que Drusus aimait les dépouilles opimes. Aussi, G. Liberman propose de corriger *parta* en *rapta*. Mais ici le style n'est pas celui de Virgile ni celui de Silius qu'il évoque à l'appui de sa thèse.

82. *Strepitantque* : la correction *trepidantque* est soutenue par Vollmer et plusieurs éditeurs, à cause de sa parenté avec *pauidi*. Mais *strepitant* correspond aussi à *palam dolent* : ce sont les manifestations du deuil public. La peinture use de tous les procédés de la rhétorique : rejets (*incerti*), antithèses et homéoteleutes (*clamque palamque*) ; l'auteur pourrait se souvenir du célèbre tableau de Rome à l'arrivée des Gaulois, au livre 5 de Tite-Live.

83. *Iura silent* : c'est le *iustitium*, *sup.* v. 66 et n. 27. En raison de la fermeture des tribunaux, on ne voit au forum aucune toge laticlave ; à moins qu'il ne s'agisse de la pourpre qui accompagne les faisceaux, comme chez Lucain, 2, 179 : « nullos comitata est purpura fasces ».

84. *Dique latent* : autre aspect du *iustitium*, la fermeture des temples, qui reçoit ici une interprétation subjective : les dieux se cachent de honte. L'expression est proche de celle d'Ovide, *fast.*, 2, 563 : « di quoque… celentur ; ture uacent arae stentque sine igne foci ». L'adjectif verbal *ferenda* revêt son sens étymologique, proche de la destination : « à apporter ». On apportait en effet beaucoup d'encens sur le bûcher funèbre, afin de masquer l'odeur de la crémation.

85. *De plebe pius* : voir Introduction, p. 40. Dans le *Satiricon*, seul l'homme du peuple — Trimalchion — est *religiosus* et il est considéré avec ironie par le narrateur. *Credulus* est encore plus péjoratif. Les deux présentations trahissent un mépris d'homme cultivé pour les superstitions populaires. L'expression *ad sidera alta* est courante : les dieux, s'ils existent, habitent l'éther et les astres, comme le pensent les pythagoriciens.

86. *Nullos… deos* : reprise accentuée du scepticisme exprimé au vers 130. On a noté des accents analogues chez Lucain, 7, 445 : « Sunt nobis nulla profecto numina » ; mais on les rencontre déjà chez Ovide, *am.*, 3, 25 : « nullos esse putare deos ».

Page 68.

89. *Obuia turba ruit* : même début de vers chez Ovide, *met.*, 15, 730. L'expression *publica damna*, à sens officiel, apparaît aussi dans *ib.*, 220. La popularité de Drusus était grande ; il passait, à tort ou à raison, pour avoir l'intention de restaurer la république : Suet., *Claud.*, 1.

90. La précision *adsumus* paraît impliquer que l'auteur appartient à la classe des chevaliers, désignée par le collectif *omnis eques* : ce tour n'est pas sans exemple : Ov., *fast.*, 4, 293. Il suggère surtout que l'auteur a assisté aux funérailles. Normalement, les proches formaient seuls le convoi funèbre, mais la composition du cortège de Drusus est confirmée par Dion Cassius, 55, 2. Baehrens, Wieding, Bücheler, Witlox, penchent pour la sincérité du passage. Au contraire, Haupt, Schenkl, Maehly, optent pour une fiction imaginée par le poète pour se rapprocher d'Ovide. En ce cas, il s'est scrupuleusement documenté.

91. *Ausoniae* : sur ce type d'anaphore, voir *sup.*, v. 195. L'Ausonie désigne poétiquement l'Italie dans l'Énéide et chez Ovide, *fast.*, 1, 619 ; 4, 290, dont le passage est très proche : « Ausonias... matresque nurusque » ; le vers 203 suggère aussi *met.*, 8, 526 : « lugent iuuenesque senesque ».

92. *Imagine maesta* : dans les funérailles officielles, selon un usage ancien, on portait l'image du mort, placée sur le lit funèbre ou déposée sur un coussin, usage confirmé ici par Dion Cassius, 56, 34, 1 et Tacite, *ann.*, 3, 5 : « propositam toro effigiem ». L'adjectif *maesta* s'explique parce que l'*imago* était une représentation du défunt, faite en cire, sans doute d'après un masque mortuaire. *Auctor* est employé en ce sens de possesseur par Ovide, *pont.*, 2, 10, 3 : « auctorisque sui si non est anulus index ». Ici, l'image est couronnée de lauriers. Les empereurs triomphants avaient coutume de déposer ces lauriers au temple de Jupiter Capitolin : Suet., *Dom.*, 5.

93. *Generosa* revêt son sens étymologique, « de bonne race ». Le lit funèbre fut porté par de jeunes patriciens ou de jeunes chevaliers.

94. Il s'agit de la *laudatio funebris*, prononcée traditionnellement par un proche du défunt, ici Auguste : Suet., *Aug.*, 8 ; *Tib.*, 6, 4. Selon Dion Cassius, il y eut aussi un éloge prononcé par Tibère au forum, celui d'Auguste étant prononcé au cirque Flaminius. Auguste enfant avait aussi récité l'éloge de sa grand-mère Julia. La scène décrite dans la *Consolation* est mentionnée de façon analogue par Suétone, *Claud.*, 1, 5 et Tacite, *ann.*, 3, 5 ; celui-ci précise cependant que l'éloge funèbre fut prononcé devant les rostres, ce qui pourrait être une confusion avec le discours de Tibère. La correction *orsa* se justifie par une hésitation probable entre *ora* et *ossa* qui offrent peu de sens. Le terme est courant au sens d'*exordia* : Verg., *aen.*, 7, 435.

95. *Letum optasti* : même mention chez Suétone, *Claud.*, 1, 5 : « ut

deos precatus sit similes ei Caesares suos facerent sibique tam honestum quandoque exitum darent quam illi dedissent ». On a suggéré que les deux auteurs avaient sous les yeux la *laudatio funebris* d'Auguste. Ce n'est pas indispensable : un tel souhait devait rester dans toutes les mémoires. Prononcer de telles paroles et le mot *letum* constituaient en effet un *omen* funeste ; mais l'*omen* latin n'est pas irréversible : les dieux peuvent le détourner. Sa mention doit s'accompagner de la formule qui le conjure. Ici, c'est « si sinerent te tua fata mori ». Cette allusion au destin achève de conjurer l'idée de mort, par une allusion à l'immortalité du prince.

96. *Caelum* : c'est l'apothéose qui attend Auguste, voir *inf.*, v. 245. Elle sera représentée dans l'iconographie : A. STRONG, *Apotheosis and after-life*, London, 1915. Tous les poètes du temps l'ont admise : Ov., *met.*, 15, 338, « aetherias sedes cognataque sidera tanget » ; Hor., *carm.*, 1, 2, 45, « serus in caelum redeas ». Le passage pourrait être un commentaire de Virgile, *georg.*, 1, 503 : « Iam pridem nobis caeli te regia, Caesar, / inuidet atque hominum queritur curare triumphos ». Le prince est constamment assimilé à Jupiter par Ovide. L'épithète du palais *pollens fulmine* est homérique et attribuée à Jupiter ; l'auteur l'associe par hypallage au palais lui-même. De même *cupidi* est elliptique pour *cupidi te uidendi*.

97. La correction d'Heinsius, *tulit*, d'après un ancien *codex*, paraît justifiée. Ce verbe est employé au sens de *consequi* par Virgile, *buc.*, 5, 88. La locution *magna praemia* est tout à fait banale : Ov., *fast.*, 2, 422 ; *ars am.*, 3, 406 ; *her.*, 16, 129 ; Prop., 4, 4, 94. Mais elle désigne ici l'éloge funèbre prononcé par Auguste et exprime l'adulation de l'auteur.

98. *Celebrant de more* : il s'agit de la *decursio*, marche solennelle faite trois fois autour du bûcher : Verg., *aen.*, 11, 188. Cette marche est menée par les cohortes prétoriennes et urbaines, la plupart des soldats de Drusus étant vraisemblablement restés en Germanie. Sur ce rite militaire, voir Dion Cassius, 56, 42, 2. L'expression *exequias reddit*, au sens de « rendre les honneurs funèbres », est assez inhabituelle.

99. *Clamore uocant* : c'est la dernière *conclamatio*, voir *sup.*, n. 32, p. 63. L'expression en est virgilienne : *aen.*, 2, 770, « iterumque iterumque uocaui ». Une scène analogue est décrite par Virgile, *aen.*, 11, 188-192.

100. *Icta* : *ictus* s'emploie peu en ce sens de *repercussus*, encore que l'image de l'écho soit courante : Lucr., *nat. rer.*, 4, 578. Ce retour des voix prouve que Drusus ne peut plus entendre.

Page 69.

101. Ce portrait du Tibre est apparu comme une digression. Sur ses qualités, voit Introduction, p. 39. L'image de frisson traduite par

adhorruit correspond au début de la crue. *Nubilus* exprime de la
même façon la tristesse et la colère représentées par les nuées de pluie
ou d'orage. Le Tibre est généralement qualifié de *flauus* en raison des
sables qu'il transporte.

102. *Salice implexum* : le poète se souvient sans doute de la
description du Tibre par Virgile, *aen.*, 8, 32. La fin de vers « arundine
crinem » se retrouve chez Ovide, *met.*, 9, 2-3. L'adjectif *caeruleum* est
attendu, la chevelure des divinités fluviales et marines étant généralement bleue. *Uberibus oculis* se souvient du vers 116. L'expression
lacrimarum flumina constitue un *iocus uerborum* ; l'auteur y cède
volontiers en ces passages alexandrins. Les larmes du Tibre expliquent
la montée des eaux. Ce peut être le souvenir d'une crue ayant menacé
le Champ de Mars, comme au moment de la mort de Marcellus : Dio.
Cass., 53, 33, 5, ou après le meurtre de César. : Hor., *carm.*, 2, 14.
L'expression *alueus altus aquas* rappelle *am.*, 3, 6, 86 : « nec capit
admissas alueus altus aquas ».

103. *Fluminis ictu* : comme *icta* au vers 220, *ictus* est employé de
façon assez insolite. Il évoque la brusque venue d'une vague destinée
à emporter le corps. Mais c'est surtout un nouveau *iocus uerborum*,
calqué sur l'expression plus courante *fulminis ictu*, employée au
vers 11. Par ce parallélisme, le Tibre se voit attribuer un pouvoir
analogue à celui de Jupiter. La leçon *equorum* a été corrigée en *ad
aequor* par Heinsius, souvent suivi par les éditeurs, ou en *aquarum*.
C'est ignorer l'image picturale du char marin. Il est normal que le
Tibre freine ses chevaux, qui entraînent le courant, pour gonfler
subitement son cours et le faire déborder. Ni *aquarum* en raison
d'*aquas*, ni *ad aequor*, en raison de la paléographie, ne peuvent se
justifier.

105. *Ira* : allusion aux crues fréquentes des fleuves : Hom., *il.*, 21,
212 ; 136 ; 146 ; 306 ; Luc., *phars.*, 10, 315. Le fatalisme du vers 234
s'est déjà exprimé par la bouche d'Auguste, *sup.*, v. 212. C'est un lieu
commun dans les consolations, aussi bien que sur les inscriptions
funéraires : Sen., *ad Pol.*, 4, 1, « mutare fata non possumus » ; Ov.,
trist., 3, 6, 18, « ratio fatum uincere nulla ualet ».

106. *Funera causa latet* : hémistiche généralement présenté
comme *locus desperatus* ou amendé. Lenz allègue la confusion
fréquente entre *cura* et *causa* pour proposer *funera cura parat*.
Pourtant, la leçon des manuscrits est loin d'êtree dépourvue de sens.
Drusus est présenté comme mort en campagne ; Mars peut le
revendiquer pour sien. De fait, le prince est mort des suites assez
mystérieuses d'une chute de cheval ; la véritable cause du décès peut
être tenue pour ignorée, *funera* étant alors un accusatif de relation. De
plus, l'absurdité et l'incompréhensible injustice de cette mort ont été
plusieurs fois soulignées : il s'agit alors d'une référence au mystère de
la destinée, suggéré plus loin par le « présent partiel » des Parques. Ce
thème est évoqué dans les inscriptions funéraires : *carm. ep.*, 1035, 5.

107. *Victoria parta est* : même hémistiche chez Ovide, *met.*, 13, 348.

108. *Extat opus* : même clausule chez Ovide, *am.*, 3, 338. De fait, la puissance romaine paraissait alors à son apogée en Germanie. Drusus avait fortifié les bords du Rhin et s'était avancé jusqu'à l'Elbe. La nouvelle province allait être consacrée par l'établissement à Cologne de l'autel de Rome et d'Auguste (8-7 av. J.-C.). Par l'emploi du présent, la formule revêt d'ailleurs une valeur de maxime.

109. *Clotho duasque sorores* : Clotho, Lachésis et Atropos sont les Parques, aux fonctions souvent spécialisées. Elles sont ici représentées filant toutes trois les destinées humaines ; *pensa* garde son sens étymologique de « poids de laine pesé pour la journée » ; l'expression *trahere pensa* est consacrée : elle évoque le geste même de la fileuse. Les manuscrits diffèrent sur ce vers : la leçon *impia* de *D*, *H* et de l'*editio Romana* a été choisie par Baehrens. Cependant, la plupart des éditions modernes préfèrent *seuera* qui développe le sens de *certo*, « déterminé », donc « inébranlable » : WITLOX, *op. cit.*, p. 95.

110. *Iliades* : Ilia est l'autre nom de la vestale Rhéa Siluia, mère de Romulus et de Rémus. Mars intercède donc pour ses propres fils. Ils sont appelés *Iliades* par Ovide, *am.*, 4, 40 ; *fast.*, 4, 23. Les « étangs profonds » sont les marais du Styx, image de la mort, comme chez Virgile, *aen.*, 6, 107 ; 323 ; 369.

111. *Quod petis alter erit* : style elliptique, mais relativement clair, proche de *fast.*, 2, 386 : « ex istis Romulus alter erit ». Romulus passait pour avoir gagné les astres grâce aux chevaux de Mars : Ov., *fast.*, 2, 496 ; Hor., *carm.*, 3, 3, 15. Selon une autre tradition, rapportée par Tite-Live, 1, 16, il aurait été enlevé dans un nuage au marais de la Chèvre.

112. *Solos... deos* : sur l'importance de ce vers, voir Introduction, p. 30. L'expression *Caesar uterque* désigne Jules César et Auguste, tous deux descendants de Vénus. Cette promesse d'immortalité a été soulignée par Virgile, *aen.*, 1, 289 et Ovide, *met.*, 15, 818-819 : « Cytherea, laboras... ut deus accedat caelo templisque colatur ». L'épithète *Martia*, accolée à Rome, est fréquente chez Ovide : *pont.*, 1, 8, 24 ; 4, 9, 65 ; *trist.*, 3, 52 ; voir aussi Mart., 5, 19, 5. Rome appartient en effet à Mars, père de Romulus.

Page 70.

114. *Immissis* a été souvent compris au sens de *laxare* d'après l'expression *immitterre habenas*, « lâcher les rênes ». Le contexte suggère plutôt un sens étymologique : « envoyer (les eaux) à l'intérieur (du lit) », selon leur pente naturelle, ce qu'exprime *pronus* ; ce sens est illustré chez César, *bell. gall.*, 2, 10, 6 : « canalibus aqua immissa ». Le passage est très proche d'*am.*, 3, 6, 85-86 : « increuit latis spatiosus in undis / nec capit admissas alueus altus aquas ».

115. *Structa* : en dépit du quasi-consensus des manuscrits, *structa* et non *stricta* paraît être la bonne leçon, comme chez Ovide, *met.*, 8, 562 : « pumice... structa » et surtout Virgile, *georg.*, 4, 374 : « pendentia pumice tecta ». Witlox y voit un exemple significatif de la versification de l'auteur, faite d'emprunts composites. Mais l'image de la grotte est hellénistique ; elle correspond à la source des fleuves et à la poésie bucolique : Calp., *buc.*, 6, 64. Ici, elle s'insère dans un tableau original, dont elle n'est qu'un « détail ». Voir Introduction, p. 39.

116. Peinture fort bien venue de l'embrasement progressif du bûcher, même si l'expression *et sidera lambit* se trouve chez Virgile, *aen.*, 3, 574 ; même hésitation de la flamme chez Sénèque, mais expression différente : *Herc. Oet.*, 1729, « et membra uitat ». Le terme *subiectis*, souvent corrigé, à tort, fait image : la flamme monte de bas en haut jusqu'aux astres, comme chez Virgile, *georg.*, 4, 385, « ter flamma ad summum tecti subiecta reluxit ».

117. *Herculae Oetae* : allusion à la mort célèbre d'Hercule sur l'Oeta. Le héros, revêtu de la tunique funeste trempée dans le sang du centaure Nessus, ne voit d'autre issue à ses souffrances que de dresser lui-même un immense bûcher. C'est le sujet des *Trachiniennes* de Sophocle. Ovide y fait allusion dans *met.*, 9, 228 sq. Le bûcher d'Hercule est en fait une apothéose. En raison de ses consonances dans la tragédie grecque, il n'est pas nécessaire d'y voir un souvenir de la tragédie de Sénèque.

118. Par cette énumération, le poète semble se conformer à un exercice d'école, lieu commun de la *laudatio funebris* : voir C. Severus, sur la mort de Cicéron, dans *fragm. poet. lat.* La poitrine est traditionnellement le siège de l'*animus* ; l'éloge allie le charme et la vigueur virile, la beauté et le talent. Ici, les thèmes ne sont pas totalement oratoires : Velleius Paterculus, 2, 97, loue en effet la douceur et la beauté de Drusus. Le terme *uultus* au singulier suppose un allongement métrique. Cette licence n'est pas invraisemblable chez un jeune poète. On peut songer aussi au pluriel *facilis* (ou *faciles*) *uultus* (G. Liberman).

119. *Spes multorum* est volontairement allusif : on peut songer à l'espoir de voir régner un prince du sang d'Auguste, *sup.*, n. 19, ou plutôt celui de voir rétablir la république, *sup.*, n. 89.

120. Le terme *uiscera* désigne le fils par une image réaliste, comme chez Ovide, *her.*, 1, 90 et *met.*, 8, 478 : « rogus iste cremet mea uiscera ». Mais cette crémation matérielle suggère une survie immatérielle, développée aux vers suivants, qui corrigent la cruauté de l'image.

121. *Facta uiuent* : la gloire « reste vivante », idée déjà exprimée plus haut, v. 238, et lieu commun des éloges funèbres : Ov., *met.*, 12, 617 ; Sen., *ad Pol.* 18, 2 ; *in Maec.*, 1, 38. Mais le *topos* est approprié à la situation militaire en Germanie, *sup.*, n. 108. L'expression *operosa*

gloria est ovidienne, *her.*, 2, 63 ; le vers 266 évoque également Ovide, *met.*, 3, 9, 28 : « defugiunt auidos carmina sola rogos ».

122. *Carminibus* : ont particulièrement célébré Drusus, Horace, *carm.*, 4, 4, 17 ; 4, 14, 10 et Ovide, *fast.*, 1, 597 ; *trist.*., 4, 2, 39 ; *pont.*, 2, 2, 74.

123. *Stabis et in rostris* : Drusus aura sa statue sur les rostres, honneur réservé aux hommes qui étaient morts pour la patrie : Cic., *phil.*, 9, 12 ; 7, 16. Dion Cassius, 55, 2, 3, mentionne cette statue, mais Suétone ne le fait pas. Les honneurs mérités étaient inscrits sur la base de la statue, ici certainement le surnom de Germanicus : Suet., *Claud.*, 1, 3. La mention du héros « mort pour la patrie » devait suivre, ce qui justifiait l'honneur des rostres : Cic., *phil.*, 9, 7, « cum ob rem publicam eamque causam in basi inscribi » ; *causaque... necis* correspond à la formule *pro patria obiit*.

124. Les imprécations contre la Germanie sont dans la ligne de l'éloge : *trist.*, 4, 2, 20 sq. Il est difficile d'en tirer argument pour dater le poème. Le triomphe suggéré est souvent apparu comme celui de Tibère, en 11 ap. J.-C. ; il est évoqué par Suétone, *Tib.*, 20 dans les *Tristes* ; mais dans le détail, la scène diffère du tableau des *Tristes*, tandis que le style rappelle *am.*, 2, 2, 41 : « nexas per colla catenas » et *ars am.*, 1, 2, 15. Le passage pourrait se souvenir du triomphe de C. César sur les Parthes, évoqué dans *ars am.*, 1, 17 sq. Il eut lieu en 1 ap. J.-C. Par ailleurs, la défaite de Varus en 9 semble avoir été déguisée par un défilé de captifs. De fait, dès 8 av. J.-C., Auguste considérait qu'il avait soumis tous les Germains entre le Rhin et l'Elbe : Vell. Pat., 2, 97 ; Dio. Cass., 55, 6, ce qui pouvait avoir donné lieu à un triomphe. L'image de la Germanie « barbare » apparaît développée dans *trist.*, 3, 12, 47 et 4, 2, 43.

Page 71.

125. Sur l'identification de cette scène avec le triomphe de Tibère, voir *sup.*, n. 124. Mais la haine qui éclate ici correspond fort peu à la mansuétude dont Tibère fit preuve à l'égard du chef pannonien Baton. Mêmes accents haineux dans *pont.*, 2, 8, 39-40. Voir aussi Horace, *carm.*, 4, 2, 34 « feroces / per sacrum cliuum merito decorus / fronde Sygambres ».

127. *Videbo* : cf. *aspiciam*, *sup.*, v. 273 ; même participation qu'au vers 65. Et même contemplation féroce dans *trist.*, 4, 2, 20 : « populus... uidebit ». Il n'y a pas lieu de corriger *laetisque... laetusque* en *lentisque* ou *lentusque*. La répétition est un trait de style de l'auteur et elle souligne ici l'esprit de vengeance. On avait coutume d'exposer les cadavres nus devant la prison ou aux Gémonies : Liu., 38, 59, 10. L'adjectif *obscaenas*, « hideux », « dégoûtant », suggère une lacération des corps, coutume rapportée par Valère Maxime, 6, 9, 13.

128. *Hunc Aurora diem...* : ces vers ont souvent été rapprochés de Tibulle, 1, 3, 93-94 : « hunc illum nobis Aurora nitentem / Luciferum roseis candida portet equis ». Si la fin de vers est identique — mais on trouve aussi *portet equo* chez Ovide, *trist.*, 3, 5, 56 — l'image demeure différente. C'est le lit de l'Aurore, et non les chevaux, qui est plus communément qualifié de *croceum* : Verg., *georg.*, 1, 446 ; *aen.*, 4, 585 ; ou Ov., *fast.*, 3, 403, « cum croceis rorare genis Tithonia coniunx ».

129. *Adice Ledaeos* : les vers 283-284 ont déconcerté. Baehrens a jugé bon de les déplacer. De fait, après l'*excursus* sur les Germains, ils constituent un retour au sujet. Le vers est presque identique dans les *Fastes*, 5, 552 : « templaque in Augusto conspicienda foro ». L'allusion pourrait fournir un indice de datation. Déjà sous la République, il existait au forum un temple des Dioscures, édifié après la bataille du lac Régille. S'agirait-il de ce temple ancien, incendié en 7 av. J.-C. ? Voir Skutsch, *R E*, C., 940. Mais Suétone mentionne, *Tib.*, 20, que Tibère dédia, en 6 ap. J.-C. un temple à la Concorde et un autre à Castor et Pollux en son nom et en celui de son frère : Ov., *fast.*, 1, 706-707 ; Dio. Cass., 55, 27, 4. L'allusion à cette double dédicace paraît probable, en raison de la mention « concordia sidera », qui reflète aussi la concorde qui régnait entre Drusus et Tibère. Le temple sera transformé par Caligula qui s'y offrait à l'adoration : Suet., *Cal.*, 22. *Conspicienda* suggère le futur. La dédicace ne semble pas encore avoir eu lieu.

130. *Meritis senex* : idée développée *inf.*, v. 339 et 448.

131. *Sua munera* peut se comprendre comme les présents faits au nom de Drusus. Selon Suétone, *Tib.*, 20, Tibère avait dédié le temple des Dioscures grâce au butin pris sur les Germains. Le fronton du temple porte normalement le nom du dédicataire : Dio. Cass., 55, 27, 4, « τὸ Διοσκούρειον ὁ Τιβέριος καθιερώσας οὐ τό ἑαυτοῦ μόνον ὄνομα αὐτῷ... ἀλλὰ καὶ τὸ ἐκείνου ἐπέγραψε ».

132. Les vers 287-290 ont été placés par Baehrens à la suite des vers 283-284, après le vers 298.

133. La phrase est elliptique, en raison de l'exposition sophistique : puisqu'il était vainqueur, Drusus selon sa promesse, aurait dû revenir ; *haec tempora*, « le temps présent était redevable » de Drusus. Vollmer et Witlox pensent qu'il faut suppléer « referre ex hostibus ». Mais l'auteur emploie souvent *debere* de façon absolue, v. 246 ; 348. Le plus-que-parfait présente son emploi classique de conditionnel passé.

134. *Consul* : voir *sup.*, n. 63.

135. Ces *comites* sont sans doute les amis de Drusus restés à Rome, mais aussi ceux qui ont accompagné le corps de Germanie. Les cheveux en désordre et qu'on négligeait de couper étaient un signe de deuil. Voir *sup.*, v. 86, « promissa coma ». Ce sens d'*immittere* est virgilien : *aen.*, 3, 5, 93, « barba immissa ». Les vers 295-296 évoquent

Ovide, *trist.*, 1, 3, 90 : « squalidus, immisis hirta per ora comis ». *Pia turba* se trouve aussi chez Ovide, *fast.*, 2, 507 ; *trist.*, 5, 3, 47. Le désir des soldats d'accompagner dans la mort un chef très aimé sera encore illustré par les suicides sur le bûcher d'Othon, Tac., *hist.*, 2, 49. Le datif *Druso*, après *pia* peut paraître rude. G. Liberman, *op. cit.*, p. 1131, propose d'y voir un ablatif, mais la construction n'est pas meilleure.

Page 72.

136. *Dignissima coniuge* : par sa lignée, Antonia était digne de Drusus : elle était la fille de Marc-Antoine et d'Octavie, sœur d'Auguste. Elle fut la mère de Germanicus, de Claude et de Livilla.

137. Le vers est plat et la correction *tam*, adoptée par tous les éditeurs, accentue encore cette platitude. Mais la leçon des manuscrits *iam* n'est guère probante ; elle signifierait que Drusus s'était déjà signalé par sa valeur au moment de son mariage. L'expression *mutua cura* est ovidienne : *met.*, 7, 800 ; *fast.*, 2, 730, le terme *cura* étant lui-même synonyme d'amour ou d'objet d'amour dans le vocabulaire galant, Prop., 2, 25, 1 ; Ov., *am.*, 1, 316.

138. *Femina tu princeps* : voir Ovide, *trist.*, 1, 6, 25, « femina seu princeps ». Les éditeurs ont suspecté le terme *illi*, les uns (Lenz) pensant qu'il provient du vers 305, les autres (Baehrens) plaçant un point virgule après *Caesaris*, comme le manuscrit *H*. En fait, si l'on rapporte *illi* à Drusus, le sens n'est guère satisfaisant. En revanche, s'il désigne Auguste, il éclaire le terme *princeps*. Antonia est en effet la fille adoptive de César et sa nièce, *sup.*, n. 134 ; de plus, elle bénéficie de l'affection d'Auguste pour sa sœur très aimée, Octavie. La comparaison avec Junon, *coniuge... Iouis*, s'explique moins par l'adulation que parce qu'Antonia était devenue sœur par adoption de Drusus, comme Junon était la sœur de Jupiter : même comparaison chez Sénèque, *Octau.*, 535, « sortita fratris more Iunonis toros » ; le sens est tout proche chez Ovide, *pont.*, 2, 8, 40, « conueniens ingenti nupto marito ».

139. *Ultimus* s'explique par les vers 307-308 et, peut-être, par Ovide, *met.*, 14, 682 : « tu primus et ultimus illi ardor eris ». L'époque est à l'éloge de la loyauté conjugale chez la femme *uniuira*, mais la fidélité de Drusus est aussi soulignée par Valère-Maxime, 4, 3. La femme comme « repos du guerrier » constitue un lieu commun des poètes : Tib., 4, 13, 11 ; Ov., *met.*, 7, 812 ; Verg., *aen.*, 3, 393.

140. *Quem promiserat ipse* renvoie au vers 291 : Drusus était résolu à revenir vainqueur. Même si l'expression *nec tuus ille redit* se souvient de Catulle, 64, 139 et de Virgile, *aen.*, 11, 152, l'auteur souligne impitoyablement qu'il n 'y a plus rien de l'homme dans le cadavre ; le ton est presque cynique.

141. L'allusion à la défaite des Sicambres et des Suèves est reprise du vers 18, voir *sup.*, n. 11. L'expression *magna nomina* s'explique par le prestige des noms de victoire : voir Ovide, *trist.*, 3, 4, 4, ou *pont.*, 1, 4, 26, « nomina magna premunt ». Les représentations des fleuves et des montagnes précédaient le cortège triomphal, comme dans le triomphe de Tibère peint par Ovide, *trist.*, 4, 2, 35-40, avec la mention : « Drusus in his meruit quondam cognomina terris ». La Germanie est à nouveau qualifiée d'*orbe nouo*, parce que, bien que connue, elle n'était encore ni conquise ni fréquentée, *sup.*, v. 20. L'adjectif s'applique aussi à la *Britannia*.

142. *Inane*, au sens premier de vide, cf. *sup.*, n. 140.

143. *Laniata comas* : proche d'Ovide, *am.*, 3, 9, 52, « dilaniata comas ». Ces manifestations classiques du deuil et de la folie sont exprimées à nouveau en style tragique. L'Ariane de Catulle est aussi dépeinte *furentem*, 64, 124 ; voir aussi Homère, *il.*, 22, 460, où Andromaque est montrée μαινάδι ἴση.

144. L'expression *attonita manu* est d'Ovide, *ars am.*, 1, 538 : « adtonita tympana pulsa manu », et *fast.*, 3, 864 : « ferit adtonita pectora nuda manu ». C'est le geste des pleureuses.

145. *Hoc fuit* a dérouté les commentateurs ; après Vollmer, Witlox préfère *si furit* ; mais le neutre correspond à *hoc spectaculum* : *uir religatus ad axes. Terruit... equos* évoque *her.*, 136 : « admissos terruit Hector equos » ; *sanguinolentus* est également un adjectif ovidien : *am.*, 1, 12, 12 ; *fast.*, 5, 470.

Page 73.

148. L'expression *agitaris imagine falsa* se trouve chez Ovide, *fast.*, 4, 489 : « agitur... imagine falsa », mais le thème de la « visite » du défunt en songe est tout à fait courant : voir Ov., *met.*, 11, 585 et surtout Prop., 4, 6, 63 ; 4, 11, 83. Il repose sur le conception onirique la plus ancienne, celle du songe comme chemin de passage entre cette vie et l'au-delà. Voir notre ouvrage, *Songes et visions. L'au-delà dans l'Antiquité tardive*, Paris, 1985, p. 266 sq. Ici, l'auteur ne croit manifestement pas à cette vision, Introduction, p. 41. L'homme dort sur le devant du lit, la femme au fond : Ov., *am.*, 3, 14, 32. La quête de l'époux à ses côtés se trouve aussi chez Ovide, *met.*, 11, 674, mais ici elle est emphatique et frise le mauvais goût. On a même suggéré qu'Antonia gardait auprès d'elle une image de cire de son époux.

149. Sur le scepticisme de l'auteur, voir *sup.*, n. 148. Mais cette tonalité épicurienne est courante dans les épitaphes alexandrines et romaines : BUECHELER, *carm. lat. ep.*, 1027 ; 1028 ; 1031... et chez les poètes, Ov., *am.*, 3, 9, 59 ; Prop., 2, 34, 53, ainsi que dans les *Consolations* de Sénèque : *ad Pol.*, 9, 3, « si est aliquis defunctis sensus ». Un scepticisme affiché sur la survie de l'âme n'impliquait pas

forcément un athéisme radical. Comme sur les épitaphes, *pio... in aruo* représente les Champs Élysées traditionnels : Verg., *aen.*, 6, 640, Ov., *met.*, 11, 62, « per arua piorum » ; Tib., 1, 3, 58. La peinture de l'accueil chez les Mânes est conforme à la description de Virgile au l. 6 de l'Énéide, reprise par Ovide, *am.*, 3, 9, 61.

150. L'idée générale est que Drusus célébrera dans l'au-delà le triomphe qu'il n'a pu célébrer sur terre. L'allusion à la glorieuse ascendance, *gens Liuia* et *gens Claudia*, constitue un thème rhétorique recommandé dans l'*Éloge*, selon Jérôme, *ad Hel.*, 336 : « haec praecepta sunt rhetorum ut maiores eius qui laudandus est altius repetantur : quo auitis paternisque uirtutibus illustrior fiat ». Tout en s'en défendant, Calpurnius sacrifie à cette coutume au début de l'*Éloge de Pison*. Ici, la rhétorique est soulignée par les allitérations en *m* du vers 331 ; le passage est très proche d'*am.*, 1, 2, 42, qui peint le triomphe de Vénus : « ibis in auratis ipse rotis ». Le char à quatre chevaux est celui du triomphe, voir *sup.*, v. 26 et Ov., *ars am.*, 1, 214 ; Liu., 10, 7, 10 : « qui Iouis Optimi Maximi ornatu decoratus curru aurato per urbem uectus in Capitolium ascenderit ». Le char d'ivoire est à la mode sous l'Empire ; c'est celui dans lequel Tibère célèbre son triomphe : *trist.*, 4, 2, 63 et aussi *her.*, 15, 91 ; *pont.*, 3, 4, 35 et Tib., 1, 7, 8. *Regali habitu* désigne le manteau de pourpre et *fronde triumphali* la couronne de laurier du vainqueur, image reprise *inf.*, v. 459.

153. Les vers 339-340 développent la pensée déjà exprimée aux vers 285-286 ; ils sont proches d'Ovide, *met.*, 7, 448-449 et *pont.*, 2, 2, 73 : « praeterit ipse suos animo Germanicus annos ». On rejoint le thème du *puer senex* : voir C. Gnilka, *Aetas spiritalis. Die Überwindung der natürlichen Alteresstufen als ideal frühchristlichen Lebens*, Bonn, 1972. *Tot* signifie ici « quelques », « un si petit nombre », comme au vers 232. Witlox note, à juste titre, que l'emploi amplificatif ou diminutif est de la nature même de tous les démonstratifs. Il n'en reste pas moins vrai que l'emploi diminutif de *tot* est fort rare. Ce peut être un trait de langue familière, comme l'ellipse de *credent* dans la seconde partie de la phrase ; elle se justifie par l'asyndète et n'est pas sans exemple dans la langue classique : Cic., *fin.*, 2, 2, 8, « recte is negat... sed uerum ».

154. *Sublime ferent* : proche de Virgile, *buc.*, 9, 29, « nomen... / ferent ad sidera cycni ». L'auteur revient de façon abrupte à Livie. L'appellation *optima mater* fait songer au mot de passe que donnera Néron. La correction de Baehrens, *debuerint* s'inspire du futur *ferent* ; mais la leçon des manuscrits s'inscrit fort bien dans le sens de conditionnel passé que peut avoir *debueram*, cf. *sup.*, v. 292.

155. *Digna... uiro* : les anaphores en chiasme relèvent un *topos* si banal qu'il n'est pas utile de relever les multiples parallèles ovidiens, notés par Witlox. L'*aurea aetas* paraît se référer, non seulement à un lointain passé, mais aussi à ce nouvel âge d'or augustéen chanté par

Virgile. *Condidit* représente l'argument essentiel par lequel G. Liber-
man suggère une datation tardive : le sens de « créer » ne serait pas
apparu avant Tertullien, *op. cit.*, p. 1132. Mais, comme le note
H. Schoonoven, le sens classique de « fonder » n'est pas exclu.
L'expression « fonder une race de héros » s'apparente au célèbre tour
Romanam condere gentem. Sans compter que, comme l'ont compris
Vollmer et Witlox, le verbe peut avoir sa nuance classique d'achève-
ment : Verg., *buc.*, 9, 52 « longos cantando condere soles ».

156. *Drusi matremque Neronis* : à nouveau anaphore en chiasme ;
le vers 346 est proche d'Ovide, *fast.*, 1, 650 : « sola toro magni digna
reperta Iouis ».

157. *Lumina* : la correction de Scaliger, *culmina*, est tentante, mais
ce sens de *lumina* se trouve chez Virgile, *aen.*, 11, 349 : « lumina
ducum ». L'opposition entre l'attitude des grands et celle du vulgaire
est un *topos* rhétorique de la *Consolation* ; Sen., *ad Pol.*, 6, 2, « nihil
te plebeium decet, nihil humile » ; Hier., *ad Hel.*, 342 sq. ; Tac., *ann.*,
3, 6. *Rerum* correspond à *orbis terrarum*, comme chez Virgile, *georg.*,
2, 534 : « rerum... pulcherrima Roma ».

158. *Alto* : on le comprend généralement en suppléant *loco, locum*
étant exprimé ensuite. On trouve idée et expression voisines chez
Sénèque, *ad Pol.*, 6, 2 : « olim te in altiorem ordinem amor Caesaris
extulit ; magnam tibi personam consensus imposuit : haec tibi tuenda
est ».

159. *Onus* : représente le *locum honoratum* — avec sans doute un
jeu de mots phonétique avec *honos*. Une telle place implique des
devoirs à accomplir jusqu'au bout. Witlox comprend plutôt « fortiter
hanc fortunae iniuriam sustine », en se référant à Sénèque, *ad Pol.*, 5,
4 : « te... exemplo esse debere fortiter hanc fortunae iniuriam
sustinendi ». Mais l'identité de pensée n'est pas évidente.

Page 74.

162. Les vers 355-356 sont assez gauches et familiers (*opus edis*),
mais le sens général est clair : il n'y a pas de meilleur exemple pour
le peuple que ce courage digne d'une princesse romaine, *sup.*, v. 344.
L'idée est développée avec plus d'élégance par Sénèque, *ad Pol.*, 5, 5 :
« da operam ut fratres tui te imitentur, qui honestum putabunt
quodcumque te facientem uiderunt ».

163. *Fata manent omnis* : banalité, mais qui développe les vers
238-246 et souligne le besoin que tous ont de l'exemple de Livie.
L'universalisme d'*omnis* est accentué par le chiasme et la reprise au
vers 359. La note épicurienne est évidente, d'après Lucrèce, 6, 26 ;
« quo tendimus omnes » ; mais on trouve aussi l'expression chez
Ovide, *met.*, 10, 33 : « tendimus huc omnes » et chez Sénèque, *ad Pol.*,
11, 4 ; *troad.*, 390 : « hoc omnes petimus fata ». On pourrait aussi citer

l'épigraphie funéraire. L'évocation du *portitor* est virgilienne, *aen.*, 6, 326 ; il est qualifié, peut-être ironiquement, d'*auarus* ; chez Virgile, *georg.*, 92, c'est l'Achéron qui est *auarus*. La barque est également décrite dans *in Maec.*, 1, 5-6, comme « semper onusta carina ».

164. *Tendimus huc omnes* : voir *sup.*, n. 163. L'image de la « borne » est sans originalité : elle correspond à la représentation grecque de la vie comme *stadion* ; elle est reprise par Sénèque, *ad Marc.*, 21, 5. La mort est couramment qualifiée d'*atra* par les poètes : Hor., *carm.*, 1, 28, 13 ; Verg., *aen.*, 6, 429. Toutes ces représentations constituent des lieux communs de la poésie et des inscriptions funéraires.

165. *Ecce* est suivi de l'accusatif chez les Comiques, mais on peut aussi le rattacher à *uaticinatur*. Cette leçon des manuscrits a été corrigée à tort en *uaticinantur*, puisque le vers tout entier se retrouve chez Ovide, *trist.*, 2, 426, d'après Lucrèce, 5, 92 sq. Le fait que *uaticinare* ne soit guère attesté qu'à époque tardive, à la place de *uaticinari*, ne constitue pas un argument solide pour ce latin familier. D'ailleurs on peut suppléer le sujet implicite, Lucrèce, exprimé dans les *Tristes*, à défaut d'accepter une construction personnelle, bâtie sur le type de *dicitur casurum esse*. Le vers 361 reprend la distinction des trois éléments, faite par Lucrèce, 5, 92 ; celui-ci annonce leur dissociation en un seul jour : 2, 1144-1145 ; 2, 1172-1173. Cette « fin du monde » est aussi prévue par Sénèque, *ad Pol.*, 1, 2 : « mundo quidam interitum minantur ». Ce retour au chaos par dissociation des éléments coïncide en effet avec l'*ekpurosis* des stoïciens. Il correspond à une négation de l'immortalité de l'âme. Faut-il déduire du *ecce* que la fin du monde est une prophétie du temps ? Dans sa lettre fameuse sur l'éruption du Vésuve, 6, 20, 10, Pline dit encore : « nusquam iam deos ullos aeternamque illam et nouissimam noctem mundo interpretabantur ».

166. *I nunc* : style familier et ironique, de type diatribique. L'argument paraît rhétorique ; en regard de la ruine des temps, toute perte individuelle est dérisoire ; on trouve la même idée chez Sénèque *ad Pol.*, 1, 2 : « omnia diuina humanaque... dies aliquis dissipabit... eat nunc aliquis et singulas comploret animas ». Cependant pour Pline, *op. cit.*, *sup.*, n. 165, cet argument stoïcisant représente une réelle consolation : « omnia mecum perire, misero magno tamen mortalitatis solacio credidissem ». Le terme *res* est souvent employé par l'auteur pour désigner le monde, *sup.*, v. 347 et n. 157.

167. *Mortalis erat* : lieu commun de la philosophie, de la rhétorique et de l'épigraphie latines ; il est particulièrement cher à Sénèque : *ad Marc.*, 10, 5 ; 11, 1 ; *ad Pol.*, 11, 2 : « sciebam me genuisse mortalem ».

168. *Vita... mutua* : ce vocabulaire juridique du prêt constitue une métaphore empruntée, semble-t-il, à la prédication populaire et à l'épigraphie funéraire : E. GALLETIER, *op. cit.*, p. 88 ; voir aussi

E. BUECHELER, *op. cit.*, 963, 12. Le poète se souvient sans doute aussi
de Lucrèce, 3, 971, « uitaque mancipio nulli datur, omnibus usu », vers
qui a été repris très largement : Cic., *tusc.*, 1, 3, 93 ; Sen., *ad Pol.*, 10,
4 ; *ad Marc.*, 10, 2 ; *ep.*, 72, 7 ; Hier, *tyr.*, 40. Pline l'Ancien, 2, 63
attribue cette générosité à la nature : « quam bona fide creditum fenus
reddit ».

169. *Dispensat* garde une trace de son sens étymologique « distri-
buer le poids de laine » ; même emploi dans in *Maec.*, 1, 140. En dépit
de plusieurs critiques, *sustinet* est la bonne leçon : Pline, *nat. hist.*, 1,
63, dit pareillement : « (natura) genitos sustinet ». La même opposition
se retrouve dans in *Maec.*, 1, 7 : « illa rapit iuuenes... sed repetitque
senes ». Mais l'emprunt n'est pas certain, il peut s'agir d'un adage, cité
ici avec chiasme. On rencontre dans l'épigraphie des réflexions
analogues : Ascl., *anth. lat.*, 629, 8-9, « haec aufert iuuenes ac retinet
senes / iniusto arbitrio tempora diuidens ».

170. *Fulmina* : la Fortune est représentée telle un Jupiter tonnant,
sur un char mené par des chevaux aveugles. Cette image est moins
courante que celle de la Fortune sur une roue, tenant un gouvernail ;
mais elle est sans doute plus ancienne et plus latine, inspirée par la
représentation de l'antique *Fortuna equestris*, dont le temple fut élevé
au Champ de Mars en 170 av. J.-C. Elle avait un culte à Actium et fut
particulièrement à l'honneur sous Tibère. D'après Tacite, *ann.*, 3, 7,
1, l'ordre équestre est placé sous sa protection ; or l'auteur s'est
présenté comme *eques*. Sur les monnaies de Commode, cette divinité
est représentée assise et tenant un cheval par la bride : voir
J. CHAMPEAUX, *op. cit.*, *sup.*, n. 24, p. 402. Ici, l'image d'une
cavalcade furieuse est mise en relief avec art par les anaphores,
homophonies et allitérations en *c f t* du vers 374.

171. *Regna* est une leçon contestée, sans raison majeure : le terme
exprime la souveraineté de la Fortune chez Horace, *carm.*, 1, 4, 18 ;
il est souvent employé avec une nuance péjorative de « tyrannie »,
« pouvoir abusif » : Cic., *uerr. praef.*, 35, « regnum iudiciorum » ; Liu.,
5, 2, 8. Witlox définit justement le sens de l'expression *sollicitare
animos* par « noli... irritare ad iram », sens proche d'Ovide, *trist.*, 3,
11, 32 : « parce, precor, manes sollicitare meos ». *Era* est un terme
archaïsant et poétique qui qualifie particulièrement la déesse ancienne
Fors-Fortuna, par exemple chez Plaute, *merc.*, 842 : « quae spectatrix
atque era » ; voir aussi Cic., *off.*, 1, 38.

Page 75.

172. *Quae tamen* relève du style familier ; il est inutile de le
corriger par *etsi* ou *tametsi*. On trouve un tour analogue chez Ovide,
her., 4, 31. L'accent porté sur les deux visages de la Fortune est un
topos de la *Consolation* : Sen., *ad Marc.*, 5, 4 ; *ad Pol.*, 12, 1.

173. Reprise d'arguments déjà énumérés : *alte es, sup.*, v. 349 et 352 ; *fetibus duobus, sup.*, v. 304 ; *consociata Ioui*, voir *sup.*, n. 12 sur l'association d'Auguste avec Jupiter et de Livie avec Junon. Cette assimilation est faite fréquemment par Ovide, *trist.*, 1, 1, 81 ; 1,5, 78.

175. *Pulsus totiens hostis* : il s'agit des campagnes victorieuses de Drusus et de Tibère, menées en Pannonie et en Germanie, en 15 et en 12 av. J.-C., contre les Rètes et les Vindéliciens, voir *sup.*, n. 10 et 78.

176. Même construction chez Tibulle, 1, 7, 11 : « testis Arar Rhodanusque celer ». *Rhenus et Alpinae ualles* : Drusus avait fortifié les bords du Rhin et creusé un canal, la *fossa Drusiana* : Tac., *ann.*, 2, 8. Les habitants des vallées alpines étaient les Rètes, vaincus en 15 av. J.-C., *sup.*, n. 175 et v. 15. Les Alpes étaient désormais traversées de voies romaines, comme l'attestait un trophée : Strab., 4, 204. Ammien s'en félicitera encore, 15, 4, 3. *Decolor* signifie « qui a perdu sa couleur » en raison du sang. L'emploi est ovidien : *trist.*, 4, 2, 42, « decolor ipse sanguine Rhenus erat ». Le passage est aussi proche de *pont.*, 3, 4, 108, « infectas sanguine portet aquas », où Witlox voit l'origine de ce vers. En fait, c'est un cliché poétique : Min. Fel., *Oct.*, 7, 4 : « Trasimenus... sanguine decolor ». L'*Itargus* ou *Isargus* (selon G. Zeuss) est mal identifié. Les *Isarci* sont mentionnés par Pline, *nat. hist.*, 3, 137 comme un peuple des Alpes Rétiennes, mentionné sur un trophée alpin. Strabon 4, 6, 9, en 18 ap. J.-C., mentionne l'Ἴσαρκας situé près de l'Apennin et se déversant dans l'Adriatique ; il prendrait sa source dans un lac du Brenner. De fait, jusqu'au XVIIIᵉ siècle, il y avait au Brenner trois lacs contigus : l'un d'eux devait donner naissance à l'*Isarco* (allemand : *Eisach*).

177. *Danubiusque rapax* : par la soumission des Rètes et des Vindéliciens, Rome touchait au Danube ; la campagne du Danube avait été menée par Tibère, et non par Drusus, en 14-12 av. J.-C. Tibère avait dévasté le pays et vendu les habitants comme esclaves. L'adjectif *rapax* est courant en poésie pour qualifier un fleuve violent : Verg., *georg.*, 3, 142 ; Ov., *fast.*, 2, 205-206. Sur la leçon *capax*, qui révèle deux familles de manuscrits, voir Introduction, p. 52.

178. *Dacius... Appulus* : *locus desperatus* selon la critique, la forme *appulus* ayant été généralement réduite à *apulus*. Une glose du manuscrit *B* note ceci : « Appulus dacie oppidum esse Ptholomeus tradit ». De fait, il s'agit, 3, 8, 8, d'Ἄπουλον, également mentionné par la table de Peutinger. Cette cité n'aurait été fondée que sous les Antonins. Sur cette question, très controversée, voir la bibliographie de Witlox, *op. cit.*, p. 137. A. Dal Zotto a considéré ce vers comme une glose, d'autres en ont tiré argument pour une datation tardive de l'œuvre. Il faut cependant souligner que les manuscrits donnent *appulus* et non *apulus* ; par ailleurs, le terme *Dacius*, qui paraît remplacer l'habituel *Dacus* pour des raisons métriques, est le premier d'une énumération de peuples tous acompagnés d'un qualificatif. Selon Suétone, *Aug.*, 21, 1, et le monument d'Ancyre, Auguste se

préoccupa de réfréner les incursions des Daces qui franchissaient le Danube, particulièrement quand il était gelé. L'expédition fut vraisemblablement menée par Tibère, qui fit ainsi une avance en direction du Pont. L'allusion aux Daces est en rapport avec la mention précédente du Danube : on peut donc songer soit à un peuple dace, soit peut-être à une forme doublet d'*appul(s)us*, le terme *pulsus* ayant déjà été employé au vers 384. *Appello* s'emploie pour les navires, au sens de « faire toucher terre ». Le passage pourrait alors signifier que les Daces ont été « refoulés » jusqu'au rivage du Danube et acculés à la mer — ils habitaient le nord-ouest du Pont-Euxin ; ceci justifierait la mention de la petite distance qui les sépare du Pont-Euxin, ce que l'on a pris à la légère pour une glose.

179. *Armenius fugax* : allusion à la campagne d'Orient, menée par Tibère en 21-20 av. J.-C., et commémorée par le monument d'Ancyre. De fait, comme le suggère *fugax*, les Arméniens avaient rendu les armes pratiquement sans combattre ; ils avaient d'eux-mêmes tué leur roi Artaxias. Le royaume fut confié à un roi vassal, élevé à Rome, Tigrane II : voir Hor., *ep.*, 1, 12, 26 ; 1, 3. *Dalmata supplex* se réfère à la guerre d'Illyrie, en 13-10 av. J.-C. Le Dalmate, aux portes de l'Italie, constituait un péril redoutable. Tous ces peuples demandèrent l'amitié d'Auguste, ce qui eut pour effet de donner la paix à tout l'Occident : Suet., *Aug.*, 21 ; *Tib.*, 9.

180. *Pannonii* : les Pannoniens, réduits en 14 par Tibère, ont été annexés en 12 av. J.-C. : voir *pan. Mess.*, 108-109 : « fallax / Pannonius, gelidas passim disiectus in Alpes ». L'auteur semble porter au compte de Drusus à peu près toutes les campagnes de Tibère. Il manque la reddition par les Parthes des drapeaux de Crassus, mais l'auteur l'attribue sans doute à Auguste ; sur la conquête de la Germanie et l'*ignotum triumphum*, voir *sup.*, v. 19 et 387.

181. *Culpa... una* : renvoie aux vers 376-377 ; le seul malheur qu'ait causé la Fortune est la mort de Drusus. L'argument est rhétorique, l'auteur oublie les deuils mentionnés plus haut.

182. *Functus* = *defunctus*, voir *in Maec.*, 1, 39 : « defunctus erat, comes integer idem ». *Functus* est fréquent dans les inscriptions, mais souvent précisé par *fato, morte* : Ov., *met.*, 11, 559 et 11, 583, ou *uita* : Buecheler, *carm.*, 4, 307. Le tour paraît familier, mais il n'y a pas lieu de le corriger. Malgré H. Schoonhoven, ce ne peut être un argument pour une datation tardive. À la suite de Mosel, Witlox propose *fletus*, qui serait une corruption de la leçon *foetus*, mais le sens devient alors très plat. Le vers 394 est elliptique : *tui (oculi)* ; l'argumentation semble contredire celle du vers 95, qui déplorait que la mère ne pût voir son fils mourant, les yeux *semineces* correspondant au terme *natantia* du vers 93. Il est vrai que le caractère insupportable du dernier regard recueilli par Tibère s'exprimait au vers 91.

183. *Per longa pericula* désigne les guerres mentionnées ci-dessus.

L'idée que la douleur est plus douce quand on l'apprend par ouï-dire s'exprime encore chez Ovide, *her.*, 9, 120 : « mollis ab aure dolor ». *Anxia mentis* est une construction de type archaïque ou familier, comme *dubius consilii* : Plaut., *rud.*, 213 ; Sall., *hist.*, 3, 110.

Page 76.

184. *Per mollitos gradus* : même argutie chez Sénèque, *ad Marc.*, 9, 2 : « quae multo ante prouisa sunt languidius incurrunt » ; *ep.*, 8, 29 ; « quidquid exspectatum est diu lenius accedit ».

185. Le passage évoque le récit célèbre de Virgile dans les *Géorgiques*, décrivant les présages qui annoncèrent la mort de César. Mais l'existence de ces présages est confirmée par le témoignage de Dion Cassius, 55, 1. Suétone, *Claud.*, 1, 2, fait aussi allusion à l'apparition en songe d'une femme barbare, signifiant à Drusus l'arrêt de ses conquêtes en Germanie. Les présages, bons ou mauvais, donnés par la foudre figurent parmi les plus anciens : ils étaient déchiffrés par les *libri fulgurales* étrusques. On a parfois corrigé *tria* en *sua*, en arguant que la triade capitoline occupait le même temple. Il est vrai que le récit est obscur. Mais la triple mention peut se justifier ; Dion Cassius dit que le temple de Jupiter fut frappé. Il est mentionné au v. 401. Aussi n'est-il ajouté que les deux déesses de la triade capitoline. Le troisième « temple » qui leur est associé est manifestement la *sacra domus* de César lui-même, *inf.*, v. 404. La leçon *graui nocte*, d'allure virgilienne, a été contestée ; Oldecop l'admet cependant, en reconnaissant qu'il manque alors une épithète à Junon. Mais l'adjectif *grauis* du manuscrit *H* lui conviendrait-il vraiment ? Et en ce cas, c'est *nocte* qui reste en suspens. G. Liberman, *op. cit.*, p. 1132, suppose hardiment une leçon originale *nuptae*, ce qui l'amène à modifier trois vers (402-404). L'adjectif *sancta* place la maison de César au rang de *templum*. Aussi on ne doit pas corriger *immensi* en *immeriti*, G. Liberman dit *mansuri* (?). Malgré sa platitude apparente, l'adjectif semble remplacer *Maximi*, épithète propre à Jupiter, que l'auteur n'ose tout de même pas appliquer à César-Auguste. En revanche, la leçon *manus* paraît bien avoir glissé du vers 402. La correction *domus* semble justifiée par un passage de Suétone, *Aug.*, 29, 3, qui rapporte qu'une nuit, une partie du Palatium fut frappée par la foudre ; les interprètes ayant suggéré que le dieu réclamait sa place, Auguste y installa un temple d'Apollon. Auguste redoutait particulièrement la foudre. Lors d'une expédition contre les Cantabres, l'avant de sa litière avait été effleuré par la foudre : Auguste, reconnaissant de sa sauvegarde, avait consacré au Capitole un temple à Jupiter Tonnant, cf. Horace, *carm.*, 3, 5. À cet égard, n'y aurait-il pas une ironie légère dans l'*impauidae Mineruae* ? Par ailleurs, la leçon *manus* n'est pas tout à fait absurde. En marge du manuscrit *B*, un érudit suggère que le terme *manus* pourrait désigner la main ou le

bras d'une statue d'Auguste, telle qu'il en existait par exemple à
l'extérieur du Panthéon d'Agrippa ou sur le Mausolée. Le point
d'impact de la foudre serait symbolique, puisque Drusus était le
« bras » de César. En tout cas, le participe *icta* fait écho au « trait » de
foudre qui frappa Livie au vers 11.

186. *Sidera caelo fugisse* : Dion Cassius, 55, 1, mentionne aussi
des étoiles filantes. Les présages donnés par un dérèglement des astres
sont particulièrement graves : Virgile, *georg.*, 1, 464, dit du soleil :
« caecos instare tumultus / saepe monet ». *Lucifer* représente la planète
Vénus, l'étoile du matin ; elle est souvent mentionnée par Ovide, *her.*,
18, 112. C'est Lucifer, dans les *Métamorphoses*, 15, 789, qui annonce
la mort de César en se couvrant d'une rouille noirâtre. Les Anciens
identifiaient Lucifer avec Hespéros, l'étoile du soir : *in Maec.*,
129-132. Après un parcours nocturne, elle réapparaissait en messagère
de l'Aurore. Ici, l'étoile semble s'être égarée. L'anaphore souligne le
caractère prodigieux de cette disparition, dont le symbolisme est
évident. L'auteur juge bon cependant de le préciser.

188. *At tu...* : l'auteur se tourne vers Tibère. Ce « transfert » des
années perdues par le défunt est un thème courant des inscriptions
funéraires ; il s'exprime aussi dans la formule des acclamations : Tert.,
apol., 35, 7, « de nostris annis augeat tibi Iuppiter annos » ; souhait
analogue chez Ovide, *pont.*, 2,8, 41-42. On a parfois déduit de cette
allusion à Livie âgée que l'auteur avait pu écrire *post euentum*, au
début du règne de Tibère. C'est l'avis de Witlox. En fait, le poète
tente de relever la banalité du souhait par l'antithèse *nato sene, mater
anus*.

189. *Euentura precor* : même formule, avec le sens favorable
d'*euenio*, chez Tibulle, 2, 1, 25.

190. *Ausa potes* : leçon contestée, mais les corrections proposées ne
suppriment pas le problème du participe passé laissé en suspens. Ellis
a souligné, que, pour le sens, la construction équivaut à *ausa esse
potes*. Schoonhoven comprend *ausa indulgere*. Le participe correspond à une mise en valeur, « pleine d'audace » ; cf. Ovide, *fast.*, 4,
843. Il est repris de façon exclamative par *fortis*, avec une connotation
quelque peu stoïcienne. Le tour *male fortis* évoque Ovide, *fast.*, 3,
102 : « male forte genus ». C'est un courage impie. Il est difficile de
savoir si cette tentative de suicide relève des thèmes de la *Consolation*, ou plutôt d'une anecdote réelle, connue seulement des intimes
du cercle impérial, ce que suggère la vigueur de la condamnation.
Sénèque, au contraire, *ad Marc.*, 2, louera la *constantia* de Livie,
tandis que Suétone soulignera l'affection extrême que Livie portait à
ses enfants. Par ailleurs, une des formes de suicide les plus courantes
chez les stoïciens était de se laisser mourir de faim.

191. *Fueras* : sens classique de conditionnel.

192. *Ius = ius mariti*. Tandis que le vers 422 relève du style
épique, la notion juridique reparaît au vers 424 ; mais le mélange des

genres est ovidien ; Apulée en fera une application systématique. Le détail de l'eau absorbée de force pourrait bien identifier l'auteur comme un familier de l'empereur, voir Introduction, p. 29.

Page 77.

193. *Peruenit* semble appartenir au style familier ; cependant *peruenire* est employé en ce sens chez César, *bell. gall.*, 6, 27, 2 ; *bell. ciu.*, 1, 26, 4 et Ov., *met.*, 13, 181. Par leur intervention, le père et le fils ont rendu service (*meritum*) à tous. L'anaphore *coniugis et nati* souligne la double faute juridique : *ius*, v. 421 ; *nec sine iure*, v. 424. La finale *sospes ope es* constitue indéniablement une cacophonie, voir Introduction, p. 25.

194. *Non reuocabilis* : on a rapproché ce vers de Sénèque, *ad. Pol.*, 4, 1, « fata mutare non possumus... facilius enim nos inferis dolor iste adiciet quam illos nobis reducet » ; mais c'est un lieu commun, remontant à Homère, *il.*, 24, 524. *Vmbrifera* a son sens étymologique, comme chez Stace, *theb.*, 1, 57. Cette formation semble du goût du poète, voir *sup.*, v. 22, la déesse *armifera*.

195. L'exemple d'Hector est rebattu : Homère, *il.*, 22, 405 ; 24, 720, mentionne les cinquante fils et filles de Priam. Les plaintes d'Hécube éclatent dans Sen., *troad.*, 67-173. Andromaque, non moins célèbre, apparaît chez Euripide et dans l'*Énéide*. Mais il existe un certain parallèle avec la situation de Livie : *redemptus* rappelle que les restes d'Hector furent rachetés à Achille pour les funérailles. *Renauit* est chargé d'ironie cynique, mais rappelle Ovide, *ars am.*, 2, 41 : « Stygias transnabimus undas ».

196. *Thetis* : on trouve le même exemple dans *am.*, 3, 9, 1, mais la douleur de Thétis est un thème littéraire : Plaut., *truc.*, 730 ; Prop., 37, 60 ; Stat., *silu.*, 5, 1, 35. L'expression *populator Achilles* apparaît dans *met.*, 12, 593. Achille passait pour avoir été tué par Pâris ou par Apollon.

197. Panopé est la fille de Nérée et la sœur de Thétis, qui apparaît chez Ovide, dans *fast.*, 6, 499. L'antique coutume de deuil consistant à dérouler ou à couper sa chevelure a été illustrée par Livie elle-même, *sup.*, v. 40 ; voir aussi *met.*, 11, 683. La chevelure bleue des déesses marines est une constante de l'iconographie et de la poésie latines. La métaphore du v. 436 est encore ovidienne, *met.*, 1, 584, « fletibus auget aquas ». Panopé est accompagnée des cent Néréides, sœurs de Thétis. Celle-ci, la mère des fleuves, est appelée *Oceani coniunx*, comme chez Virgile, *georg.*, 1,31, ou Ovide, *fast.*, 5, 168. De même, l'épithète *Oceanus pater* est tout à fait banale, en signe de vénération, voir *sup.*, v. 221, *pater Tiberis*. Il est souvent question des mains avides de la mort ou de Pluton : Cat., 3, 13 ; Ov., *am.*, 2, 6, 39. Cette énumération constitue donc une série de clichés, mais ces exemples divins placent Livie à leur hauteur.

198. Marcellus, neveu et gendre d'Auguste a déjà été évoqué au début du poème, voir *sup.*, n. 27. Il est mort à Baïes en 23 av. J.-C., d'une maladie mystérieuse. De méchants bruits coururent même sur Livie. Octavie se montra inconsolable. Sénèque écrit, *ad Marc.*, 2, 4 : « nullum finem per omne uitae suae tempus flendi gemendique fecit ». Elle mourut en 11 av. J.-C. Auguste manifesta publiquement sa douleur en prononçant leur éloge funèbre. Tous deux furent ensevelis au Mausolée. L'exemple est probant : la mort de Marcellus, sur qui on fondait tant d'espoirs — voir la quatrième églogue de Virgile — fut ressentie, avant celle de Drusus, comme un deuil national. *Populo... palam* : même construction chez Ovide, *trist.*, 5, 10, 39.

199. *Stant rata... fila* : l'auteur a déjà fait allusion aux fils des Parques ; *rata* signifie « ratifiés », donc « fixes », « immuables ». Ces banalités réapparaissent dans la péroraison finale. Si H. Schoonhoven comprend *tenenda* au sens de « suspendre », G. Liberman estime que la correction de Saumaise *renenda* est seule valable, d'après le verbe *renere* « filer à nouveau » ; mais celui-ci n'est pas attesté. En revanche, *tenere* est classique au sens de « retenir », « retarder ».

200. Witlox voit au vers 445 le début de la péroraison. Le thème du défunt qui « revient » en songe visiter les siens, pour adresser des recommandations aux vivants, a été exploité par Properce, 4, 11 ; chez ce dernier, le thème correspond à une véritable croyance onirique. Ici l'auteur paraît sceptique, même sur ce type de « retour », assez généralement admis, voir Introduction, p. 41, et ceci que l'on choisisse *si* ou *sic liceat*. Les brumes et les vapeurs volcaniques qui baignaient souvent le rivage de l'Averne paraissaient l'image symbolique de l'entrée au pays des ombres. Le lac Averne et sa grotte constituent l'entrée des enfers chez Virgile, *aen.*, 6, 241. Ovide lui-même a décrit ce chemin comme une voie sans retour. *Tot* a déjà été employé en ce sens restrictif, *sup.*, v. 232. Si le sens général est évident, la construction d'*emissus* fait problème, à moins qu'on ne l'assimile à *euectus* (*cul.*, v. 107). H. Schoonoven comprend *(in) litus Averni* comme un point d'aboutissement, ce qui n'est guère logique. G. Liberman propose de lire *emensus*. Nous suggérons plutôt *enisus*, paléographiquement explicable et employé par Tacite au sens de « parcourir avec effort », « escalader », *ann.*, 2, 20, 1 ; *hist.*, 1, 23 ; « immensa uiarum spatia... eniteretur ».

201. *Quid... annis* : reprise des v. 285-286 et 339 ; cf. Sen., *ad Marc.*, 2, 3, 3 : « cum uideres senilem in iuuene prudentiam ». Sur le thème du *puer-senex*, voir *sup.*, n. 153. L'expression *maturior annis* se trouve dans *met.* 14, 617.

202. *Eueniat... metu* : Lenz conserve, à juste titre, la leçon *metu*, corrigée par Scaliger en *meis*. C'est une formule d'exécration : Drusus souhaite à ses ennemis une longue vieillesse craintive, au lieu de ses brèves et brillantes années. Une pensée semblable est évoquée dans *am.*, 2, 10, 14 : « hostibus eueniat uita seuera meis » et 3, 11, 16 :

« eueniat nostris hostibus ille pudor » ; voir aussi Properce, 3, 8, 20 :
« hostibus eueniat lenta puella meis ».

203. *Ataui proauique* : même expression chez Ovide, *am.*, 1, 8, 17.
Par *ambo*, le poète semble désigner Appius Claudius Caudex (*R E*, 3,
2692, 102), qui commanda l'invasion de Sicile, lors de la première
guerre punique et vainquit le Carthaginois Hannon en 264 av. J.-C.,
puis C. Claudius Tiberius Nero (*R E*, 3, 2774, 246), qui combattit à
la bataille du Métaure, en 207 av. J.-C. : Liu., 27, 46, 49. Celui-ci causa
la mort d'Hasdrubal, lors de la seconde guerre punique. Pour
H. Schoonhoven, Appius Claudius Caudex n'étant pas un Néron, il
s'agirait plutôt de Tib. Claudius Nero, consul en 202, mais qui fut peu
glorieux. Par ailleurs, *ambo* paraît suggérer une union temporelle. Ce
pourrait être alors M. Liuius Saluinator, vainqueur au Métaure avec
C. Claudius Nero.

Page 78.

204. *Domus ista* : le démonstratif de la deuxième personne désigne
la *gens Iulia*, devenue celle de Livie par mariage et celle de ses enfants
par adoption. Ce peut être une suggestion discrète que Drusus
descend en réalité d'Auguste, voir *sup.*, v. 39. L'expression *Caesaris
alti* se retrouve dans *pont.*, 2, 3, 63.

205. Passage obscur et diversement corrigé. Au prix de deux ou
trois modifications, cette phrase a généralement été interprétée ainsi :
« et à mes mérites, quoique (*quamquam*) ils plaisent mieux en
eux-mêmes (*ipsa*), l'honneur, ma mère, n'a pas manqué (*afuit*). »
Pareille traduction néglige le *consensus codicum* — *quicquam, affuit*
— et la ponctuation forte : qui sépare *magis* de *iuuant*. À la platitude
de la traduction habituelle, il convient de préférer un lieu commun de
l'éloge et des inscriptions funéraires, l'illustration supplémentaire que
le défunt apporte à des aïeux déjà illustres ; il s'agit ici de sa propre
race et de celle d'Auguste, représentées par *illa*. Sur ce *topos*, voir
E. Galletier, *op. cit.*, p. 156 et l'inscription de C. Cornelius Scipion,
ibid., p. 152 : « stirpem nobililitauit honor... ». Que l'on choisisse la
leçon *affuit* (de *adfuit*) des *codices* existants, ou plutôt *affluit*, leçon
d'un manuscrit disparu, le sens est à peu près équivalent.

206. Les *tituli* sont inscrits sur les insignes du triomphe portés aux
funérailles, comme sur les statues, *sup.*, v. 75. Ils sont énumérés à
nouveau : *consul uictor, Germanicus*. Le premier « titre » a déjà été
évoqué aux v. 139, 187, 293 ; le second, v. 139 ; le troisième, v. 19-20,
314, 337, 391. Sur l'*ignoti orbis*, voir *sup.*, v. 20 et n. 11. L'inscription
mortis publica causa constitue sans doute la formule officielle qui
figurera sur la statue. Elle définit la *mors pro patria* qui justifie le
« deuil public », *sup.*, v. 270. Sur l'Arc dressé en l'honneur de Drusus,
on lisait : « mortem ob rem publicam obisse ».

207. L'auteur résume la description déjà faite du cortège funèbre. *Cingor, sup.*, v. 205-206 ; il s'agit de l'*imago* du mort, placée devant ou sur le lit funèbre ; *decursusque, sup.*, 199-202 ; 217-218 ; *sensi ipse* implique que le mort assiste à ses funérailles, soit par l'intermédiaire de son « image », soit comme ombre non encore très engagée sur les routes de l'au-delà. Le mélange peu cohérent de scepticisme et de croyances archaïques n'est pas rare dans l'épigraphie funéraire, dont l'auteur s'inspire constamment. Le vers 462 est proche d'Ovide, *trist.*, 4, 2, 20 ; « ducum titulis oppida capta leget ». Les villes prises, les fleuves, les montagnes étaient représentés sur des pancartes, en même temps que les présents des rois, gages de leur défaite. Une description de ce genre de tableaux est faite par Ovide, *ars am.*, 213-228. La troupe de jeunes gens, *iuuentus*, qui porte le lit funèbre a été mentionnée *sup.*, v. 207-208 et 209-216.

208. Sur l'éloge prononcé par Auguste, voir *sup.*, v. 209-210 et n. 94. Le vers est proche de Properce, 4, 60-61 : « lacrimas uidimus ire deo ».

209. *Comprime fletus* : recommandation dans la ligne de la *Consolation* et de l'épigraphie funéraire, le mort lui-même demande de cesser le deuil : Tib., 1, 1, 67 ; *in Maec.*, 2, 16. En effet, la douleur excessive tourmente les mânes dans l'au-delà : BUECHELER, *carm. epig.*, 963, 12 ; 1198, 11-12 : « Manes parcite iam luctu sollicitare meos ».

210. *Si... sentit in umbra* : à nouveau, formule de la topique funéraire voir *anth. lat.*, 179 ; 180 ; Ov., *am.*, 3, 9, 65 ; *pont.*, 1, 2, 111-112 : « si superest aliquid post funera sensus » ; Min. Fel., *Octau.*, 12, « si quis remanet sensus in umbris ». Mais ce scepticisme rencontre sans doute celui de l'auteur : Introduction, p. 41.

211. *Est tibi — sitque precor —* : à la fois formule apotropaïque de *deprecatio* et salutation, *salua* correspondant à *uale*. Le passage est très ovidien : *her.*, 1, 111, « est tibi, sitque precor, natus » ; voir aussi *in Maec.*, 2, 31. *Instar, sup.*, v. 79, est une préposition fréquente chez Ovide ; *pars... prior* évoque *pont.*, 2, 8, 45-48 : « pars fuerit partus sola caduca tui ».

II. ÉLÉGIES À MÉCÈNE

Page 118.

2. *Merito* : peut se comprendre comme adjectif, portant sur *seni*, ou comme adverbe. *Dare* au sens de *dedicare* se trouve chez Ovide, *pont.*, 1, 9, 43.

3. La leçon *etiam* se justifie en raison du parallélisme avec les vers précédents : « iuuenis ... sunt etiam ... ut iuuenis ... etiam ». L'adjectif

candidus est appliqué à Mécène par Horace, *ep.*, 14, 5 ; il loue l'éclat et aussi la « blancheur » de son âme. Le souhait de longue vie peut paraître exagéré pour un *senex*, mais il représente une adaptation du *topos* de la consolation : la vie du défunt aurait dû être proportionnée à ses mérites. On voit parfois en *annoso auo* une référence précise au grand âge d'un aïeul de Mécène.

4. *Ratis* l'évocation de la barque de Charon est classique : elle charge les âmes pour les mener aux marais du Styx, cf. *Tib.*, 3, 3, 7. La leçon *it* de l'*editio Ascensiana* exprime avec bonheur le va et vient, comme chez Ovide, *fast.*, 1, 126, « it, redit, officio... meo ». Cependant la leçon *et* des manuscrits est défendue par quelques éditeurs et en particulier par J. Middendorf, *op. cit.*, p. 23. Le nocher des enfers est souvent décrit comme infatigable : Sen., *Oed.*, 166-170 ; Luc., 6, 705.

5. *Illa rapit iuuenes* : le verbe *rapere* ou *eripere* est classique dans les inscriptions funéraires. On trouve le même hémistiche dans la *Consolatio ad Liuiam*, v. 372 ; la seconde partie du vers, *sustinet illa senes*, est bien proche de *repetitque senes*, tour souvent amendé, sans raison majeure : on trouve le même sens de *repetere* chez Sénèque, *Oed.*, 59, « repetebat umbras ». Ce rapprochement entre les deux poèmes constitue un des arguments pour soutenir que la *Consolatio ad Liuiam* fut imitée par le poète des *Élégies*, s'il ne s'agit pas du même auteur : voir P. J. Enk, *L'Énigme des Élégies sur Mécène*, dans *Mnémosyne*, 3, 9 (1941), p. 225-237. De fait, l'expression *prima florente iuuenta* est fort banale et la pensée du vers suivant l'est tout autant : la mort n'oublie personne.

6. *Vsus amici* : pour P.J. Enk, *op. cit. sup.*, p. 228, « c'est à peine du latin » ; cependant on trouve des tours analogues chez Cicéron, *fam.*, 7, 32, 1 ; 13, 23, 1 ou Ovide, *met.*, 10, 565 : *coniugis usus*. L'auteur précise simplement qu'il n'a pas eu de relations personnelles avec Mécène, mais qu'il exécute une « commande » de Lollius. M. Lollius, ami d'Auguste et de Mécène, est le dédicataire de l'ode 4,9 d'Horace. Le poète voue à l'immortalité les vertus civiles et militaires du consul de l'an 21 av. J.C. Sur ce personnage douteux, voir Introduction, p. 82, n. 10. Le verbe *conciliare* chez les Comiques signifie souvent « acheter » : Plaut., *ep.* 472 ; *trin.* 856. Le sens d'« intermédiaire » est aussi impliqué dans le terme *conciliator* (*nuptiarum*).

7. *Fidus* : substantif plutôt qu'adjectif ; c'est un *hapax*, mais Varron, *ling. lat.*, 5, 86 mentionne la forme chez Ennius. Il n'y a pas lieu de corriger cette forme archaïque, ou familière, en *foedus*, en raison de la recherche paronomastique du vers 12, *fidem*. L'alliance des deux personnages repose à la fois sur des raisons militaires — choix d'un même parti dans la guerre civile — et sur des raisons morales de loyauté politique. Sur cette notion de *fides*, voir J. HELLÉGOUARC'H, *Le vocabulaire latin des relations et des partis*

politiques sous la République, Paris, 1963, p. 23. Le choc de prépositions *propter in* est apparu comme une gaucherie : voir Introduction, p. 91, n. 44. Ici s'achève le *Prooemium*.

8. *Etrusce* : l'ascendance royale de Mécène est constamment mentionnée par les poètes augustéens, sans doute parce que ce rappel plaisait à l'aristocrate : Hor., *carm.*, 7, 1, 1 ; *sat.*, 1, 6-14 ; Prop., 3, 9, 1. Auguste plaisantait son ami à propos des « lucumons » étrusques. Mécène descendait par sa mère des Cilnii. Sa famille aurait régné à Arezzo et il aurait compris Porsenna parmi ses aïeux : voir R. AVALLONE, *Biografia di Mecenate*, dans *Antiquitas*, 9, 11 (1954-55), p. 12 et *Mecenate*, Naples, 1962.

9. *Almi* est apparu comme l'épithète plus propre à une divinité qu'à un prince ; on trouve plutôt *magnus* ; mais Auguste est déjà traité en dieu par Virgile et Ovide. L'expression *uigil urbis* est fort exacte. Après Actium, Mécène était réellement devenu le second d'Auguste. Quoique sans titre officiel, il s'est vu attribuer des pouvoirs discrétionnaires à Rome et en Italie. Ceux-ci comportent des attributions de police qui seront celles du futur *praefectus urbis*. La notion de « gardien de la cité » est fondamentale après les guerres civiles. C'est le plus grand éloge que décernent les poètes : voir *cons. ad Liu.*, v. 61, « ille uigil ». De fait, en 31, Mécène a déjoué le complot de Lépidus.

Page 119.

12. *Vincit* : le vers 19 est vraisemblablement corrompu. La correction *uincis* de H. Schoonhoven (dans *Mnémosyne* 25 (1972), p. 75-77) est celle qui se rapproche le plus du manuscrit. On est alors tenté de substituer au second *uincit ueluti* ou *sicut*, comme l'ont fait Birt ou Baehrens. Cependant, la répétition emphatique de *uincit* ne peut être exclue. La comparaison superlative est classique, soit avec un minéral, soit avec un végétal ou un animal réputé pour son excellence : *laud. Pis.*, v. 79, « sic et aedonia superantur uoce cicadae ». La leçon *beritus* ou *boritus*, hapax, a été généralement rejetée. Cependant, *Berytus* est un port phénicien, centre du commerce de la pourpre ; *berytus* pourrait être un qualificatif du *murex*, coquillage qui fournit la pourpre. On a souvent corrigé le terme en *beryllus*, fort tentant : le choix du béryl ou aigue-marine suggérerait l'intérêt que Mécène portait aux pierres précieuses. Ce pourrait être aussi une allusion à un surnom amical donné par Auguste, à la mode emphatique du temps : Macr., *sat.* 2, 4, 12, « Cilniorum smaragde, berylle Porsennae ». Sur cette filiation, voir *sup.* n. 8. Malheureusement, le béryl ne se trouve guère parmi les sables du rivage. La comparaison se poursuit en effet par une image, le jeu des vagues « litore in extremo », soit « au bord du rivage ». H. Schoonhoven préfère « sur un rivage éloigné », en raison de la provenance lointaine

du béryl, d'après Plin., *nat. hist.*, 37, 76. On imaginait, semble-t-il, qu'en Orient la mer apportait perles et pierres précieuses. Mais le poète ne paraît pas se soucier ici de notations géographiques.

13. *Discinctus* : au sens propre « sans ceinture » ; porter la toge trop lâche en public passait pour un signe de mauvaises mœurs ; de même, la tunique ou le *pallium* devait être ceinturé. Mais Mécène était célèbre par ses tenues extravagantes et débraillées, par exemple un capuchon troué aux oreilles, sans doute d'origine gauloise : il est porté par des statuettes du Musée de Saint-Germain-en-Laye. Le parallélisme entre le relâchement vestimentaire et celui des mœurs évoque la critique acerbe de Sénèque : *ep.* 19, 92, 101 et 114. De fait, la mauvaise réputation de Mécène était indiscutable. Selon Macrobe, *sat.*, 2, 4, 12, Auguste lui-même l'appelait μάλαγμα moecharum, « matelas de courtisanes ».

14. *Simplicitate* : le *topos* de la *laudatio* passe par la *simplicitas* ; de même Calpurnius vantera la simplicité de Pison, *laud. Pis.*, v. 130-131. Mais le *topos* rejoint encore une qualité reconnue de Mécène. Sa négligence devient un trait de mœurs antiques.

15. *Quibus fuit* : construction lâche et familière d'*esse* et le datif qui a surpris les commentateurs. L'*aurea uirgo* est Astraea, déesse de la Justice, qui vivait sur terre à l'âge d'or ; elle est évoquée par Virgile, *buc.*, 4, 6 ; voir aussi Sen., *Oct.*, 423 : « neglecta terras ... fugit Astraea uirgo ». Calpurnius, *buc.*, 1, 46, l'appellera l'*alma Themis*.

16. *Bene praecinctos* : l'antithèse confirme la lecture de *discinctus* au vers 21. L'ironie du poète, renforcée par les allitérations en *p*, souligne la fragilité des apparences et vise à laver Mécène du soupçon de débauche, en le présentant simplement comme un original. *Postmodo* est courant chez Ovide : *ars am.* 2, 32 2 ; *fast.*, 2, 53...

17. *Liuide* : note sans doute épicurienne, le sage se devant d'écarter la jalousie, avec peut-être un souvenir des *liuidas obliuiones* d'Horace, *carm.*, 4, 9, 33. *Nocuere* reprend le thème de l'innocence foncière de Mécène, *sup.* v. 16.

18. *Vrbis custos* est la reprise de *uigil Vrbis* au vers 14 ; voir *sup.* n. 9. Quoique sans titre officiel de *praefectus urbis*, Mécène en avait la charge : Vell. 2, 88, 2 ; Tac., *ann.*, 6, 11, 3. L'expression *Caesaris opses* surprend au sens de « représentant » ; mais elle correspond exactement à un « gage » ou un « otage » laissé comme garantie à Rome, en l'absence de César. J.M. André, *op. cit.*, p. 64, le définit parfaitement : « il est une délégation du pouvoir monarchique ».

19. *Tutas... uias* : allusion à l'insécurité bien connue des rues de Rome, contre laquelle Mécène avait lutté. Seul l'amoureux souhaitait se risquer dehors la nuit : Iuu. 3, 281-301. L'évocation de l'amant dépouillé suggère Tibulle, 1, 2, 26-29 : « qui corpora ferro uulnerat aut rapta praemia ueste petat », ou Prop., 3, 16, 5 ; 3, 16, 18. Il s'agit donc d'un thème littéraire souligné par l'expression de type virgilien *nocte sub obscura*. *Ferro* dépend à la fois de *durior* et de *tetigit*.

20. Le terme *triumphos* n'est sans doute pas à prendre au sens militaire. Mécène était plus diplomate que général. Mais Properce, 3, 9, indique qu'il a refusé tous les titres et toutes les magistratures, y compris le sénat, se contentant, avec orgueil, du rang de simple chevalier. La pointe *maius magnis* est proche d'Ovide, *met.*, 8, 328.

21. *Nymphasque* : le mot est employé par Catulle, 61, 29 ; Properce, 2, 32, 15 ; Martial, 6, 43, 2, au sens de « fontaine ». Aussi n'y a t-il pas lieu de modifier la leçon du manuscrit *B*. *Cadentes* évoque une cascade : Prop., 3, 16, 4, « cadit ... nympha Aniena ». Les jeux d'eau ont été rendus possibles par les travaux d'adduction réalisés par Auguste. Selon Sénèque, *dial.*, 1, 3, 10, « aquarum fragoribus », Mécène se plaisait à écouter le bruit de l'eau qui calmait ses angoisses. Le thème bucolique amène celui de la sûreté de la vie des champs, par opposition à l'incertitude de la vie politique. Comme l'a souligné E. Bickel, les *pauca iugera certa* présentent une coloration épicurienne, de type horatien, peu en rapport avec l'immense domaine de Mécène sur l'Esquilin, sans doute visé par Pline l'Ancien, lorsqu'il évoque une campagne à la ville. Il s'agit plutôt d'un souvenir virgilien du vieillard de Tarente, *georg.*, 4, 127 : « cui pauca relicti / iugera ruris erant ». L'adjectif *certa*, contesté à tort, exprime la sûreté des travaux des champs en regard des soucis de la vie urbaine. L'adjectif *pomosi* suggère la richesse des plantations arboricoles de Mécène. On y cultivait sans doute des fruits d'introduction récente, comme la cerise, et on s'y livrait à ces expériences d'hybridation critiquées par Pline l'Ancien, 19, 19, parce qu'elles faussaient l'ordre naturel et produisaient des monstres : poires-prunes, pommes-poires. Le poète évoque l'aspect naturaliste de ce jardin, à l'exclusion des statues et de la tour fameuse qui l'ornaient. Sabinus Tiro avait dédié à Mécène son ouvrage sur les jardins.

Page 120.

22. *Mollis hortibus* : le plus que parfait *sederat* implique une habitude. J.M. André, *op. cit.*, p. 122, a analysé les connotations épicuriennes de l'adjectif *mollis*, déjà lucrétien, et a défini la *mollitudo* comme un style de vie champêtre et naturel qui s'oppose aux contraintes de la vie urbaine. Ce thème de la « détente » est original dans la *laudatio*. Il appartient surtout à la bucolique : Verg., *buc.*, 1, 50-51. Le goût de Mécène pour le chant et la musique était bien connu : il y trouvait l'apaisement. Le vers 36 suggère même un « dialogue » avec les oiseaux. Les jardins de Mécène comportaient des volières. L'adjectif *garrulus*, appliqué à Mécène, qualifie habituellement le gazouillis des oiseaux. Effectivement, d'après le grammairien Charisius, Mécène avait composé un dialogue sur les oiseaux : Keil,

musicaux en l'honneur de la victoire. Après les combats, Apollon, lanceur de flèches, devient le dieu du chant. Les cordes de la lyre pouvaient être frappées avec les doigts ou avec un plectre : *laud. Pis.*, 166 : « siue chelyn digitis et eburno uerbere pulsas ». Les *tubae* sont, par excellence, l'image sonore des combats, dont le son révulse les élégiaques. Au vers 52, le poète ne résiste pas aux harmonies imitatives, à la manière des épigrammes alexandrines. En temps de paix, les trompettes étaient utilisées dans « les cérémonies sacrées » : voir Calp.*buc.*, 1,68.

33. *Dotalem stupri turpis* : la construction a déconcerté les commentateurs ; l'adjectif est utilisé ici comme le substantif *dos*, au mépris d'une syntaxe rigoureuse ; voir aussi *eleg. Maeu.*, 3 (*poet. lat. min.*, ed. Wernsdorf, p. 199), « dotalemque petens Romam Cleopatra Canopo ». H. Schoonhoven propose de voir en *turpis* un nominatif accompagné d'un génitif de relation, mais la construction est encore plus rude. L'auteur a surtout recherché le choc des termes *Romam* et *dotalem*, ainsi que l'opposition sonore *stupri turpis*. Le mépris pour Cléopâtre éclate chez tous les auteurs latins : Prop., 3, 11, 30, « femina trita » ; 3, 11, 39 ; « meretrix regina ».

34. *Ad extremos exorientis equos* : sur la fuite des peuples de l'Orient, voir *sup.*, v. 47. L'hyperbole est à peine sensible. L'auteur se souvient de Virgile, *aen.*, 8, 704-706 : « Actius haec cernens arcum intendebat Apollo/desuper : omnis eo terrore Aegyptus et Indi/omnis Arabs, omnes uertebant terga Sabaei ».

35. *Bacche ... Indos* : Vollmer voit ici le début d'un dithyrambe adressé à Bacchus, qui serait l'image d'Antoine ; mais le lien avec Mécène serait alors bien lâche. Bacchus passait pour avoir vaincu les Indiens. Il est souvent fait allusion à cette victoire par les poètes du temps : Prop., 3, 17, 22 ; Ou., *ars am.*, 1, 190 ; *am.*, 1, 2, 47. L'épithète *coloratos* est attendue : les Indiens sont appelés *fusci* par Tibulle, 2, 3, 55-56, en raison de la proximité du soleil qui leur brûle le teint. Le triomphe romain est présenté comme le renouvellement de celui de Bacchus sur l'Orient.

Page 121.

37. Cette intervention du poète et son insistance suggèrent une participation à une cérémonie bacchique du type de celles que célèbrera Messaline (Tac. *ann.* 11, 31, 2). Mécène pouvait y avoir joué le rôle de Bacchus. Voir Introduction p. 86.

38. *Ducere thyrsos* : le thyrse, bâton couronné de lierre ou de feuilles de vigne, est l'attribut de Bacchus et des Bacchantes. Le verbe *ducere* s'emploie fréquemment au sens de « mener les chœurs ». Le passage pourrait se souvenir de Virgile, *buc.*, 4, 29 : « instituit Daphnis thiasos inducere Bacchi et foliis lentas intexere mollibus hastas ». Le

vers 62 est considéré comme corrompu et d'une restitution particulièrement délicate ; *bracchia* est la lecture du *Vaticanus latinus* 3255 et
de l'*editio Aldina* de 1517 ; elle est assez vraisemblable et rappelle
Ovide, am., 3, 7, 8, « bracchia Sithonia candidiora niue ». L'expression
purpurea niue a été fort discutée. J.M. ANDRÉ, *op. cit.*, p. 97-100,
suggère que le terme *purpureus* a perdu toute idée de couleur pour ne
garder que la notion d'éclat, comme chez Horace, *carm.*, 4, 1, 10. Mais
il paraît peu vraisemblable que le même terme revête deux sens si
différents à deux vers de distance, *sup.*, v. 60. H. SCHOONHOVEN,
Purple swans and purple snow, dans *Mnémosyne*, 31 (1978), p. 200-
203, note qu'il manque la mitre à la tenue habituelle de Bacchus et
propose la restitution suivante, fort hardie mais tentante : « Bacche,
aptum mitra candidiore niue ». De fait, l'ablatif peut avoir un sens
causal-instrumental et *purpurea* doit logiquement désigner la tunique
de pourpre, comme au vers 60. Pour obtenir un contraste avec
candidiora, l'auteur pourrait avoir forcé la syntaxe.

39. *Gemmis ornatus et auro* : la décoration la plus courante du
thyrse était faite de rubans, auxquels on joignait des guirlandes de
lierre ou de vigne. Cette ornementation est donc particulièrement
fastueuse : voir Virgile, *aen.*, 1, 728 : « grauem gemmis auroque
poposcit pateram ». Cette richesse s'accorde avec le caractère oriental
de Bacchus, mais sans doute aussi de Mécène.

40. *Argentata talaria* : les *talaria* sont les sandales enserrant les
chevilles, souvent munies d'ailes, que l'on fait porter à certaines
divinités et particulièrement à Mercure. Le luxe que dénote l'emploi
de l'argent suggère une recherche quelque peu efféminée. L'affirmation insistante du vers 66 reprend celle du vers 61 et semble à nouveau
évoquer une cérémonie bacchique présidée par Mécène.

41. *Mollius es solito* : rappelle Virgile, *aen.* 7, 357, « mollius et
solito matrum de more locuta est ». Voir note 27 de l'Introduction. Ce
style peut évoquer celui de Mécène, qualifié de *remissus* ou *mollis* :
Macr. *sat.*, 2, 4, 12. L'auteur paraît avoir échangé exceptionnellement
quelques mots avec Bacchus-Mécène. Les *noua uerba* étonnent, mais
ils correspondent au style volontairement singulier de Mécène : Sen.,
ep., 114, 7, « haec uerba tam improbe structa, tam negligenter abiecta,
tam contra consuetudinem omnium posita ostendunt mores quoque
non minus nouos et prauos et singulares fuisse ». Sur *consulto*, voir
Introd. p. 99 et n. 79.

44. *Percussit ... te* : l'anaphore *te* et le rejet de *percussit* soulignent
l'incongruité de la scène : Hercule battu par une femme. Aussi doit-on
repousser l'interprétation, défendue d'abord par Scaliger, qui
construit *propter te*, en faisant de *Lydia* un vocatif et de *percussit* un
verbe technique du filage. Pour Omphale, il s'agit d'un jeu, *lasciua*
renvoie au *lusisse* du vers 72. La maladresse d'Hercule à ce métier est
un cliché poétique : Ou. *ep.*, 9, 77 ; Prop. 3, 11, 20. *Ducere* est
employé au sens de « filer » par Catulle, 64, 342 et Ovide, *am.*, 4, 34

... En dépit de la leçon *fluentes* des éditions anciennes, il ne semble pas y avoir lieu de modifier la leçon *fouentes* des manuscrits, l'idée de chaleur répondant beaucoup mieux au filage de la laine (*lanificas*) que l'image de tuniques « flottantes ».

45. *Percutiebat : percutio* s'emploie dans le vocabulaire de la musique, pour signifier « battre la mesure » : Hor., *sat.*, 1, 40, 43. Ici il s'agit d'une danse rythmée, exécutée sur la peau de lion. *Suspenso pede* est une expression courante : Sen. *Phaedr.*, 2, 4 ; Ou., *fast.* 1, 426, « suspenso digitis gradu ». Cette danse de l'Amour est d'inspiration hellénistique. Toute la scène évoque d'ailleurs un modèle pictural de type alexandrin, « Hercule aux pieds d'Omphale ».

Page 122.

47. *Aloidas* : nom patronymique des géants Ottus et Ephialte qui avaient combattu les dieux. Ils furent vaincus par Jupiter et bannis au Tartare ou, selon une autre tradition, ils furent égorgés par Apollon, ou encore, ils se tuèrent mutuellement à la suite d'une ruse d'Artémis. Ils apparaissent chez Virgile, *aen.*, 6, 582, et Ovide, *met.*, 6, 117. La fatigue du combat explique que Jupiter ait eu envie de s'étendre jusqu'à une heure avancée de la matinée. *Percumbo* est un *hapax*, au lieu de *procumbo*, mais le préverbe *per* convient mieux au sens duratif.

48. *Maturo* : ce doublet de l'adverbe *mature* est aussi attesté chez Catulle, 20, 205. C'est la leçon des manuscrits, qui s'accorde avec la rapidité de l'aigle messager. La correction *amaturo* a été généralement adoptée par les éditeurs, tant anciens que modernes. Elle est séduisante, mais présente un usage du participe futur comme adjectif épithète — et d'*amare* pris absolument — qui est fort rude. En revanche, la correction d'Heinsius *digna* pour *signa* paraît s'imposer.

49. *Sacerdos* : cette scène de l'enlèvement de Ganymède est un cliché de la sculpture antique ; voir aussi Ou., *met.*, 10, 160. Mais le terme de « prêtre » est inattendu. De fait, Ganymède va être consacré à Jupiter. H. Schoonhoven comprend le mot au sens étymologique donné par Isidore, *orig.*, 7, 12, 17 : « qui sacrum (nectar) dat », ce qui équivaut à « échanson sacré ».

50. *Poetetur* : la leçon *potiatur* a paru évidente à la majorité des éditeurs, car elle correspondait à la note érotique du passage, dérivant d'*amaturo* qui est une correction. L'emploi absolu de *potiri*, surtout au sens érotique, est loin d'être courant ; on a trouvé cependant quelques exemples : Ter., *heaut.* 322, « uis amare, uis potiri » ; Lucr., 4, 1076 ; Ou., *ars ams.*, 1, 711. Il n'en demeure pas moins que la leçon du manuscrit *B*, le plus authentique, ne saurait être *potiatur* : nous lisons *poetatur* ou *poetetur*, ce qui suppose, il est vrai, une synérèse au début du mot. Scaliger lisait *patiatur* dans son *uetus codex* ; Reeve défend *spatietur*. J. DIGGLE, *op. cit.*, p. 347, repose le problème et élimine cette conjecture. Il faut reconnaître que le sens poétique est

une meilleure référence à Mécène, *sup.* v. 36, et coïncide avec le style de vie *mollis* de l'épicurien, encore illustré par le vers suivant.

51. *Aret* : le jeu de mots avec *amet* pourrait être emprunté à Plaute, *merc*, 356 : « arare mauelim quam sic amare » ; voir aussi Mart., 9, 21, 4 : « Artemidorus amat, Calliodorus arat ». Le vaincu doit apprendre à vivre rudement. C'est le retournement du thème habituel des moralistes, pour qui la vie rude est l'apanage de la vertu.

52. *Taurus ... boui* : cette géorgique en miniature illustre l'idée qu'il y a un temps pour chaque occupation. Ce thème est développé dans l'*Éloge de Pison*.

53. *Conglaciantur* : *hapax* et terme plus scientifique que poétique : Plin., *nat. hist.*, 2, 60. Certains manuscrits donnent *conglutinantur*, qui est plus plat. *Se condit* : on croyait communément que les hirondelles se cachaient l'hiver au creux des rochers : Plin., *nat. hist.* 10, 70, « apricos secutae montium recessus ». Cette croyance se retrouve en Chine, où elle repose d'ailleurs sur un fondement réel. Ici, le passage peut se souvenir de Virgile, *georg.*, 1, 377 : « arguta lacus circumuolitauit hirundo » et 4, 307, « garrula quam tignis nidum suspendat hirundo ». Mais l'image est originale.

54. *Solute* : au sens propre et au sens figuré ; c'est une allusion aux *solutis tunicis* de Mécène, *sup.*, v. 25, image de son laisser aller. *Cum iam* : en raison de la nuance causale, on attendrait le subjonctif ; mais l'expression se rapproche de *cum primum* qui est suivi de l'indicatif et, par ailleurs, le style est familier.

Page 123.

57. *Disiecti* : leçon des manuscrits, généralement corrigée par les éditeurs en *dissecti* ; mais Virgile, *aen.*, 12, 308, emploie le verbe au sens de « fendre en morceaux », comme en ce passage. Il est fait allusion à l'expérience tentée par Médée, princesse de Colchide : elle plaça un bélier dans un chaudron et en sortit un agneau, afin de donner confiance aux filles de Pélias qui voulaient rajeunir leur père. Ensuite, la légende diverge. On admet généralement que Pélias mourut de la ruse de Médée. Mais Plaute, *pseud.*, 868-872, se fait l'écho d'une tradition selon laquelle Médée aurait effectivement rajeuni Pélias. Elle est qualifiée d'*Aeetis*, descendante d'Aeetès qui fut roi de Colchide. La correction d'*omne perita* en *omniperita*, adaptée par la plupart des manuscrits, amène à construire *sucis ... suis* avec *mutaverat* (Schoonhoven), ce qui ne tient pas compte de l'encadrement *sucis omne perita suis*. De plus, il n'est pas nécessaire d'avoir recours à un adjectif composé qui serait un hapax.

58. *Foret* : potentiel du passé : « Si nous avions eu ces herbes » au moment de la mort de Mécène. J. H. André, *op. cit.*, p. 102, a bien montré que Mécène était hanté par la vieillesse et la mort.

59. *Redditur ... florens ... aestas* : le vers évoque Calpurnius, *buc.*, 5, 21 : « florent siluae uiridisque renascitur annus ». On a souvent préféré *aetas*, sans doute d'après Catulle, 6, 8, 16, « aetas florida ». *Reuirere*, n'est attesté que chez des prosateurs tardifs, Grégoire le Grand et Grégoire de Tours. J.M. André, *op. cit.*, p. 385, le considère comme une création du poète. Quoi qu'il en soit, le verbe concourt heureusement à l'harmonie du vers.

60. *Quod fuit ante redit* : même fin de vers chez Ovide, *ars am.*, 2, 442 ; *trist.* 4, 66, « quae fuit ante manet ». Cette évocation des cycles est-elle stoïcienne ?

61. *Viuacesque* : le renouvellement des andouillers au printemps est comparable à la repousse des feuilles pour les arbres. Les cerfs et les corneilles passaient pour vivre longtemps : Cic., *tusc.*, 3, 69. La tradition remonte à Hésiode. Pline dit, *nat. hist.*, 7, 153 : « cornici nouem nostras attribuit aetates, quadruplum eius ceruis » ; 8, 119 : « uita ceruis ... longa post centum annos ». Voir aussi Virgile, *buc.* 7, 30 : « ramosa ... uiuacis cornua cerui ». De par leur timidité, les cerfs ne méritent pas une longue vie, même si leur aparence peut être « menaçante », *torua*, en raison de leurs cornes : on trouve le même adjectif chez Virgile, *aen.*, 3, 636. *Rigent* : au sens de « durcir », le verbe est cher à Ovide, *met.*, 3, 100 ; 4, 527 ; 11, 150...

62. *Cornices* : voir *sup.*, n. 61.

63. *Tithonus* : autre exemple classique de longévité. L'Aurore avait obtenu l'immortalité pour son époux, grâce à la nourriture des dieux, le nectar, mais elle n'avait pas songé à demander une jeunesse éternelle. Tithon est devenu l'image de l'éternel vieillard : Plaut., *men.*, 853-854, Ou., *am.*, 3, 7, 41-42 et surtout Prop., 2, 18, 9-13.

64. *Aptus eras* : cette aptitude « à s'étendre » n'est sans doute pas dépourvue d'ironie, en raison de la fâcheuse réputation ici de Mécène. Properce décrit la scène simplement évoquée ici : 2, 18, 17 : « cum sene non puduit talem dormire puellam ». Le lit couleur de safran de l'Aurore est mentionné chez Virgile, *georg.*, 1, 447 ; chez Ovide, *am.*, 2, 4, 43, c'est la chevelure de l'Aurore qui est couleur de safran. L'épithète remonte à Homère, κροκόπεπλος, *il.*, 8, 1 ; 19, 1.

65. *Poeniceum ... torum* : la rosée précède le lever de l'Aurore, puis sa couche devient pourpre. Ce rougeoiement a été peint par Virgile, *aen.*, 12, 77 : « puniceis inuecta rotis Aurora rubebit ». Ovide évoque aussi, *ep.*, 5, 88 : « purpureo ... toro ». Ici, la peinture, précieuse, vaut par les dégradés de couleurs.

Page 124.

66. *Roseas ... bigas* : le mari attentionné attelle le char dont les chevaux sont Lampos et Phaeton. L'image du char « couleur de rose »

est classique : Verg., *aen.*, 7, 26, « Aurora in roseis fulgebat lutea bigis » ; Tib., 1, 3, 94, « Luciferum roseis candida portet equis » ; Val. Flac., 2, 261, « ut roseis Auroram surgere bigis uidit equis ». *Purpurea ... manu* : la main est « empourprée » par le soleil levant ; on trouve une image analogue chez Ovide, *am.*, 1, 13, 10 ; « roscida purpurea supprime lora manu ». L'expression *respicientis equi* a exercé l'ingéniosité des éditeurs : Scaliger, Gorallus, Wernsdorff comprennent que le préverbe se justifie par le demi-tour accompli par le cheval. Burman estime que, le jour s'avançant et le char du soleil étant prêt à s'élancer, le cheval se retourne sur le parcours achevé. Ageno, Middendorf et Schooonhoven considèrent, avec vraisemblance, que la caresse au cheval ne se fait qu'au retour ; *cum iam torsisset habenas* n'est alors qu'une métaphore désignant le retour de l'Aurore ; *respicientis* peut alors qualifier le regard que le cheval porte sur le chemin parcouru ou plutôt le regard qu'il dirige vers le joug, dans l'attente d'être flatté, et surtout bientôt dételé. Le poète veut aussi créer l'antithèse *procedente respicientis*. Plus récemment, Richmond y voit au contraire une image de départ : *torsisset* signifierait « enrouler » les rênes autour des mains, mais en ce cas *respicientis* n'est pas éclairci. Cette scène, peu claire, ne paraît pas avoir puisé sa source chez un autre poète. Plusieurs éditeurs ont supposé ensuite une lacune.

67. *Hesperos* : jeune homme dont Vénus s'éprit et qu'elle transforma en l'Étoile du Soir, identifiée par les Anciens avec l'Étoile du Matin, Phosphoros ou Lucifer : Sen., *Phaed.*, 749-752, « talis est primas referens tenebras nuntius noctis, modo lotus undis Hesperus, pulsis iterum tenebris Lucifer idem ». C'est la planète Vénus communément appelée « Étoile du Berger » : d'abord brillante au-dessus de l'horizon, elle s'affaiblit ensuite et disparaît. L'auteur suggère que Mécène aurait mérité d'être ainsi transformé en étoile par Vénus. L'antithèse *nexum soluit* est quelque peu forcée, mais elle s'inscrit dans un contexte érotique.

68. Le vers 131 est fort contesté. La leçon la plus vraisemblable est *in fuscis ... equis,* elle-même très discutée, parce que souvent rapportée à Lucifer. On trouve chez Ovide, *fast.*, 2, 314 : « Hesperus et fusco ... ibat equo ». Lucifer est doté d'un cheval blanc : Ou., *met.*, 15, 188-190 ; *trist.*, 3, 5, 55 : « adferat admisso Lucifer albus equo ». Lactance Placidus en fournit une explication claire, *ad. Stat., Theb.*, 6, 239 : « Lucifer et mane oritur et uespere sed equo mutato. Quam rem sciunt sidera, quod unum astrum sit, nec falluntur sicut mortales qui putant duos esse ». J. Wight Duff comprend *in fuscis*, « dans les ténèbres », mais cet emploi de l'adjectif n'est pas confirmé par le *Thesaurus*. H. Schoonhoven réunit *nitentem* et *Luciferum* ; cette hypothèse ne tient pas compte du rejet de *Luciferum* et de la cohérence imagée du vers 131, qui peint l'apparition de l'étoile du soir, à l'approche de la nuit. *Contra* pose aussi un problème. Si l'on admet que l'auteur, comme la plupart des auteurs anciens, connaît

l'identité d'Hespéros et de Lucifer, *contra* ne peut être qu'adverbe et non préposition postposée : l'apparition de l'astre va à l'encontre de sa disparition. Le lien avec Mécène est lâche. Il paraît consister en une suggestion d'immortalité astrale.

69. *Corycium* : H. Schoonhoven voit ici une rupture de style, *hic* ... *hic* signifiant « l'un ... l'autre ». Mais on peut aussi comprendre que Lucifer, astre de l'Orient, préside à tous les parfums orientaux : le crocus, ou safran, provenait particulièrement de Corycus en Cilicie, selon Pline, *nat. hist.*, 31, 6, 17 ; *casias*, le cannelier ou cinnamome venait d'Arabie ; c'était surtout une plante funéraire, brûlée avec la myrrhe sur le bûcher ; Tibulle, 1, 3, 62, place le cannelier dans les Champs-Élysées ; *balsama*, le baumier, venu de Judée, y avait été apporté selon la légende par la reine de Saba ; il poussait seulement sur quelques collines et faisait l'objet d'exportations fructueuses : Ios., *ant. iud.*, 14, 4-7 ; Plin., *nat. hist.*, 12, 111-112.

72. *Annosi* : le vers 139 est corrompu ; la leçon des manuscrits, *annosa*, gardée par certains éditeurs, présente une irrégularité métrique, du moins si l'on s'en tient à la leçon, peu claire, *saecula*. T. Birt a tenté de justifier par quelques autres exemples un allongement du *a* comme licence poétique ; mais c'est bien exceptionnel et *annosa saecula* est une redondance. Le souhait de tenir la place de la Parque se retrouve chez Stace, *silu.*, 3, 1, 170-172.

73. Selon les uns (Kenney), il s'agit d'une inscription funéraire ; selon les autres (Schoonhoven), c'est la conclusion rituelle de la cérémonie. L'ellipse du verbe déclaratif présente l'invocation comme une formule funéraire classique, du type « terra sit leuis », qui existe à de multiples exemplaires dans le *C I L* ; voir aussi Tib., 2, 4, 50 et Prop., 1, 17, 24, « ut mihi non ullo pondere terra foret ». *Pendula* exprime une conception antique selon laquelle la terre est en équilibre dans l'univers : Ou., *met.*, 1, 12-13, « nec circumfuso pendebat in aere tellus/ponderibus librata suis ». La formule *librato pondus* ressemble à une redondance, mais elle a pu s'inspirer du passage d'Ovide ci-dessus et, par association avec la balance, elle explique l'équilibre (*pendula*).

74. Le poème s'achève par les rites des fêtes funéraires, *Parentalia* et *Rosalia* : Tib., 2, 4, 48 « annua constructa serta dabit tumulo ». La leçon *odores*, et non *honores*, paraît justifiée par Properce, 3, 16, 28 : « afferet haec unguenta mihi sertisque sepulcrum ornabit » ; voir aussi Apulée, *apol.*, 32 « tus et casiam et myrrham ceterosque id genus odores ». Selon G. Lattimore, *op. cit.*, p. 149, *umquam sitiens* se référerait aux libations de vin ou *profusiones*, fréquemment mentionnées dans les inscriptions. Mais le souci de garder la tombe toujours fleurie suggère plutôt un simple arrosage. Ce jardin funéraire est l'image en miniature du jardin de l'Esquilin qui était si cher à Mécène.

Page 125.

76. *Pectore maturo* : sur le *topos* du *puer-senex*, voir *cons, ad Liu.*,
v. 447. *Integer aeui* signifie chez Virgile, *aen.*, 9, 254, « à la fleur de
l'âge » ; le génitif paraît avoir été employé concurremment avec
l'ablatif, mais, prise en ce sens, l'expression est redondante, après
primaeui. H. Schoonhoven suggère un sens plus moral, « non
contaminé », en accord avec le contexte. Il est fait une allusion du
même ordre dans *cons. ad Liu.*, v. 45-46 : « tenuisse animum contra
sua saecula rectum ». *Caesaris illud opus* se retrouve dans *cons. ad
Liu.*, v. 39, ce qui identifie Drusus sans conteste.

77. *Discidio* : la phrase est elliptique ; il faut sous-entendre *me
mortuum esse*. La suite indique clairement qu'il s'agit de la séparation
de sa femme Terentia et non de la « brouille » avec Auguste, ou de la
guerre civile, comme l'a pensé Kenney, à la suite de Gorallus. Mécène
souhaite avoir sa femme près de lui à l'heure dernière. Sur ce mariage
orageux, voir Introduction, p. 88, n. 6 et Sen., *dial.*, 1, 3, 10. Divorces
et remariages se succédaient. Mécène perdait le sommeil : Plin., *nat.
hist.*, 7, 172. La « pudeur » de Mécène se justifie à la fois par sa dignité
et par la liaison qu'Auguste entretenait avec Terentia, à des fins
politiques selon Suétone.

78. *Amico* : la délicatesse de Mécène consiste à évoquer l'amitié
d'Auguste après l'allusion à Terentia. Cette amitié suffit pour tout
racheter. La répétition *dum moriorque* doit se comprendre aussi avec
amico. *Satis* est à double entente : « j'ai vécu suffisamment »
(Schoonhoven) et « cette amitié me suffit ».

79. *Mollibus* : *mollis* est souvent associé aux larmes ; Ou., *rem.*,
340, « mollibus est oculis » ; Prop., 3, 15, 29 ; Stat., *theb.*, 7, 497.

80. *Hoc mihi contingat* : même début de vers chez Tibulle, 1, 1, 49
et Ovide, *am.*, 3, 2, 9. Ce fatalisme est traditionnel dans les
inscriptions funéraires. *Aequa* : pour H. Schoonhoven, l'adjectif
reprend le souhait classique « sit tibi terra leuis », mais celui ci a déjà
été formulé au vers 141. Le sens, plus probable, d'« équitable » est
développé par Horace, *carm.* 2, 18, 32-34 : « aequa tellus/paupere
recluditur/regumque pueris ».

81. *Nec tamen* : réserve, voir sup., v. 11, *sed tamen*. H. Schoonhoven construit *hoc ultra*, ce qui est bien lourd ; *dolere* peut être
normalement transitif et *ultra* adverbial. Mécène témoigne ainsi de sa
délicatesse. La restitution d'Heinsius, *doluisse*, paraît s'imposer : les
manifestations d'une douleur excessive passaient en effet pour
troubler la quiétude du mort dans l'au-delà ; voir Properce, 4, 11, 1 :
« desine, Paulle, meum lacrimis urgere sepulcrum » ; *cons. ad Liu.*,
467 : « iam comprime fletus ». On rencontre cette même préoccupation
à la fin de la *Consolatio ad Liuiam*, chez Tibulle, 1, 1, 67 et dans
l'épigraphie funéraire, *anth. lat.*, 5, 9, 2.

82. *Meminisse* : la survie par le souvenir constitue une notion fondamentale de la religiosité latine, d'autant plus vivace que la croyance aux dieux s'estompe. Sur la place de cette mention dans l'épigraphie funéraire, voir G. *Lattimore, op. cit.,* p. 243 sq. Chez Pétrone, *sat.* 71, c'est l'horloge funéraire qui forcera le passant à lire le nom de Trimalcion. Mécène paraît donc témoigner d'une totale confiance en la fidélité d'Auguste. Il n'est pas fait allusion aux Champs-Élysées traditionnels, sinon peut-être par le vague *illic* : cf. Tib., 1, 10, 37, « illic ... errat ».

83. *Desinit esse tuus* : proche d'Ovide, *pont.,* 2, 3, 38, « desinere esse tuum ».

84. *Quicquid ero* : même note de scepticisme sur la survie de l'âme que dans l'épigraphie funéraire : *anth. lat.,* 405, 2 ; 960, 3. Mais des accents analogues se trouvent aussi chez Properce, 1, 19, 11 et Ovide *ib.,* 153. *Cineres interque fauillas* : image d'un réalisme un peu grinçant et souvenir, peut-être, de l'affirmation de Properce, 4, 11, 74 : « haec cura et cineri spirat inusta meo ». Cette proclamation de l'amitié qui survit à l'anéantissement paraît dépasser le thème épigraphique évoqué par G. LATTIMORE, *op. cit.,* p. 57.

85. *Molle* : sur les consonances de cet adjectif, voir *sup.,* n. 22 ; on trouve le même tour dans *cons. ad Liu.,* 13 ; le style est celui d'une épitaphe : BUECHELER et RIESE, *carm epig.,* 437, 15, « exemplum laudis uixi, dum uita manebat ». H. Schoonhoven fait remarquer, à juste titre, que l'adverbe *beate* est souvent associé à *uiuere* et n'appelle donc pas la correction *beati*.

86. *Arbiter ipse fui* : J.M. André a souligné cette indépendance de Mécène et son choix épicurien. Son refus des honneurs a été mentionné au vers 32. Pourtant, la dureté de la formulation, *uolui*, évoque les maximes stoïciennes, le sage étant en plein accord avec sa destinée. L'expression *pectus pectoris* appartient au langage emphatique de l'affection, tel que le pratique Horace ou Ovide : *maior pars animae, dimidium animae* ; voir Ou., *met.,* 8, 406 ; *pont.,* 1, 6, 16 ; Hor., *carm.,* 1, 3, 8 : « et serues animae dimidium meae ». Pendant toute la première période de sa vie, Mécène fut réellement le « double » d'Auguste.

87. *Viue diu* : le souhait de longue vie est une marque d'affection banale : Tib., 1, 6, 63, « uiue diu mihi, dulcis anus ». Il est encore plus attendu pour un empereur : Hor., *carm.,* 1,2, 45-46 « serus in caelum redeas » ; Ou., *met.,* 15, 868, « tarda sit illa dies ». Calpurnius ira encore plus loin : *buc.* 4, 137, « post longa reducite uitae/tempora uel potius mortale resoluite pensum ». Quoique banal, le terme *sidera* peut évoquer un contexte pythagorisant.

III. BUCOLIQUES D'EINSIEDELN

Page 156.

1. *Formose* : dans la mythologie, Midas joue le rôle d'arbitre entre Pan et Apollon. Ici, il a souvent été identifié avec Néron, appelé par Dion Cassius, 61, 20, 5 : « ὁ καλός καῖσαρ ». Il est vrai que l'allusion de Suétone, *Ner.*, 7 : « uultu pulchro magis quam uenusto » ne coïncide pas avec l'adjectif *formosus*, qui comporte une nuance de joliesse : voir Calp., *buc.*, 3, 61 : « formosior illo/dicor » et surtout le « formosum Alexim » de Virgile, *buc.*, 2, 1. Une pareille identification ne paraît d'ailleurs pas nécessaire, même si l'épithète peut se justifier par la jeunesse du prince ou l'adulation. Voir là-dessus l'argumentation de R. VERDIÈRE, *Calpurnius, en fin d'analyse*, dans *Helmantica*, 44 (1993), p. 349-398, p. 350. Cette identification pourrait alors être mordante : Midas a en effet des oreilles d'âne. La correction de Hagen, *formose*, a été généralement retenue par les éditeurs. Cependant, la leçon *formosa* du manuscrit est défendue par L. JANSSENS, *L'apport de Perse aux études néroniennes : Abrasax, le dieu de Néron*, dans *Néronia 1977. Actes du deuxième colloque de la Société Internationale d'études néroniennes*, Clermont-Ferrand, 1982, p. 191-222. L'auteur explique le féminin par l'ambivalence sexuelle de Néron.

2. L'expression *aurem* ou *aures dare* est familière : Pl., *mil.*, 358 ; 954 ; *trin.*, 11 ; Cic., *Att.*, 1, 5, 4... On trouve chez Perse, 4, 50, *aures donare*. Calpurnius Siculus emploie ce tour, *buc.*, 4, 47-48 : « non daret ... aurem/uacuam », concurremment avec une expression plus élaborée, *buc.*, 6, 76 : « auribus accipias ».

3. *Casu* : après Baehrens, les éditeurs ont généralement adopté la correction de la leçon *cusu* en *casti*, inspirée, semble-t-il, du *castum nemus* de Tacite, *Ger.*, 40, 2, et du cadre de la première bucolique de Calpurnius. Mais, si la parenté esthétique est évidente, la correction suppose une confusion graphique (a/u ; u/ti) conjecturale. *Casu* au sens de « par hasard » est plat, mais classique : Cic., *cat.*, 3, 29. La « *secreta uoluptas* » trouvera peut-être un écho chez La Fontaine, *fab.*, 11, 4, 22 : « Solitude, où je trouve une douceur secrète ». Le verbe *inuitare* est employé en ce sens dans Turp., *fragm.*, 182 : « lucus ipse inuitat hercle hic Veneris ».

4. *Praemia si cessant* : voir *aetn.*, 40 : « turpe est sine pignore carmen ». Le vers ressemble à un commentaire de Calpurnius, *buc.*, 4, 153-154 : « Tunc, Meliboee, sonent, si quando in montibus istis/dicar habere Larem ». Le matérialisme dont fait preuve Thamyras a semblé

un argument pour l'identifier à Calpurnius. Mais Ovide dit aussi, *pont.*, 2, 3, 13-14 : « ipse decor recti, facti si praemia desint/non mouet ». La joute poétique comporte traditionnellement des enjeux, depuis Théocrite.

6. Les mouchetures des animaux sont un ornement qui leur donne du prix ; il est traditionnel dans la bucolique : Verg., *buc.*, 2, 41 ; voir aussi Horace, *carm.* 4, 2, 59 : « qua notam duxit niueus uideri ». Ici, ce peut être un souvenir de Calpurnius, *buc.*, 6, 45 : « niueo distinguit pectora luna » ; on trouve de même chez Stace, *theb.*, 9, 688-689 : « nemorisque notae sub pectore primo/iactantur niueo lunata monilia dente ».

7. *Nobilibus ... bullis* : la plupart des éditeurs ont adopté la correction de Hagen, *mobilibus*. J. Wight Duff pense à des « clefs », modulant les notes par ouverture ou fermeture des trous de la flûte. R. Verdière a parlé de « viroles mobiles ». Il renonce désormais à cette correction et suggère que *nobilis* équivaut à *notus*, comme chez Virgile, *aen.*, 12, 942 : « notis fulserunt cingula bullis ». Les *bullae* peuvent être aussi un souvenir de Calpurnius, *buc.*, 6, 41, où elles ornent le cerf apprivoisé de façon purement décorative. J. Hubaux, *Les thèmes bucoliques, op. cit.*, p. 230, pensait déjà à une flûte ornée de verroteries. La décoration rend ainsi l'objet « notable », c'est à dire facile à reconnaître. Le « présent mémorable de Faunus » se souvient sans doute de Calpurnius, *buc.* 1, 18, où Corydon a reçu sa flûte de Ladon, mais chante en l'honneur de Faunus. Voir aussi le chalumeau offert par Silvain, dans *buc.*, 2, 28, à la suite de celui qu'offrent les Muses chez Virgile, *buc.*, 6, 69. Fils mythique du roi Picus, le dieu italique est l'antique protecteur des troupeaux. Il a fini par être confondu avec Pan, célèbre par sa flûte. À sa suite, il est devenu un dieu silvestre « *siluicolae* ». Chez Calpurnius, un hêtre lui est consacré. R. Verdière note que le nom de Ladas pourrait se souvenir du Ladon de Calpurnius. L'expression *memorabile munus*, parfois corrigée en *uenerabile munus* est une cheville de style : Tib., 2, 1, 7 « huic datus a pleno memorabile munus ouili ». Ici, à travers le thème littéraire, l'allégation n'est peut-être pas dépourvue d'ironie.

Page 157.

8. *Fauni... munus* : la reprise en chiasme souligne l'ironie de Thamyras.

9. La correction de Hagen, *omen*, pour *omne*, a été généralement adoptée par les éditeurs, qui ont aussi modifié la ponctuation du manuscrit, en reliant *omen* à *fistula*. Il est vrai que l'expression *certum omen* est des plus courantes ; Prop., 4, 10, 45-46 ; Tib., 1, 3, 11-12 : « rettulit e triuiis omina certa puer » ; Ou., *met.*, 8, 595-596 : « quod et omnibus certis prohibebar amori/indulgere meo » ... L'*omen*, parole prophétique prononcée par hasard, est constitué ici par la

prononciation du mot précédent, *perdas*. La flûte, en elle-même ne saurait être un *omen*. Ce sont ces arguties verbales que Ladas va qualifier d'« insanis uerbis ».

10. *Damnato ... dempta est* : R. Verdière note justement que Thamyras s'exprime en juriste. L'étymologie est donnée par Varron, *ling. lat.*, 5, 176 : « damnum a demptione, cum minus re factum quam quanti constat ». On peut y voir une allusion à la loi *per pignoris capionem* : voir G. HUMBERT, dans DAREMBERG-SAGLIO, POTTIER, *Dictionnaire des Antiquités, art. pignus*, p. 474.

10. Le vers fait un tout. *Iam nunc* porte sur *dempta est* de façon péremptoire. Voir *T L L*, 144, c. 42 sq.

11. *Insanis ... uerbis* : voir Calpurnius, *buc.*, 6, 88 : « quid furitis, qua uos insania tendere iussit ? » ; Prud., *psych.*, 351 : « qui furor insanas caligine mentes ? »

12. L'expression *Caesareas laudes* a suggéré à R. Verdière le titre *De laude Caesaris* et a amené certains critiques à identifier ce poème avec les *Laudes Neronis*, œuvre perdue de Lucain. De fait, l'expression est fort répandue, ainsi que le genre littéraire de la *laudatio* : voir le *De laude Pisonis* ; Hor. *carm.*, 1, 6, 11-12 ; Prop., 2, 1, 25-26 ; Ou., *trist.*, 5, 3, 4 ; Mart., 1, 89, 6. La parenté du poème avec le genre du panégyrique a été étudiée par D. KORZENIEWSKI, *Die panegyrische Tendenz in den Carmina Einsidlensia*, dans *Hermès*, 94 (1966), p. 344-360. Le vers 16 est ambigu : est-ce ironie ou flagornerie ? Voir Introduction, p. 147.

13. Le vers 17 est obscur. La leçon du manuscrit *corrūpit* a été contestée sans raison majeure, plusieurs éditeurs optant pour *corrupit*. La discussion est résumée par Z. SLATUSKA, *Kritische Textbemerkung zu Carmen Eins. I*, dans *Sbornik Praci Filosoficke Fakulty Brnenske University*, Brno, 1968, p. 175-177. Lui-même propose *cor rumpit*. R. Verdière suggère de comprendre « séduire ». Mais le verbe peut également exprimer une altération physique qui est l'effet de l'inspiration, comme chez la Sibylle de Cumes, *aen.*, 6, 46-50. Le surnom d'Apollon Cynthien, ou habitant du mont Cynthus, évoque aussi Virgile, *buc.*, 6, 3. L'expression *sidereo ore* est ambiguë. Pour G. SCHEDA, *Eine übersehene recusatio-Form*, *op. cit.*, *ore* signifie « visage ». Il peut s'agir aussi d'une allusion à la « caelestem uocem » de Néron, d'après Tacite, *ann.*, 16, 1 ; 14, 15, 10. Apollon est le dieu de Néron. Celui-ci en est la figure dans les *Bucoliques* de Calpurnius. Ladas trouve ainsi une façon détournée de louer le prince. Le terme *chelys*, pour désigner la lyre, appartient au vocabulaire poétique courant : Calp., *buc.* 4, 67 : « chelyn ... canente ». Le qualificatif *laudatam* peut s'appliquer à Ladas et exprimer la vanité poétique du berger, ou bien il a un sens général : la lyre est l'instrument d'Apollon, l'instrument roi qui l'a emporté sur la flûte de Pan : Calp., *buc.* 4, 65 « qui posset auena praesonuisse chelyn ». *Variare* signifie « faire des variations mélodiques d'accompagnement », ce qui impli-

que une technique sûre à la fois du chant et de la lyre. Ce passage a suscité un débat dont le point est fait par R. Verdière, *De laude Caesaris, op. cit.*, p. 266, n. 623. Il y voit un reflet de la joute poétique qui opposa Néron à Lucain.

Page 158.

19. Le passage, soumis à bien des corrections, n'a pas besoin d'être amendé, si l'on entend la phrase comme une incise illustrant l'esprit prophétique de Phoebus. L'image de la prophétesse parlant sous la contrainte paraît issue de la Sibylle de Cumes de Virgile, *aen.*, 6, 79-80 : « tanto magis ille fatigat/os rabidum, fera corda domans, fingitque premendo ». Cette peinture de la Sibylle apparaît pour la première fois chez Héraclite, *V S* 22 B, 92 D-K, puis dans les *Oracles Sibyllins*. Voir là-dessus D. KORZENIEWSKI, *Néron et la Sibylle*, dans *Latomus (1974)*, p. 921-925. R. Verdière songerait plutôt à la Pythie, d'après Lucain, *5, 161-193* : « *et inuito concepit pectore numen extremaeque sonant domita iam uirgine uoces* ».

20. La leçon *prodere mundum* reprend la révélation des *primordia mundi, sup.* v. 23. Elle n'a donc pas besoin d'être corrigée. C'est le thème du *De mundo* d'Apulée.

21. Sur la religiosité apollinienne, voir Introduction, p. 140, et J. GAGÉ, *Apollon Romain*, Paris, 1945. *Caeli mens* représente l'ordre rationnel qui régit le monde : le soleil est régulateur de l'Univers dans le *Songe de Scipion*. *Solis imago* correspond à l'image sensible du culte solaire. Voir K. REINHARDT, *Kosmos und Sympathie*, Munich, 1926, p. 62 sq. Le vers 28 comporte une lacune, où l'on a parfois rétabli le nom de Néron, mais celui-ci n'est nulle part exprimé dans le *carmen*. Le verbe *stetit* rappelle l'attitude d'Apollon citharède chez Ovide, *met.* 11, 169 : « Artificis status ipse fuit ». En revanche, la vêture de pourpre et d'or est un attribut impérial. Selon Dion Cassius, 63, 20, 30, revenant de son triomphe en Grèce, Néron entra à Rome sur le char d'Auguste, vêtu d'une robe de pourpre brodée d'or. Voir aussi Suet., *Ner.*, 25 : « in ueste purpurea distinctaque stellis aureis chlamide ». *Intonuitque manu* ne peut guère se comprendre, ainsi qu'on l'a fait parfois, comme une « musique ». L'allusion au tonnerre de Zeus paraît claire. Le « dieu » est assimilé à la fois à Zeus et à Phoebus. Cette association, peut-être d'origine stoïcienne, se retrouve chez Lucain, 5, 95 : « totius pars magna Iouis Cirrhaea per antra/exit et aetherio trahitur conexa Tonanti ».

22. Les difficultés de ce passage ont été étudiées par S. LOESCH, *Die Einsiedler Gedichte ... op. cit.*, p. 34-42. Les références philosophiques ont été diversement identifiées, la correction *orbis* étant généralement préférée à la leçon *oris* du manuscrit, qui correspond pourtant aux sphères célestes. Le verbe *intexuit* a déconcerté, mais

l'*Artifex* est imaginé comme un tisserand : l'artisan représente manifestement le δημιουργὸς de la philosophie platonicienne. Après W. Schmidt, G. Scheda, *Planeten und sphärenmusik in der Neronischen Kaiser-ideologie*, dans *Hermès*, 94 (1966), p. 381 sq., souligne que ces zones ne sont pas terrestres — comme le suggérerait la correction *orbis* — mais célestes. Il s'agit de l'ancienne répartition de l'univers en sept zones, dont l'origine est apparemment Posidonios et qui se trouve illustrée dans le *Songe de Scipion*. Cette classification avait succédé à une répartition en cinq zones seulement, qui apparaît chez Plutarque et Strabon. La conception des sept zones célestes se reflète encore dans les *Apocalypses apocryphes* et dans la mystique chrétienne qui situe souvent le paradis au septième ciel : Drac., *de Deo*, 1, 5. Le *cosmos* est maintenu par une sympathie universelle : *amore* correspond au grec συμπάθεια ou φιλία. Le passage évoque Lucain, 4, 189-191 : « o rerum mixtique salus, concordia, mundi/et sacer orbis amor ». Voir aussi Lucr., 10, 262-267 ; Cic. *nat. deor.*, 2, 33, 84 et Apulée, *mund.* 30 : « diuina mens mundanas uarietates ad instar unius concentionis releuat ». Ce passage présente donc un reflet assez confus de l'harmonie des sphères, à partir d'une cosmogonie stoïcisante.

23. Allusion au meurtre du serpent Python qui avait été envoyé pour tourmenter Latone. L'épisode est raconté par Lucain, 5, 80. D. Korzeniewski, *Die Tendenz ... op.cit. sup.* n. 12, y déchiffre une allusion à Néron justifiant son meurtre. L'ambivalence Phoebus-Néron peut aussi suggérer le souvenir de l'incident selon lequel Néron enfant avait échappé à la morsure d'un serpent. Il en conservait la peau dans un bracelet, comme talisman.

24. On trouve une expression voisine dans l'*Anthologie latine*, 1, 114, 1 : « docta Apollineo disponere carmina plectro ».

25. *Caelestes ulli si sunt* : ce scepticisme est assez général ; voir *Consolation à Liuie*, p. 41 et Ovide, *met.* 1, 32 : « quisquis fuit ille deorum ». On a parfois mis cette réflexion en parallèle avec l'agnosticisme de Néron, d'après Suétone, *Ner.*, 56.

26. Après ce vers, Baehrens, Riese, Verdière et quelques autres ont supposé une lacune. Peut-être faudrait-il plutôt comprendre ce vers comme une réflexion en incise, dans la bouche de Midas, ou de Thamyras. Il se rattache pour le sens au couplet de Thamyras. Par ailleurs, le manuscrit hésite sur les attributions : ainsi il coupe la tirade de Ladas, en attribuant les vers 23-25 à Thamyras.

27. *Huc, huc* : même répétition chez Catulle, 64, 195 ; Pétrone, 23, 3. Les géminations du même type sont courantes : *hoc hoc*, Sen. *Herc. fur.* 201 ; *has has*, troad. 739 ; *hunc hunc Thy*, 101. Sur ce procédé, voir B. AXELSON, *Korruptalkult Studien zur Kritik der unechten Seneca Tragoedie Hercules Oetaeus*, Lund, 1967, p. 15. R. Verdière, *De laude Caesaris, op. cit.* p. 267, signale que le premier hémistiche se retrouve dans un poème sur la mort de Virgile, qu'H. Bardon

estime d'une latinité tardive. Il s'agit sans doute d'une cheville poétique. Les Muses sont fréquemment appelées *Piérides*, filles de Piérus, par les poètes impériaux : Hor. *carm.*, 4, 3, 18 ; *laud. Pis.*, 243.

28. L'Hélicon était une montagne boisée de la Grèce continentale, dominée par l'acropole d'Ascra, patrie d'Hésiode. Elle était essentiellement consacrée aux Muses. Les fêtes des Muses étaient l'occasion de concours poétiques. La répétition *hic ... hic* paraît une claire allusion à la Rome de Néron. Sur ce passage, voir S. Doeff, *Hic vester Apollo est ...*, *op. cit.*

29. Il ne peut s'agir que des *Troica* de Néron. On peut mettre en parallèle Sen., *Agam.*, 870-871 : « bene est, resurgit Troia : traxisti iacens/parens Mycenas, terga dat uictor tuus ». R. Verdière, *op. cit.*, p. 267, suggère, après H. Bardon, que le héros des *Troica* devait être Pâris : Seru. *ad. aen.*, 5, 370 « secundum Troica Neronis fortissimus ». Le vers 39 pourrait être aussi une allusion au voyage en Grèce de Néron.

Page 159.

30. L'expression *uester ... alumnus* évoque Calpurnius, *buc.*, 1, 45 : « maternis causam qui uicit Iulis ». Suétone dit aussi, *Ner.*, 39 : « quis negat Aeneae magna de stirpe Neronem ? » T.P. Wiseman, *Calpunius Siculus and the Claudian civil* war, dans *J R S*, 72 (1982), p. 57-67, a soutenu que l'allusion calpurnienne ne se réfère pas à la plaidoirie de Néron en faveur des Troyens, mais seulement à l'ascendance augustéenne d'Agrippine. Ici, l'évocation de l'incendie de Troie est indiscutable. Il ne peut s'agir que de l'ᵘᵃΑλωσις 'Ιλίου, composé quatre ans après les *Troica*. Voir Introduction, p. 143 et Tac., *ann.*, 39, 3 : « cecinisse Troianum excidium ». Les vers s'appliquent à la ruine de Troie. Cependant, le lecteur romain devait y sentir le reflet de l'incendie de Rome en 64. *Tollit* est à double sens : « exalte » et « relève ». Qu'il fût ou non responsable de l'incendie de Rome, Néron en profitait pour reconstruire la ville selon ses normes. D. Korzeniewski décèle une note sarcastique en ce passage, à partir de l'exclamation *gaudete !*, qui apparaît aussi dans les *Oracles Sybillins*, 8, 151-159.

31. La négligence du relieur nous a privés de la première partie de la phrase. Baehrens propose de suppléer « Venerat en et Maeonides, cui... » La description permet en effet de reconnaître Homère, E. Cizek, *Autour de la date du Satyricon de Pétrone*, dans *Stud Clas*, 7 (1965), p. 209, n. 3, remarque, à juste titre, que Néron admirait moins les classiques latins qu'Homère. Selon Suétone, *Ner.*, 49, 5, le prince prononça avant de se suicider un vers d'Homère. Sur la première place accordée à Homère et la seconde à Virgile, voir l'argumentation

de R E H WESTENDORP-BOERMA, *P. Vergilii Maronis libellus qui inscribitur Catalepton*, Assen, 1963, p. 106-107.

32. *Pleno* ... *honore* : *plenus* a son sens de totalité ; *honos* signifiant beauté, grâce, est un emploi virgilien : *georg.*, 2, 484 ; *aen.*, 1, 591.

33. L'expression *implere aures* est trop courante pour qu'il soit nécessaire d'adopter la correction de Hagen, *auras* : voir Cic., *or.*, 104 ; *laud. Pis.* 93-95 ; *cir.*, 355 ; Prud., *peri.*, 5, 325 : « implentur aures turbidi ». La clausule *tempora uitta* est d'une grande banalité. On la trouve chez Virgile, *aen.*, 2, 133 ; 4, 637 ; 6, 605 ; 10, 538 ; chez Ovide, *met.*, 5, 110 ; 7, 429 ; 13, 643 ; *fast.* 3, 861 ; *pont.* 3, 2, 75. La *uitta*, attribut des prêtres et des victimes, symbolisait aussi le caractère sacré des poètes. La couleur jaune est de bon augure : voir chez Virgile les brebis de l'âge d'or, *buc.*, 4, 61 : « iam croceo mutabit uellera luto » et les aspersions de safran qui avaient lieu à la fin des spectacles : Calp., *buc.*, 7, 72 ; Ap. *met.*, 10, 30, 1. Il y a peut-être un souvenir d'Ovide, *met.*, 10, 1 : « croceo uelatus amictu », quoique l'expression *uelare amictu* soit fort courante : Verg., *aen.*, 8, 33 ; *cir.*, 250 ; Prop., 3, 15, 3 ; Stat., *silu.*, 215 ..., ce qui explique la correction de Peiper. Cependant, le tour voisin, *celare amictu*, n'est pas sans exemple : Ou. *fast.*, 2, 819. D'ailleurs le *Thesaurus*, c. 768 donne à *celare* les équivalents *abscondere* et *tegere*. En tout cas, l'allusion est claire : César est devenu l'héritier d'Homère et devance Virgile. Sur ces « legs » du talent poétique, souvent symbolisés par une flûte, voir Calpurnius, *buc.*, 4, 62.

34. Le qualificatif *non segnior* se réfère au souffle épique, par opposition à la « mollesse » de l'inspiration élégiaque ou bucolique. On trouve dans le *Catalepton*, 15, 2 : « Homereo non minor ore fuit ». La comparaison entre Homère et Virgile était classique. Juvénal la met dans la bouche de sa femme savante, 6, 435-436.

35. *Mantua*, par métonymie, désigne Virgile, naguère l'égal d'Homère : Stat., *silu.*, 4, 2, 8-10 ; Claud., *carm. min.*, 30, 146-148. Cette vision d'un Virgile découragé par le talent de Néron relève d'une adulation à peine crédible. Calpurnius, profond admirateur de Virgile, n'est jamais allé jusque là. Il n'est pas certain que le poème soit incomplet, comme on l'a soutenu. Cette énorme flatterie, ou cette ironie, l'image du désespoir de Virgile, constitue une conclusion tout à fait vraisemblable.

36. Sur cette expression fort remarquée, voir Intr. n. 3 : G. Scheda, Ketteman R. Mayer et R. Verdière ont étudié ses rapports avec Calpurnius Siculus. Les avis divergent, mais s'il faut parler d'« imitation », elle viendrait plutôt de l'Anonyme, Introd. p. 130 sq. Korzeniewski, *Die panegyrische ... op. cit.*, souligne aussi le motif « silence et méditation », tel qu'on le trouve chez Virgile, *buc.*, 9, 37. Voir aussi l'interrogation, *buc.*, 9, 1. « quo te, Moeri, pedes ? » qui présente une introduction commode à la bucolique.

38. *Cura dapes sequitur* : formulation de maxime, d'allure horatienne : *carm.* 2, 16, 21-22, « scandit aeratas uitiosa nauis cura » ; 3, 1, 17 ; 3, 16, 16, « crescentem sequitur cura pecuniam ». W. Schmid a décelé l'influence de Lucrèce. On peut aussi évoquer Perse, 3, 100 : « sed tremor inter uina subit calidumque trientem/excutit e manibus ». L'attitude mystérieuse de Mystes n'en est pas moins originale. Pour R. Verdière, les *curae* exprimeraient des tendances politiques antinéroniennes, ce qui réduit la portée du *cura* épicurien, beaucoup plus général.

Page 160.

40. *Turba ... uigilans* : à nouveau, formulation de maxime courante ; voir Ovide, *ib.*, 596 : « dilaniet uigilum te quoque turba canum ».

41. *Vigiles* se réfère manifestement aux chiens mentionnés par Mystes. Le verbe *adumbrare* relève du vocabulaire agricole : Col., 5, 5, 15 : « uineas palmeis tegetibus ». Ici, c'est une image teintée d'ironie.

42. La lecture graphiquement la plus probable est celle de R. Verdière : *nec non*. On trouve un emploi analogue de renchérissement chez Virgile, *aen.*, 1, 707 : « Nec non et Tyrii... conuenere ». Il n'est pas indispensable de penser, avec E. Bickel, à une interrogation après *aliquid*, qui serait prononcée par un interlocuteur et ferait allusion à quelque tourment amoureux.

43. *Quod minime reris* : voir Sen., *Phaed.*, 895, « quem reri minime ». L'idée du dégoût qu'engendre les plaisirs est familière à la morale épicurienne, comme à Sénèque, qui critique à maintes reprises le *fastidium*, *ep.* 17, 3.

Page 161.

44. Après cette phrase abrupte, plusieurs éditeurs ont supposé une lacune. R. Verdière propose : « hanc potius altam platanum, Glycerane, petamus ». De fait, le vers suivant peu fort bien être prononcé par Glyceranus, coupant la parole à Mystes. Le relatif féminin *quae* du v. 12 aurait alors pour antécédent un *ea* sous-entendu, désignant n'importe quel arbre.

46. *Venimus* est la correction, fort vraisemblable, de Buecheler. Ce peut être un souvenir de Calpurnius, *buc.*, 6, 69 : « uenimus et tacito sonitum mutauimus antro ». L'image de la prairie se trouve aussi chez Calpurnius, *buc.* 6, 71 : « melior uiret herba tapetis ».

47. Reprise du vers 1, en style moins familier : Iuuenc., 4, 597 : « Pilatus quaerit quantum sit causa tacendi ». Sur ce silence, voir Intr. p. 138 et v. 4.

48. La scène rappelle Virgile, *georg.*, 2, 380-397. Mais le vers est très discuté. D. Korzeniewski considère que la correction de Baehrens, *pagus* pour *fagus*, a été démontrée par E. Bickel, *op. cit.*, dans *Rh M*, 97 (1954), p. 199 et W. Schmid, *op. cit.*, dans *Bonner Jahrbücher* 153 (1953), p. 63. Le terme apparaît chez Virgile, *georg.*, 2, 382. De fait, l'adoption de *pagus* entraîne forcément la correction de *cortice* en *caespite*. Or, il semble bien que ce soit le terme *cortice* qui ait inspiré au copiste du manuscrit le nom d'arbre *fagus*. Par ailleurs, le sens premier de *diffusus*, « répandu en versant », s'accorde mal avec *pagus*. La correction de Giarratano, *Bacchus*, reprise par R. Verdière, paraît plus vraisemblable pour cette fête dionysiaque annuelle. Le terme est employé au vers 26. Il s'agirait alors d'une libation, faite sur un arbre sacré, qui peut d'ailleurs porter des inscriptions, ou *uota*, comme le hêtre consacré à Faunus, dans la première bucolique de Calpurnius. Ceci expliquerait l'usure de l'écorce. Le verbe *imbuat* correspond à *diffusus* ; les libations se font aussi sur les autels ; l'expression est classique : Verg., *buc.*, 1, 7, « aram imbuet agnus » ; Calp. *buc.* 2, 67.

49. Pour Schmid, c'est un souvenir de la musique des Corybantes et de Lucrèce, 2, 6, 18 : « tympana tenta tonant palmis et cymbala circum/concaua ». Mais il peut y avoir aussi un souvenir d'Ovide, *met.*, 4, 29 : « impulsaque tympana palmis concauaque aera sonant » et *ars am.*, 537-538 : « sonuerunt ... tympana ». Libations de vin pur et tambourins étaient rituellement pratiqués dans les fêtes de Bacchus et dans le culte de la Magna Mater. Les fêtes de Bacchus sont évoquées par Virgile, dans la deuxième géorgique, 190-191 et 380 sq. J.M. André écrit à ce propos, *Mécène. Essai de biographie spirituelle*, Paris, 1967, p. 23 : « les fêtes de Bacchus, si proches du *symposion* épicurien, et surtout les *dies festi* de la *laudatio ruris*, communion assez symbolique avec les dieux agrestes, reflètent plutôt qu'ils ne trahissent une théologie qui implique, dans les rapports avec le dieu, non pas un commerce anxieux... mais la communion dans la joie, essence de la vie divine ». Pour Juvénal, 3, 62-65,le tambourin était le signe d'un culte asiatique. R. Verdière suggère par ailleurs, *op. cit.*, p. 268, qu'il pourrait y avoir en *merum* un calembour évoquant Néron : d'après Suétone, *Tib.*, 42, 2, « in castris tiro etiam tum propter nimiam uini auiditatem ... pro Nerone Mero uocabatur ».

50. *Maenalides* : ce sont les habitantes du Ménale, mont d'Arcadie consacré à Pan, inventeur de la flûte et, comme tel, patron de la poésie bucolique ; Verg., *buc.*, 8, 22 : « Incipe Maenalios mecum, mea tibia, uersus ». Aussi ne s'agit-il pas des Ménades, ou Bacchantes, qui suivent habituellement le cortège de Bacchus, mais des nymphes, dont les rondes *teneras* n'ont aucun caractère débridé : Verg., *buc.* 10, 55, « mixtis lustrabo Maenala Nymphis ».

51. *Tibia laeta* : le singulier, ainsi que l'adjectif, suggèrent que l'on joue uniquement de la flûte de dessus, au son aigu et joyeux. On jouait habituellement de deux flûtes à la fois, la seconde constituant la basse.

52. Le bouc est la victime traditionnellement immolée à Bacchus : Verg. *georg.*, 2, 380-381 et 396 : « et ductus cornu stabit sacer hircus ad aram » ; Ou., *met.* 15, 114-115. Voir le commentaire de W. RICHTER, *Vergil, Georgica*, Munich, 1957, p. 237-240. L'expression *nudatis ceruicibus* a été étudiée par E. BICKEL, *Politische Sibylleneklogen*, dans *Rh M*, 97 (1954), p. 199 et W. SCHMID, *op. cit.*, dans *Bonner Jahrbücher* 153 (1953), p. 75. D. Korzeniewski, *Zwei bukolische probleme*, dans *Hermes*, 10, 4 (1973), p. 501, précise la scène et son vocabulaire sacrificiel : le cou de l'animal est plié en arrière, pour qu'on lui coupe la gorge ; *nudare* signifie « enlever la peau ». La mise à nu des viscères correspond aussi à un rite sacrificiel : Verg., *aen.*, 1, 211, « tergora diripiunt costis et uiscera nudant » ; Ou., *ib.*, 551 ; Liu., 22, 51, 7. Les poils de l'animal sont ensuite jetés au feu.

53. L'expression *stolidum pecus* est contestée. La correction *s(t)olidum* paraît acquise, mais faut-il prendre l'expression au sens propre ou au sens figuré ? Le sens général est que la nouvelle génération n'a plus à craindre de conflit dangereux. À la suite de ceci, on a compris qu'aucune « troupe » ou « bande d'écervelés » (R. Verdière) ne songe à nier l'âge d'or. Pour J. HUBAUX, *Les thèmes bucoliques dans la poésie latine*, Bruxelles, 1930, p. 236 : « L'insulte s'adresse vraisemblablement aux poètes de l'opposition, parmi lesquels se distinguait surtout un certain Curtius Montanus (Tac., *ann.*, 16, 28) ». L'interprétation politique, faisant l'apologie du régime est soutenue par W. SCHMID, *Il greggo stolido e il suo jiudizio politico*, dans *Studi in onore di Gino Funaioli*, Rome, 1955, p. 418-425. L'expression *stolidum pecus* se trouve chez Properce, 2, 16, 8 et chez Tacite, *ann*, 13, 1, 1. *Pecus* peut garder son sens propre et se référer à un thème classique, celui des bêtes qui reconnaissent elles-mêmes l'âge d'or, voir *inf.*, v. 26 ; les moutons ont d'ailleurs la réputation d'être « obtus » : *Brut.* d'Accius, dans Cic., *diu.*, 1, 43, v. 18, « hebetem...pecus ». *Stolidum pecus* équivaut à ἄλογα ζῷα, *grege mutorum*, chez Juvénal, 15, 143, ce qui pourrait bien être le sens ici.

54. Le vers 23 est un souvenir patent de Virgile, *buc.*, 4, 6 : « iam redit et uirgo, redeunt Saturnia regna », ce qui a amené généralement à corriger *certos* en *uirgo*, paléographiquement peu admissible. R. Verdière, d'après F. Peeters, *op. cit.*, p. 269, propose *Rhea Cretis*. E. BICKEL, *Politische Sibylleneklogen, op. cit.*, p. 193, préfère *certe*. Mais *certo* peut avoir classiquement le sens de certitude : Cic., *Att.* 1, 12, 3, « certo scio »... Le même auteur explique l'abrègement de *aē* dans *Astraĕa* par de nombreuses références. De fait, le parallélisme entre l'auteur du poème et Virgile n'est pas rigoureux. Le règne de Saturne désigne couramment l'âge d'or. Astraea est la déesse de la Justice chez Ou., *met.*, 1, 150 ; Iuu., 6, 19 ; Stat. *silu.*, 1, 4, 2-3 : « uidet alma pios Astraea Iouique conciliata redit ». Chez Calpurnius, son nom est Thémis, mais l'expression est proche, *buc.*, 1, 43-44 : « et redit ad terras ... alma Themis ».

55. Parce qu'il ne craint plus les voleurs. Le passage est proche de Calpurnius, *buc.*, 38-42. La clausule *messor aristas* est banale : Ou., *met.*, 14, 64 ; *fast. 5, 357 ;* Claud., *in Ruf.*, 1, 382..

56. *Languescit* fournit une image originale. Il ne faut pas comprendre que Bacchus « languit », mais que le vin, en vieillissant, perd son âpreté : Horace, *carm* 3, 16, 34 : « nec Laestrygonia Bacchus in amphora/languescit mihi ». *Pecus errat* reprend le vers 22 et rappelle Calpurnius, *buc.*, 1, 37 : « Licet omne uagetur /... pecus ».

Page 162.

60. De nombreux critiques, à la suite de Baehrens, ont jugé le *sed* impossible et l'ont remplacé par *est* : voir W. SCHMID, *Nochmals... op. cit.*, p. 128. Mais la correction ne tient pas compte de la paléographie. L'expression *infelix gloria Sullae* constitue un calembour. Le dictateur Sylla était surnommé *Felix* et son descendant prénommé *Faustus* : Luc., 2, 221, « felix his Sulla uocari » ; 2, 522, « ad mortem Sulla felicior ire coegi » ; 6, 301-303 ; Sen. *cons. Marc.*, 12, 6, « crimen deorum erat Sulla felix » ; *incert. carm.*, dans Suet., *Tib.* 59, 2 : « Aspice felicem sibi, non tibi, Romule ; Sullam / et Marium, si uis, aspice, sed reducem, / nec non Antoni ciuilia bella mouentes/non semel infectas aspice caede manus/... » La plaisanterie paraît donc assez éculée. Le soulagement devant la disparition des guerres civiles se retrouve chez Calpurnius, *buc.*, 1, 50 et Sen. *clem.* 1, 11, 2 : « nunquam ciuilem sanguinem fudisse ».

61. *Trinaque tempestas* : pour R. Verdière, la liaison par *-que* annonce une référence à Sylla. Florus 1, 47, 12 et 2, 12, 2, parle de « Sullana tempestas » ; 2, 9, 3-5 : « bellum ciuile Marianum siue Sullanum tribus, ut sic dixerim, sideribus agitatum est ... » Cependant, l'expression semble plutôt désigner une association courante de trois « fléaux » de Rome, comme les mentionne le *carmen* anonyme *sup.* n. 60. Le troisième « fléau » paraît d'ailleurs variable : Luc., 4, 821-823, « Sulla potens Mariusque ferox et Cinna cruentus ». La première « tempête » serait l'invasion de Rome par Sylla, en 88 av. J.C. La seconde pourrait désigner le règne de terreur instauré par Marius, en 87, lorsqu'il arma les esclaves tirés des ergastules. Pour J. Wight Duff, ce serait l'explication de *uendidit arma*. Il s'accorde avec R. Verdière pour voir en la troisième « tempête » la prise de Rome par Sylla en 83 : celui-ci bat devant Rome les dernières troupes marianistes, fait égorger une foule de citoyens et proscrire environ deux mille sénateurs et chevaliers : Plut., *Syl.*, 65. Mais on peut aussi estimer avec Riese que cette troisième tempête désigne plutôt Antoine, qui « livra » les armes romaines à l'Égyptienne Cléopâtre : Flor., 2, 21, 2, « mulier Aegyptia ... pretium libidinum Romanum imperium petit ». C'est aussi l'avis de W. SCHMID, *Nochmals ... op. cit.*, p. 126. *Desperauit <opes>* est une conjecture. D. Korzeniwski

préfère *sperauit* < *sortes* >, d'après Virgile, *aen.*, 5, 190 : « Troiae sorte suprema ». W. SCHMID, *Nochmals ... op. cit.* p. 124 propose < *res* > *desperauit*, mais doit supposer l'allongement de -ĭt. On comprend parfois *supremas* comme l'équivalent de *summas* d'après Cicéron, *leg.*, 22 : « supremo deo ». L'expression *uendidit arma* se retrouve chez Lucain, 5, 248 : « miles ... scelere inbutos etiamnum uenditat enses ». Voir aussi Virgile, *aen.*, 6, 621 : « uendidit hic auro patriam », où l'on voit souvent une allusion à Antoine.

62. *Tellus inculta* se trouve en contradiction avec les vers 35-36, mais en conformité avec la peinture habituelle de l'âge d'or : Hes., 117-118 ; Verg. ; *buc.* 4, 18 : « at tibi prima, puer, nullo munuscula cultu / ... fundet ». Les *nouos fetus* résument les diverses productions énumérées par Virgile dans la quatrième bucolique, dont la fin du poème s'inspire, sans contredit. Le terme *fetus*, en lieu et place de *fruges*, se trouve chez Prudence, *psych.*, 887 : « inque nouos subito tument uirga arida fetus ».

63. *Ratibus tutis* constitue une modification de Virgile, *buc.*, 4, 37 : « nec cedet et ipse mari uector nec nautica pinus mutabit merces ». Le poète des *Carmina* n'envisage pas la suppression de la navigation. Les dangers des voyages maritimes forment un thème rebattu : Ou. *am*, 2, 11, 162 ; Hor. *carm.*, 1, 3 ; Tib., 1, 3, 35-40 ; Prop., 1, 17, 13-14. Ce thème est renforcé par une condamnation stoïcienne, au nom du respect de l'ordre naturel.

64. *Subeunt* : Lösch et Bickel défendent la leçon du manuscrit *subient*, d'après Sénèque,*ben.*, 1, 2 : *iniet*. Quoi qu'il en soit, la peinture évoque le cortège de Dionysos : Ou., *ars am.*, 48, où le char du dieu est attelé à des tigres. Chez Virgile, *buc.*, 4, 22, les fauves sont seulement inoffensifs ; voir aussi Horace, *epod.*, 16, 33. L'expression pourrait être un souvenir de Tibulle, 1, 3, 41-42 : « non ualidus subiit iuga...taurus, non domito frenos ore momordit equus » ; voir aussi Nemes. 4, 54 : « et iuga Marmaricos coget sua ferre leones ». L'image peut également s'inspirer des jeux donnés par l'empereur : Stat., *theb.*, 4, 658 : « lambunt retinacula tigres ». Habituellement, les lions appartiennent au cortège de Cybèle : Cat., 63, 76 : « ibi iuncta iuga resoluens Cybele leonibus ».

65. Le vers est repris textuellement de Virgile, *buc.* 4, 10. Il constitue un hommage à Néron, sous le nom d'Apollon, et peut fort bien conclure le poème. Le mot *Finit* figure d'ailleurs dans le manuscrit. Lucine préside aux enfantements. Sa mention paraît donc suggérer le souhait d'un descendance pour le prince, dont le mariage avec Octavie était resté stérile ; il dure jusqu'en 62. Mais on peut aussi voir en ce vers une allusion à l'enfant attendu par Poppée. Sur ce vers, voir S. DOEFF, *Hic vester Apollo est ... op. cit.* et D. ROMANO, *Il verso finalo della secunda ecloga einsidlenze*, dans *Orpheus 2.* (1981), p. 124-130.

INDEX NOMINVM

cons. = Consolation à Livie
el. = Élégies à Mécène
buc. = Bucoliques d'Einsiedeln

Achilles : cons. 433.
Actius : el. 51.
Aeetis : el. 110.
Agamemnonius : buc. 1, 39.
Agrippa : cons. 67, 69.
Alcides : el. 69.
Aloidae : el. 87.
Alpes : cons. 15.
Alpinus : cons. 385.
Andromache : cons. 318.
Apollo : buc. 1, 37.
Apollineus : cons. 459.
Appulus : cons. 388.
Argo : el. 107.
Armenius : cons. 389.
Astraea : buc. 2, 32.
Astyanax : cons. 430.
Augustus : el. 40, 106.
Aurora : cons. 281 ; el. 119. 122.
Ausonia : cons. 204.
Auernus : cons. 445.

Bacchus : el. 57 ; buc. 2, 15 ; 2, 26

Caesar : cons. 39, 59, 72, 129, 209, 245, 303 381, 404, 420, 442, 453, 465 ; el., 11, 13, 27, 103, 104, 150 (5), 155 (10), 173 (28), 174 (29).
Caesareus : buc., 1, 11, 47.

Capaneus : cons. 322.
Clotho : cons. 239.
Clymene : cons. 111.
Clymeneides : cons. 111.
Colchis : el. 112.
Corycius : el. 133.
Cyaneus : el. 108.
Cynthius : buc. 1, 17.

Dacius : cons. 387.
Dalmata : cons. 389.
Danubius : cons. 387.
Daulias : cons. 106.
Diomedes : el. 84.
Drusus : cons. tit., 3, 28, 32, 38, 66, 71, 75, 100, 146, 148, 159, 162, 172, 173, 195, 270, 277, 287, 291, 296, 299, 300, 324, 326, 345, 416, 469 ; el. 148 (4).

Emathius : el. 43.
Eous : el. 47.
Erymanthius : el. 72.
Etruscus : el. 13.
Euadne : cons. 321.

Faunus : buc. 1, 9, 10.
Fortuna : cons. 51, 56, 348, 371.

Germania : cons. tit., 271.
Germanicus : cons. 335, 457.
Germanus : cons. 391.

Glyceranus : *buc.* 2, 7.
Gradiuus : *cons.* 23.

Halcyon : *cons.* 107.
Hector : *cons.* 429.
Helicon : *buc.* 1, 37.
Hesperos : *el.* 128.

Idaeus : *el.* 91.
Ilianus : *buc.* 1, 48.
Iliades : *cons.* 241.
Indi : *el.* 57.
Itargus : *cons.* 386.
Itys : *cons.* 110.
Iuno : *cons.* 403.
Iuppiter : *cons.* 21, 28, 196, 214, 304, 380, 400 ; *el.* 90, 147 (3).

Ladas : *buc.* 1, 20.
Ledaei : *cons.* 283.
Liuia : *cons. tit.*, 3, 40, 56, 195, 350, 426, 474 *el.* 175 (30).
Lollius : *el.* 10.
Lucifer : *cons.* 406, 407 ; *el.* 132.
Lucina : *buc.* 2, 38.
Lydius : *el.* 75, 77.

Maecenas : *el.*, 9, 111, 145 (1), 168 (23).
Maenalides : *buc.* 2, 18.
Maeonius : *el.* 37.
Mantua : *buc.* 1, 49.
Marcellus : *cons.* 67, 441.
Mars : *el.* 50.
Martius : *cons.* 246 ; *buc. 2, 33.*
Mauors : *cons.* 231.
Midas : *buc.* 1, 1.
Minerua : *cons.* 403.
Mycenae : *cons.* 434 ; *buc.* 1, 39.
Mystes : *buc.* 2, 1.

Nemeus : *el.* 72.
Nero : *cons. tit.*, 1, 85, 145, 149, 157, 289, 345, 383, 451.
Nestor : *el.* 137.
Niliacus : *el.* 45.
Nilus : *el.* 48.

Oceanus : *cons.* 438.
Octauia : *cons.* 441.
Oenides : *cons.* 110.
Oeta : *cons.* 257.
Olympus : *el.* 87.
Ovidius Naso : *cons., tit.*

Pallas : *el.* 17.
Panope : *cons.* 435.
Pannonius : *cons.* 390.
Parca : *cons.* 73, 163.
Pelorus : *el.* 41.
Philippi : *el.* 43.
Phoebus : *el.* 17, 35 ; *buc.* 1, 23, 32.
Pierides : *el.* 35 ; *buc.* 1, 36.
Pontus : *cons.* 388.
Punicus : *cons.* 452.
Pylius : *el.* 137.

Raeti : *cons.* 175.
Remus : *cons.* 241.
Rhenus : *cons.* 385.
Roma : *cons.* 246 ; *el.* 53 ; *buc.* 2, 33.
Romanus : *cons.* 19, 173, 284, 356, 391 ; *el.* 14.

Saturnus : *buc.* 2, 23.
Scylleius : *el.* 107.
Sicambri : *cons.* 17, 311.
Stygius : *cons.* 410, 432.
Sueui : *cons.* 17, 312.
Sulla : *buc.* 2, 32.

Thamyras : *buc.* 1, 21.
Thetis : *cons.* 433; 439.
Threicius : *cons.* 106.
Tiberinus : *cons.* 221, 233, 247.
Tithonus : *el.* 119.
Troia : *cons.* 343 ; *buc.* 1, 39.

Venus : *cons.* 245, *el.* 130, 178 (33).
Virgo : *el.* 23.

Zephyr : *cons.* 101.

TABLE DES MATIÈRES

COLLECTION DES UNIVERSITÉS DE FRANCE
VOLUMES PARUS

Série grecque

dirigée par Jean Irigoin
de l'Institut
professeur au Collège de France

Règles et recommandations pour les éditions critiques (grec). (1 vol.).

ACHILLE TATIUS.
Le Roman de Leucippé et Clitophon. (1 vol.).

ALCÉE. SAPHO.
Fragments. (1 vol.).

AELIUS THÉON.
Progymnasmata. (1 vol.).

LES ALCHIMISTES GRECS.
(2 vol. parus).

ALCINOOS.
Les doctrines de Platon. (1 vol.).

ALEXANDRE D'APHRODISE.
Traité du destin. (1 vol.).

ANDOCIDE.
Discours. (1 vol.).

ANTHOLOGIE GRECQUE.
(12 vol. parus).

ANTIPHON.
Discours. (1 vol.).

ANTONINUS LIBERALIS.
Les Métamorphoses. (1 vol.).

APOLLONIOS DE RHODES.
Argonautiques. (3 vol.).

ARCHILOQUE.
Fragments. (1 vol.).

ARCHIMÈDE. (4 vol.).

ARGONAUTIQUES
ORPHIQUES. (1 vol.).

ARISTÉNÈTE. (1 vol.).

ARISTOPHANE. (5 vol.).

ARISTOTE.
De l'âme. (1 vol.).
Constitution d'Athènes.
(1 vol.).
Du ciel. (1 vol.).
Économique. (1 vol.).
De la génération des animaux.
(1 vol.).
De la génération et de la corruption. (1 vol.).
Histoire des animaux. (3 vol.).
Marche des animaux - Mouvement des animaux. (1 vol.).
Météorologiques. (2 vol.).
Les parties des animaux.
(1 vol.).
Petits traités d'histoire naturelle. (1 vol.).
Physique. (2 vol.).
Poétique. (1 vol.).
Politique. (5 vol.).
Problèmes. (3 vol.).
Rhétorique. (3 vol.).
Topiques. (1 vol. paru).

ARRIEN.
L'Inde. (1 vol.).
Périple du Pont-Euxin.
(1 vol.).

ASCLÉPIODOTE.
Traité de tactique. (1 vol.).

ATHÉNÉE.
Les Deipnosophistes. (1 vol. paru).

ATTICUS.
Fragments. (1 vol.).

AUTOLYCOS DE PITANE.
Levers et couchers héliaques. - La sphère en mouvement. - Testimonia. (1 vol.).

BACCHYLIDE.
Dithyrambes. - Epinicies. - Fragments. (1 vol.).

BASILE (Saint).
Aux jeunes gens. - Sur la manière de tirer profit des lettres helléniques. (1 vol.). Correspondance. (3 vol.).

BUCOLIQUES GRECS.
Théocrite. (1 vol.).
Pseudo-Théocrite, Moschos, Bion. (1 vol.).

CALLIMAQUE.
Hymnes. - Épigrammes. - Fragments choisis. (1 vol.).

CHARITON.
Le roman de Chaireas et Callirhoé. (1 vol.).

COLLOUTHOS.
L'enlèvement d'Hélène. (1 vol.).

DAMASCIUS.
Traité des premiers principes. (3 vol.).
Commentaire du Parménide de Platon. (2 vol.).

DÉMÉTRIOS.
Du Style. (1 vol.).

DÉMOSTHÈNE.
Œuvres complètes. (13 vol.).

DENYS D'HALICARNASSE.
Opuscules rhétoriques. (5 vol.).

DINARQUE.
Discours. (1 vol.).

DIODORE DE SICILE.
Bibliothèque historique. (8 vol. parus).

DION CASSIUS.
Histoire romaine. (2 vol. parus).

DIOPHANTE.
Arithmétique. (2 vol. parus).

DU SUBLIME. (1 vol.).

ÉNÉE LE TACTICIEN.
Poliorcétique. (1 vol.).

ÉPICTÈTE.
Entretiens. (4 vol.).

ESCHINE.
Discours. (2 vol.).

ESCHYLE.
Tragédies. (2 vol.).

ÉSOPE.
Fables. (1 vol.).

EURIPIDE.
Tragédies (8 vol. parus).

GÉMINOS.
Introduction aux phénomènes. (1 vol.).

GRÉGOIRE DE NAZIANZE (le Théologien) (Saint).
Correspondance. (2 vol.).

HÉLIODORE.
Les Éthiopiques. (3 vol.).

HÉRACLITE.
Allégories d'Homère. (1 vol.).

HERMÈS TRISMÉGISTE. (4 vol.).

HÉRODOTE.
Histoires. (11 vol.).

HÉRONDAS.
Mimes. (1 vol.).

HÉSIODE.
Théogonie. - Les Travaux et les
Jours. - Bouclier. (1 vol.).

HIPPOCRATE. (8 vol. parus).

HOMÈRE.
L'Iliade. (4 vol.).
L'Odyssée. (3 vol.).
Hymnes. (1 vol.).

HYPÉRIDE.
Discours. (1 vol.).

ISÉE.
Discours. (1 vol.).

ISOCRATE.
Discours. (4 vol.).

JAMBLIQUE.
Les mystères d'Égypte.
(1 vol.).
Protreptique. (1 vol.).

JOSÈPHE (Flavius).
Autobiographie. (1 vol.).
Contre Apion. (1 vol.).
Guerre des Juifs.
(3 vol. parus).

JULIEN (L'empereur).
Lettres. (2 vol.).
Discours. (2 vol.).

LAPIDAIRES GRECS.
Lapidaire orphique. - Keryg-
mes lapidaires d'Orphée. -
Socrate et Denys. - Lapidaire
nautique. - Damigéron. - Evax.
(1 vol.).

LIBANIOS.
Discours. (2 vol. parus).

LONGUS.
Pastorales. (1 vol.).

LUCIEN. (1 vol. paru).

LYCURGUE.
Contre Léocrate. (1 vol.).

LYSIAS.
Discours. (2 vol.).

MARC-AURÈLE.
Pensées. (1 vol.).

MÉNANDRE. (2 vol. parus).

MUSÉE.
Héro et Léandre. (1 vol.).

NONNOS DE PANOPOLIS.
Les Dionysiaques. (10 vol.
parus).

NUMÉNIUS. (1 vol.).

ORACLES CHALDAÏQUES.
(1 vol.).

PAUSANIAS.
Description de la Grèce.
(1 vol. paru).

PHOCYLIDE (Pseudo-).
(1 vol.).

PHOTIUS.
Bibliothèque. (9 vol.).

PINDARE.
Œuvres complètes. (4 vol.).

PLATON.
Œuvres complètes. (26 vol.).

PLOTIN.
Ennéades. (7 vol.).

PLUTARQUE.
Œuvres morales. (18 vol.
parus).
Vies parallèles. (16 vol.).

POLYBE.
Histoires. (11 vol. parus).

PORPHYRE.
De l'Abstinence. (3 vol.).
Vie de Pythagore. - Lettre à
Marcella. (1 vol.).

PROCLUS.
Commentaires de Platon. -
Alcibiade. (2 vol.).
Théologie platonicienne. (5
vol. parus).
Trois études. (3 vol.).

AULU-GELLE.
Nuits attiques. (3 vol. parus).

AURÉLIUS VICTOR.
Livre des Césars. (1 vol.).

AURÉLIUS VICTOR (Pseudo-).
Origines du peuple romain.
(1 vol.).

AVIANUS.
Fables. (1 vol.).

AVIÉNUS.
Aratea. (1 vol.).

BOÈCE.
Institution arithmétique.
(1 vol.).

CALPURNIUS SICULUS.
Bucoliques.   CALPURNIUS
SICULUS (Pseudo-). Éloge de
Pison. (1 vol.).

CATON.
De l'Agriculture. (1 vol.).
Les origines. (1 vol.).

CATULLE.
Poésies. (1 vol.).

CELSE.
De la médecine. (1 vol. paru).

CÉSAR.
Guerre des Gaules. (2 vol.).
Guerre civile. (2 vol.).

CÉSAR (Pseudo-).
Guerre d'Afrique. (1 vol.).
Guerre d'Alexandrie. (1 vol.).

CICÉRON.
L'Amitié. (1 vol.).
Aratea. (1 vol.).
Brutus. (1 vol.).
Caton l'ancien. De la vieil-
lesse. (1 vol.).
Correspondance. (11   vol.).
De l'invention (1 vol.).
De l'Orateur. (3 vol.).
Des termes extrêmes des Biens
et des Maux. (2 vol.).

Discours. (22 vol.).
Divisions de l'Art oratoire.
Topiques. (1 vol.).
Les Devoirs. (2 vol.).
L'Orateur. (1 vol.).
Les Paradoxes des Stoïciens.
(1 vol.).
De la République. (2 vol.).
Traité des Lois. (1 vol.).
Traité du Destin. (1 vol.).
Tusculanes. (2 vol.).

CLAUDIEN.
Œuvres. (1 vol. paru).

COLUMELLE.
L'Agriculture, (3 vol. parus).
Les Arbres. (1 vol.).

COMŒDIA TOGATA.
Fragments. (1 vol.).

CONSOLATION   À   LIVIE,
ÉLÉGIES   À   MÉCÈNE,
BUCOLIQUES   D'EINSIE-
DELN. (1   vol.)

CORIPPE.
Éloge de l'Empereur Justin II.
(1 vol.).

CORNÉLIUS NÉPOS.
Œuvres. (1 vol.).

CYPRIEN (Saint).
Correspondance. (2 vol.).

DRACONTIUS.
Œuvres. (4 vol.).

ÉLOGE   FUNÈBRE   D'UNE
MATRONE ROMAINE.
(1 vol.).

L'ETNA. (1 vol.).

FIRMICUS MATERNUS.
L'Erreur des religions
païennes. (1 vol.).
Mathesis. (3 vol.).

FLORUS.
Œuvres. (2 vol.).

FORTUNAT (Venance).

AULU-GELLE.
Nuits attiques. (3 vol. parus).

AURÉLIUS VICTOR.
Livre des Césars. (1 vol.).

AURÉLIUS VICTOR (Pseudo-).
Origines du peuple romain.
(1 vol.).

AVIANUS.
Fables. (1 vol.).

AVIÉNUS.
Aratea. (1 vol.).

BOÈCE.
Institution arithmétique.
(1 vol.).

CALPURNIUS SICULUS.
Bucoliques. CALPURNIUS
SICULUS (Pseudo-). Éloge de
Pison. (1 vol.).

CATON.
De l'Agriculture. (1 vol.).
Les origines. (1 vol.).

CATULLE.
Poésies. (1 vol.).

CELSE.
De la médecine. (1 vol. paru).

CÉSAR.
Guerre des Gaules. (2 vol.).
Guerre civile. (2 vol.).

CÉSAR (Pseudo-).
Guerre d'Afrique. (1 vol.).
Guerre d'Alexandrie. (1 vol.).

CICÉRON.
L'Amitié. (1 vol.).
Aratea. (1 vol.).
Brutus. (1 vol.).
Caton l'ancien. De la vieil-
lesse. (1 vol.).
Correspondance. (11 vol.).
De l'invention (1 vol.).
De l'Orateur. (3 vol.).
Des termes extrêmes des Biens
et des Maux. (2 vol.).

Discours. (22 vol.).
Divisions de l'Art oratoire.
Topiques. (1 vol.).
Les Devoirs. (2 vol.).
L'Orateur. (1 vol.).
Les Paradoxes des Stoïciens.
(1 vol.).
De la République. (2 vol.).
Traité des Lois. (1 vol.).
Traité du Destin. (1 vol.).
Tusculanes. (2 vol.).

CLAUDIEN.
Œuvres. (1 vol. paru).

COLUMELLE.
L'Agriculture, (3 vol. parus).
Les Arbres. (1 vol.).

COMŒDIA TOGATA.
Fragments. (1 vol.).

CORIPPE.
Éloge de l'Empereur Justin II.
(1 vol.).

CORNÉLIUS NÉPOS.
Œuvres. (1 vol.).

CYPRIEN (Saint).
Correspondance. (2 vol.).

DRACONTIUS.
Œuvres. (4 vol.).

CONSOLATION À LIVIE,
ÉLÉGIES À MÉCÈNE,
BUCOLIQUES D'EINSIE-
DELN. (1 vol.)

ÉLOGE FUNÈBRE D'UNE
MATRONE ROMAINE.
(1 vol.).

L'ETNA. (1 vol.).

FIRMICUS MATERNUS.
L'Erreur des religions
païennes. (1 vol.).
Mathesis. (3 vol.).

FLORUS.
Œuvres. (2 vol.).

FORTUNAT (Venance).

(2 vol. parus).

FRONTIN.
Les aqueducs de la ville de
Rome. (1 vol.).

GAIUS.
Institutes. (1 vol.).

GERMANICUS.
Les phénomènes d'Aratos.
(1 vol.).

HISTOIRE AUGUSTE.
(3 vol. parus).

HORACE.
Epîtres. (1 vol.).
Odes et Epodes. (1 vol.).
Satires. (1 vol.).

HYGIN.
L'Astronomie. (1 vol.).

HYGIN (Pseudo-).
Des Fortifications du camp.
(1 vol.).
Fables. (1 vol. paru).

JÉRÔME (Saint).
Correspondance. (8 vol.).

JUVÉNAL.
Satires. (1 vol.).

LUCAIN.
La Pharsale. (2 vol.).

LUCILIUS.
Satires. (3 vol.).

LUCRÈCE.
De la Nature. (2 vol.).

MARTIAL.
Épigrammes. (3 vol.).

MINUCIUS FÉLIX.
Octavius. (1 vol.).

PREMIER MYTHOGRAPHE
DU VATICAN. (1 vol.).

NÉMÉSIEN.
Œuvres. (1 vol.).

OROSE.
Histoires (Contre les Païens).
(3 vol.).

OVIDE.
Les Amours. (1 vol.).
L'Art d'aimer. (1 vol.).
Contre Ibis. (1 vol.).
Les Fastes. (2 vol.).
Halieutiques. (1 vol.).
Héroïdes. (1 vol.).
Les Métamorphoses. (3 vol.).
Pontiques. (1 vol.).
Les Remèdes à l'Amour.
(1 vol.).
Tristes. (1 vol.).

PALLADIUS.
Traité d'agriculture.
(1 vol. paru).

PANÉGYRIQUES LATINS.
(3 vol.).

PERSE.
Satires. (1 vol.).

PÉTRONE.
Le Satiricon. (1 vol.).

PHÈDRE.
Fables. (1 vol.).

PHYSIOGNOMONIE (Traité
de). (1 vol.).

PLAUTE.
Théâtre complet. (7 vol.).

PLINE L'ANCIEN.
Histoire naturelle. (35 vol.
parus).

PLINE LE JEUNE.
Lettres. (4 vol.).

POMPONIUS MELA.
Chorographie. (1 vol.).

PROPERCE.
Élégies. (1 vol.).

PRUDENCE. (4 vol.).

QUÉROLUS. (1 vol.).

QUINTE-CURCE.
Histoires. (2 vol.).

QUINTILIEN.
De l'Institution oratoire.
(7 vol.).

RHÉTORIQUE
A HÉRENNIUS. (1 vol.).

RUTILIUS NAMATIANUS.
Sur son retour. (1 vol.).

SALLUSTE.
La Conjuration de Catilina. La
Guerre de Jugurtha. Fragments des Histoires. (1 vol.).

SALLUSTE (Pseudo-).
Lettres à César. Invectives.
(1 vol.).

SÉNÈQUE.
L'Apocoloquintose du divin
Claude. (1 vol.).
Des Bienfaits. (2 vol.).
De la Clémence. (1 vol.).
Dialogues. (4 vol.).
Lettres à Lucilius. (5 vol.).
Questions naturelles. (2 vol.).
Théâtre. (2 vol.).
Théâtre. Nlle éd. (1 vol. paru).

SIDOINE APOLLINAIRE.
(3 vol.).

SILIUS ITALICUS.
La Guerre punique. (4 vol.).

STACE.
Achilléide. (1 vol.).
Les Silves. (2 vol.).
Thébaïde. (2 vol. parus).

SUÉTONE.
Vie des douze Césars. (3 vol.).
Grammairiens et rhéteurs.
(1 vol.).

SYMMAQUE.
Lettres. (3 vol. parus).

TACITE.

Annales. (4 vol.).
Dialogue des Orateurs.
(1 vol.).
La Germanie. (1 vol.).
Histoires. (3 vol.).
Vie d'Agricola. (1 vol.).

TÉRENCE.
Comédies. (3 vol.).

TERTULLIEN.
Apologétique. (1 vol.).

TIBULLE.
Élégies. (1 vol.).

TITE-LIVE.
Histoire romaine. (24 vol.
parus).

VALÈRE MAXIME.
Faits et dits mémorables.
(2 vol. parus).

VALERIUS FLACCUS.
Argonautiques. (1 vol. paru).

VARRON.
L'Économie rurale. (3 vol.).
La Langue latine. (1 vol.
paru).

LA VEILLÉE DE VÉNUS
(Pervigilium Veneris). (1 vol.).

VELLEIUS PATERCULUS.
Histoire romaine. (2 vol.).

VIRGILE.
Bucoliques. (1 vol.).
Énéide. (3 vol.).
Géorgiques. (1 vol.).

VITRUVE.
De l'Architecture.
(7 vol. parus).

Catalogue détaillé sur demande

CE VOLUME
LE TROIS CENT
QUARANTE DEUXIÈME
DE LA SÉRIE LATINE
DE LA COLLECTION
DES UNIVERSITÉS DE FRANCE
PUBLIÉE
AUX ÉDITIONS LES BELLES LETTRES,
A ÉTÉ ACHEVÉ D'IMPRIMER
EN JUILLET 1997
PAR
L'IMPRIMERIE F. PAILLART
À ABBEVILLE

DÉPÔT LÉGAL : 3ᵉ TRIMESTRE 1997
Nᵒ. IMP. 9961, Nᵒ. D. L. ÉDIT 3452